中国历史朝代更迭

徐 潜／主 编

张 克 崔博华／副主编

李玉敏 潘宏波／编 著

吉林文史出版社

图书在版编目（CIP）数据

中国历史朝代更迭 / 徐潜主编 . —长春：吉林文史
出版社，2013.4
  ISBN 978-7-5472-1542-5

  Ⅰ.①中… Ⅱ.①徐… Ⅲ.①中国历史–通俗读
物 Ⅳ.①K209

  中国版本图书馆 CIP 数据核字（2013）第 065198 号

中国历史朝代更迭
ZHONGGUO LISHICHAODAI GENGDIE

出 版 人　孙建军
主　　编　徐　潜
副 主 编　张　克　崔博华
责任编辑　崔博华　董　芳
装帧设计　昌信图文
出版发行　吉林文史出版社有限责任公司（长春市人民大街 4646 号）
　　　　　www.jlws.com.cn
印　　刷　三河市燕春印务有限公司
版　　次　2014 年 2 月第 1 版　2021 年 3 月第 3 次印刷
开　　本　720mm×1000mm　1/16
印　　张　13
字　　数　250 千
书　　号　ISBN 978-7-5472-1542-5
定　　价　33.80 元

序　言

　　民族的复兴离不开文化的繁荣,文化的繁荣离不开对既有文化传统的继承和普及。这套《中国文化知识文库》就是基于对中国文化传统的继承和普及而策划的。我们想通过这套图书把具有悠久历史和灿烂辉煌的中国文化展示出来,让具有初中以上文化水平的读者能够全面深入地了解中国的历史和文化,为我们今天振兴民族文化,创新当代文明树立自信心和责任感。

　　其实,中国文化与世界其他各民族的文化一样,都是一个庞大而复杂的"综合体",是一种长期积淀的文明结晶。就像手心和手背一样,我们今天想要的和不想要的都交融在一起。我们想通过这套书,把那些文化中的闪光点凸现出来,为今天的社会主义精神文明建设提供有价值的营养。做好对传统文化的扬弃是每一个发展中的民族首先要正视的一个课题,我们希望这套文库能在这方面有所作为。

　　在这套以知识点为话题的图书中,我们力争做到图文并茂,介绍全面,语言通俗,雅俗共赏。让它可读、可赏、可藏、可赠。吉林文史出版社做书的准则是"使人崇高,使人聪明",这也是我们做这套书所遵循的。做得不足之处,也请读者批评指正。

编　者

2012 年 12 月

目 录

商汤灭夏

　　商朝是我国奴隶制国家的形成和发展时期，"昔有成汤，自彼氐羌"，初步奠定了中华民族的活动疆域。商朝是我国奴隶制国家的形成、发展时期，居于承上启下的阶段。商朝的政治演变、经济发展、文化形成对于我国民族的形成和发展及后代的发展都有着重大而深远的影响。夏、周两朝兼容不同民族文化、融合周边民族文化，不断壮大华夏文明，奠定了华夏文明的基础。

一、商族的起源

(一) 玄鸟生商

商族是一个古老的民族，具有悠久的历史。商原是夏朝东部一个以玄鸟也就是燕子为图腾的部落，祖先叫做"契"。据历史记载："天命玄鸟，降而生商，宅殷土芒芒。"这是《诗经·商颂·玄鸟》中的诗句，说的是商的始祖契的母亲简狄吞玄鸟卵而生契的神话故事。《史记·殷本纪》也记载："殷契，母曰简狄，有女戎氏之女，为帝喾次妃。三人行浴，见玄鸟堕其卵，简狄取吞之，因孕生契。"

传说，在远古的黄河之滨，中原的天空是那样的蔚蓝，阳光是那样的明媚，一只"玄鸟"唱着歌儿从空中飞来，带给人们无穷无尽的遐想——它是天的使者，原始部落的人们一个个对它顶礼膜拜。帝喾的妃子简狄，自从嫁给帝喾后，一直没有生育儿女。在这一年，简狄和帝喾及家人到郊外祭祀媒神，也就是专管生儿育女的神。祭祀时，简狄诚心祈祷，希望能怀孕。祭祀仪式后，简狄和她的两个妹妹在水中洗澡。这时，有一只衔着卵（即鸟蛋）的玄鸟落下来。简狄眼明手快，接到了鸟卵。出于好奇，简狄把卵含在嘴里，谁知一不小心，竟吞了下去。不久简狄就怀了孕，过了几个月，难产，剖腹而生下一子，取名为契，契就是阏伯，就是传说中的商的始祖。这就是"玄鸟生商"的美丽故事。契并不是帝喾的儿子，但他是商族由母系氏族社会向父系氏族社会过渡的第一位男性首领。简狄性情温和，很有教养，上知天文，下知地理，道德高尚，乐善好施。契从小就受到良好教育，在他青少年时期，简狄又给他树立了良好的家庭伦理道德观。契生性聪明，把母亲的教导牢牢记在心上。

契长大以后，曾帮助禹治理洪水。他勤恳踏实，多次受到禹的赞赏，立下了汗马功劳。契还在宫廷中担当负责教育民众的官。当时的人民，虽然能吃饱穿暖，但缺少教育，经常发生争吵。契教人们正确处理君臣、父子、夫妇、长幼、朋友五种关系，做到父子有亲，君臣有义，夫妇有和，长幼有爱，朋友有信。契的工作十分出色，经过他的努力，百姓的道德风貌大为改观。契因为治国有功，被封在商地，也就是现在的河南商丘一带。契是商朝君王的始祖，又由于契是母亲简狄吞了玄鸟卵而生的，也应该是玄鸟的儿子。所以商人把玄鸟视作神鸟。简狄吞卵而生契的传说给商朝的诞生染上了一层神话色彩。这个故事似乎有些荒诞不经，但正好反映出商和世界其他民族一样，经历着漫长的"知其母不知其父"的母系氏族社会阶段。

（二）迁徙的民族

商人的祖先契，还受封于商。商族因为居住在商水沿岸而得名。商族还是一个善于放牧的民族，不断迁徙、游移不定，早期过着逐水草而居的生活。可能受这种游牧传统的影响，经常迁徙便成为先商部落的特征。文献记载，商人由始祖契开始至商汤灭夏之前的四百多年间，共有八次迁徙。由河北南部的漳水一直南迁，大致迁徙范围涉及今山西南部、河南东部及山东西部。《世本》有"契居番"的记载。"番"就是"亳"，在今河南商丘附近(一说在山东滕县)。《史记·殷本纪》上说："自契至汤八迁。"契的儿子昭明迁居砥石(今河北泜水流域)，昭明的儿子相土又迁居商丘。相土以商丘为中心，把势力伸展到黄河下游的广大地区、泰山附近以及渤海沿岸，后来被称为"相土之东都"。但至于商族起源于何地，由于远古时期史籍记载不详，加上后世地名变化很大，一直还是个谜。千百年来，专家学者做了大量的考证，得出商族起源于东方的结论。据记载，东方民族对他们祖先的来源，有一种共同的传说，即所谓卵生。商族人说自己是卵生的，所以，他们先世兴起的地方应该是在东方。相土迁至商丘附近后，商部落的农业日益得以发展。相土的曾孙冥"勤其官而水死"，冥既为治水而死，自然是为了发展农业。冥的儿子王亥，开始用牛负重，在各部落间进行贸易。有易氏夺取了王亥的牛，杀死王亥，双方发生冲突。后来，王亥的儿子上甲微借助河伯的兵力，打败有易氏，杀死有易之君绵臣，进一步扩大了商人的活动范围。到汤时，商的实力更强了。

二、商汤灭夏的历史背景

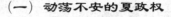

（一） 动荡不安的夏政权

夏朝是我国历史上第一个朝代，禹是夏朝的第一位国君。禹当上夏朝的国君后，在部落联盟中拥有无上的权力，并把这权力加以强化和神圣化，使它更加巩固，以便把各部落统一在一起。大禹去世前几年，想效仿尧舜，找一个贤能的人来接替自己。最初，人们推举在帝舜时就掌管刑法的皋陶，但是由于年事已高，没等到继位，皋陶就病死了。后来经过商议，又一致推举皋陶之子伯益做他的继承人。伯益曾经是大禹治水时的一名主要助手，发明过一种凿井的新方法，他擅长畜牧和狩猎，曾教会人们用火烧的办法来驱赶林中的野兽。所以在当时人们的心目中，伯益是仅次于大禹的一位英雄。

随着王位的巩固，禹越来越觉得自己好不容易得来的王权应该由自己的儿子来接管，而不能让外人来继承。可是伯益功劳卓著，威望极高，首领们在会议上都推举他做禹的继承人。禹感到众怒难犯，只好顺水推舟，答应下来。因为这件事，禹越发烦躁，寝食难安。后来他想到："自己所以能顺利地继承舜位，一是当年治水有功得到了人们的尊敬和爱戴；二是舜选定自己做继承人之后，就让自己行使治理天下的大权。如果我也效法当年舜的做法，把治理天下的大权让儿子去执行，而只给伯益一个继承人的名义，可不可以呢？"于是禹开始让启参与治理国事。过了几年，启把国事处理得很好，在人们心目中的地位也高了起来，而伯益作为继承人，却没有新的政绩，他过去办的好事，人们也渐渐淡忘了。禹王死后，他的儿子夏启就正式地开始行使起王权。

伯益看到事情成了这个样子，非常生气。他本是东夷人，便召集东夷部族率军攻打启。而启早有防备，经过一场大战，启打败了伯益的军队。夏启为了

中国历史朝代更迭

庆祝胜利，在钧台(今河南禹州)举行了大规模宴会，公开宣布自己是夏朝的第二代国君。从此，父亡子继的"家天下"制度便取代了任人唯贤的"公天下"制度。为了赢得民心，继位之初的启严于律己，过着粗茶淡饭的俭朴生活。他每顿只吃一碗蔬菜，每晚都睡在柴草上，除祭祀以外，不允许在王室演奏任何音乐。他尊敬老人，爱护小孩，求贤天下。夏启求贤若渴、勤俭自砺的举动果然起到了良好的效果，深得一些部落的支持和拥戴，很快成为人们心中的偶像。但还有许多部族对他改变禅让传统的做法表示出强烈的不满。有一个部族首领有扈氏，便站出来反对夏启，要求启按照部落会议的决定，还位于伯益。于是，夏启就和有扈氏在甘泽 (今陕西户县一带)进行了一场战斗。经过激烈的厮杀，有扈氏被打败了，有扈氏部落的成员也被罚做奴隶。从此，夏启的王位终于坐稳了。然而此后，启却一改以往的作风，生活变得腐化起来，整日饮酒作乐，歌舞游猎。传说他曾创作了名为《九韶》的大型乐舞。夏启年老时，他的几个儿子激烈地争夺继承权，出现了五子争权的斗争。小儿子武观 (一说为幼弟)因为争得最凶，被启放逐到黄河西岸 (今陕西一带)。武观聚众反叛，启派大将彭伯寿带兵将他打败，并押来见启，武观只好认罪服输。不久，夏启因荒淫过度而病死。

夏启死后，他的儿子太康继位，太康是个昏庸的君王，又沉湎于酒色，每天只知道狩猎游戏，不理朝政，弄得国家百事废弛，民怨沸腾。一次，太康带人到洛水北岸打猎，竟数月不归。那时，黄河下游有一个东夷族部落的首领，名叫后羿。他是一个神箭手，早就想夺取夏王的权力。见太康狩猎在外，就亲自率兵守住洛水南岸，阻断太康的归途。等到太康猎兴已尽、满载猎物而归时，发现已回不去了。太康叫苦不迭，只得派人前去与后羿谈判。后羿道："太康一向不理国事，失去了作为国王的资格，应该逊位让贤，就不必回来了。"太康听了这话，气得七窍生烟，但因手下士兵甚少，无力与后羿抗争，只得暗中派人请求各诸侯相助，可各诸侯因为太康奢逸无度，早就心怀不满，又慑于后羿的强大，谁也不愿帮助太康。太康有家难回，有国难投，只得在洛水北岸过着流浪生活，最后客死他乡。

太康死后，虽然由他弟弟仲康继位，但仲康软弱无能，当了后羿的傀

商汤灭夏

5

傀。国家大事都由后羿做主。但后羿也是一个残暴的统治者，其统治引起一些部落的不满，主持天时历象的羲氏、和氏公开反对羿的政权，羿就派一名叫胤的人率众前往征伐。仲康以后，其子相继位，逃往斟寻氏和斟灌氏，羿遂独揽夏朝大权。据说，羿得夏政之后，只顾着每天去打猎，从不问政事，并迫害忠良，罢免、杀害武罗、伯困、龙圉等贤臣，反而重用被伯明氏驱逐的不肖子弟寒浞。寒浞对上屈膝诌媚，到处贿赂，扰乱朝纲，经常怂恿后羿田猎游玩。寒浞还极力网罗党羽，拥有很大权力。后来，寒浞又勾结后羿的部下，趁后羿外出狩猎之机，杀死后羿及其家人，篡夺了统治权，占据后羿妻室，沿用有穷氏的国号。寒浞封自己的儿子浇在过一带，另一个儿子豷被封在戈。浇率重兵灭掉斟灌氏，又去讨伐斟寻氏，杀掉在那里的夏的后代相。相的妻子缗已经怀孕，慌忙中急从墙中逃出，投奔她的母亲家有仍氏，在那里生下少康。后羿被杀后，相的儿子少康出逃，得到虞氏的帮助，在那里组织起夏的旧部，乘寒浞内讧之机，出兵打败了寒浞，夺回了夏的政权。少康在位期间，勤政爱民，专心发展农业水利，深得百姓爱戴。他执政时期，夏朝经济有所发展，社会趋于稳定，各诸侯也按时朝贺，夏朝进入由"治"及"盛"的局面，出现了中兴的形势，历史上称之为"少康中兴"。少康之后的予、槐、芒、泄、不降、扃、廑、孔甲八代的统治，政治稳定，经济繁荣。但是从第十四个君主孔甲起，王室又开始不修内政，外患不断，阶级矛盾日趋尖锐。孔甲"好方鬼神，事淫乱"，不理朝政，迷信鬼神，专事打猎玩乐，招致人民怨恨，诸侯反叛。由于国力衰弱，也无法控制各诸侯国势力的发展，夏朝的统治从此危机四伏，逐渐走向崩溃。只过了四代便亡国，故而史书记载"孔甲乱夏，四世而陨"。

（二）商族的壮大

契曾辅佐大禹一起治水，建立了功勋，官至司徒，被分封在商（今河南商丘一带），并被赐姓子氏。商族开始兴起，契因此成为商族的祖先。商族是在夏的东方、黄河下游发展起来的，属于东方部族之一。也因商是在东方，所以后来由渭水流域发展起来的周族，把商族归为"东夷族"之列。商"先公"时代活动区域已经相当广阔，成汤（约公元前17世纪）以前，商族的都城"自契至于成汤八迁"。八迁之地主要分布在今山东、河南、河北等地，最远达到渤海湾东北，而以建都在商（今河南商丘）的时间最久。商族进入国家的状态并非始于商汤灭夏，而是有一个漫长的过程。其中最主要有四个人物：相土、冥、王亥和上甲微。

在先商的历史中，相土是赫赫有名的。相土是契之孙，昭明之子。相土时期，商的进步非常明显，把附近的许多部落都征服了。《诗·商颂·长发》说："相土烈烈，海外有截。"这是说相土时期商族的活动中心不仅仅限于商丘一带，其势力或可达到了渤海湾以东地区。相土的一大业绩就是"作乘马"。乘马，即用马驾车，说明相土已驯服了马，这是划时代的进步。商代以车为战，与相土的发明不无关系。相土以下二世——昌若和曹圉，无业绩可查。到了曹圉之子冥时，冥因治水而死。当时商活动的中心地带是黄河中下游流域，经常泛滥的黄河，成了部落的大灾难，冥治水有功于本族，因而被列入重要的祀典之中。《国语·鲁语》说商人"郊冥"，《礼记·祭法》也说商人"郊冥"，郊祀是一种祭天之礼，这意味着将冥配祀上帝，可见在商人的心目中，冥具有何等重要的地位。冥与夏代国君少康同时，冥之子是王亥，其孙是上甲微，从冥经王亥到上甲微，是先商历史中重要的转变时期。这一时期一个最大的事件是王亥"宾于有易"而被杀。据《竹书纪年》记载：商族的首领王亥在夏时就以造牛车闻名，他驾着牛车，载上货物，赶着牛羊，用帛和牛当货币，在部落间做买卖，由此可见，商部落的手工业和畜牧业是何等发达。一次，王亥驾着牛车，到有易去进行贸易。同行的还有其弟王恒和河伯。王亥与王恒一起侮辱了有易的妇女，有易的国君绵臣杀死王亥，夺取了牛车和货物。其后，王恒反击，并继承了其兄王亥之位。王亥子上甲微长大后，誓言为父报仇，假师于河伯攻伐有易，杀死有易的君主绵臣，上甲微威信大增，不久继位为商族的首领。

商自上甲微灭有易以后，势力逐渐发展壮大。农业和畜牧业取得了较大的发展，社会财富的增

商汤灭夏

加，促使商族由氏族制过渡到奴隶制。为了向外发展势力，掠夺更多的奴隶和财物,在上甲微到主癸的六个商侯期间，曾两次迁徙，一次是迁到殷（今河南安阳小屯），一次是由殷又迁回商丘。到了主癸时，商已是一个具有国王权力的大国诸侯了。又历经报乙、报丙、报丁、示壬、示癸，到了成汤时期，商族又经历了一个重要的转变，即在这一时期，成汤通过战争征伐和宗教祭祀这两个重要的手段，使原本处于雏形或萌芽状态的王权获得了长足的发展，君王可以调动国内人口出征，为后来征伐夏桀提供了可能。

主癸死后，他的儿子汤继位为商侯。汤又名履，古书中说"汤有七名"，见于记载的有汤、成汤、武汤、商汤、天乙、天乙汤。甲骨文中称做唐、成、大乙、天乙。金文和周原甲骨文中称作成唐。天乙、大乙、高祖乙是商族的后人祭祀汤时所称的庙号。在古书中还被尊称为武王。商汤继主癸做诸侯时，正是夏桀暴虐无道、残害人民、侵夺诸侯、天怒人怨的时候，汤就选择了这个有利时机，开始了灭夏的筹备。

（三）夏桀的残暴统治

夏桀继位后不思改革，骄奢淫逸，挥霍无度。夏桀又名癸、履癸，桀是商汤给他的谥号（凶猛的意思)。桀是夏朝第十六代君主发的儿子，生卒年不详，在位 54 年（公元前 1653—公元前 1600）。夏王发在位时，王室不理政事，阶级矛盾日趋尖锐，外患不断，各方诸侯已经不来朝贺了，夏朝呈现出衰落之势。桀继位时，延续了四百多年的夏朝，更是德政衰败，民不聊生，危机四伏。面对这些，夏桀不思改革，而是骄奢自恣，穷兵黩武，大兴土木，沉湎酒色。夏桀是历史上一个有名的暴君，此人长相粗野无比，力大超人，胸无点墨，可就是这样一个人当上了夏朝的君主。桀整天不思国家大事，只想着自己怎样享乐，荒淫无耻，整日沉溺于酒色之间，所以宫廷里日日酒席不断，那些能喝酒的人便得到了重用。他还十分沉迷于女色，经常派许多大臣到全国征选美女，这些美女都被为他一人所用。诸侯们也了解他的嗜好，常常献些美女给他，如此一

中国历史朝代更迭

来，桀就会对他们封官许愿。那些周围的小国自知不是夏的对手，便常常用美女来贿赂夏桀以求自保。

相传，有一次夏桀攻打有施国，有施国根本无力抵抗，眼看城池就要被攻下了，这时，有施国中的一个大臣向国王提出一个建议，给夏桀选送一名美女，也许可以让其自动退兵。有施国王听从他的建议，将国中最漂亮的妹喜献给夏桀，夏桀一见妹喜是位绝代佳人，喜出望外，当即就带着妹喜回宫，把打仗的事忘到九霄云外了。夏桀罢兵而归，终日与妹喜厮守一起，寸步不离，从此不再理政。有施国以一美女而保了平安。桀自得到妹喜之后，对她百般宠爱，让国内最优秀的工匠，为她修建一座宫殿，这座宫殿是当时京城的最高建筑，高耸入云，似乎要倒下一般，因此人们就给它起了个名字，叫倾宫。倾宫的内部装潢更是华丽无比，用白玉雕成楼栏，以锦绣铺地，用象牙镶嵌在宫殿的走廊里……这座倾宫修了七年才完工，动用了成千上万的奴隶，花费了大量的财力物力和人力。夏桀终日在倾宫看歌舞、饮酒，和妹喜嬉戏游乐，大臣们要进宫报告事情的，也一律被挡在宫外不准入内。

夏桀甚至突发奇想，在倾宫的边上挖上一条河，河里全部注满了酒，他把这叫做酒池，在酒池旁边垒了一座山，此山可不是平常的山石堆砌成的，它是完全由肉堆积而成的，他又叫这座山为肉山。他和妹喜两人驾着小船，荡漾在酒池之中，欣赏两边的肉山酒色，倾听周围的丝竹管弦，自以为乐胜天仙。但是宫廷之外老百姓却挣扎在水深火热中，夏桀夺走了他们的口中食，掠走了他们身上衣，无数的财富都填进了这个贪婪残暴君主的欲望之口，而这个暴君杀人如儿戏，老百姓又是敢怒而不敢言。桀还重用佞臣，残害忠良。有个名叫赵梁的小人，专门投其所好，教桀如何享乐，如何勒索、残害百姓，得到了桀的宠信。人民的生活十分困苦，平日难得温饱，一旦遇到天灾便妻离子散。大臣忠谏，他囚而杀之。桀继位后的第三十七年，东方商部落的首领汤将一个德才兼备的贤人伊尹引见给桀。伊尹以尧、舜的仁政来劝说桀，希望桀体谅百姓的疾苦，用心治理天下。桀听不进去，伊尹只得离去。到了晚年，桀更加荒淫无度，竟命人造了一个大

池，称为夜宫，他带着一大群男女杂处在池内，一个月不上朝。太史令终古哭着进谏，桀反而很不耐烦，斥责终古多管闲事，终古知夏桀已不可救药，就投奔了商汤。夏桀手下有个叫关龙逄的臣子，听到老百姓的愤恨，便对桀进谏说："天子谦恭而讲究信义，节俭又爱护贤才，天下才能安定，王朝才能稳固。当今陛下奢侈无度，嗜杀成性，弄得百姓都盼望你早些倒台。陛下已经失去了民心，只有赶快改正过错，才能挽回人心。"桀听了又怒骂关龙逄，最后更下令将他杀死。百姓实在无路可走，指着太阳咒骂夏桀说："你这个可恶的太阳，你什么时候灭亡，我情愿与你同归于尽。"夏桀认为他的统治永远不会灭亡，他说："天上有太阳，正像我有百姓一样，太阳会灭亡吗？太阳灭亡，我才会灭亡。"他还召集所属各部首领开会，准备发动讨伐其他部落的战争。桀日益失去人心，众叛亲离。

同时，四方诸侯也纷纷反叛，夏桀陷入内外交困的孤立境地。夏统治集团内部也分崩离析，矛盾重重。东方的商部族领袖商汤意识到，伐桀的时机已经成熟了。

三、商汤灭夏的经过

（一）礼贤下士　积蓄力量

汤在经营商部过程中，十分注重任用德才兼备的人，礼贤下士，宽以待人。因此，汤的身边聚集了一批有学识、有远见的人。其中，左相仲虺和右相伊尹就是最有代表性的两个。在商汤灭夏桀和建立商王朝的过程中，左相仲虺和右相伊尹起了重要的作用。这是两个身世和经历完全不同的人。仲虺是个奴隶主，自他先祖起就世代在夏王朝做官。伊尹是个奴隶，从他少年时代起就过着流浪生活，长大后成为厨师。他们都很有才干，看见夏桀的暴虐、残害人民、不关心生产、只知淫乐，以致引起了人民的咒骂、诸侯的叛离，深知夏王朝的灭亡已为时不远。他们认为要想解救人民的痛苦，只有扶持一个有力的诸侯，推翻夏桀的统治才能办得到。他们发现商的势力是东方地区诸侯国中是最强大的，认为商汤是一个理想的诸侯，于是先后通过不同的途径来到了商汤身边。汤也是个识才之君，任用了二人为左右相，委以灭夏的重任。仲虺和伊尹也就全力协助汤灭了夏桀，又协助汤建立起了商王朝。

商汤灭夏

仲虺，又名中垒，是奚仲的第十二世孙，是继奚仲之后又一位杰出的薛国国君。他辅佐成汤灭夏，建立商王朝，成为一代名相。仲虺24岁继承薛国国君之位。他是一位极具才华与政治远见的人物，居薛期间，仲虺发扬先祖的优良传统，带领薛地民众着力改进生产工具，号召人们在各个村落的低洼地带打井取水发展农业，他还倡导人们饲养牲畜，大力发展畜牧业。他设立农官，教人民用庄稼的秸秆饲养牲畜，用牲畜的粪便作为肥料来提高土地的肥力。仲虺还重视手工业的发展，当时铜器制造业、手工艺品制造业、皮革、酿酒、养蚕、织帛等都有一定的发展。在仲虺的带领下，薛国成为一个经济较为发达、实力较为强大的诸侯国。而此时的夏王朝已是江河日下，众叛亲离。仲虺高瞻远瞩，欣然加入商汤灭夏的行列中，他从薛带了族人来到了商。

　　汤也早就听说仲虺是个有才干的人，正想前去相请，可是又有所顾虑，仲虺的祖辈们都是夏王朝的臣子，恐仲虺不愿归商助他灭夏。没有料到夏桀自诛灭了有缗氏以后，引起了各地一些诸侯的不满，不仅是与夏异姓的诸侯，就是与夏后氏同姓的诸侯也反目成仇，仲虺就是在这种形势下来到了商。汤见到仲虺后非常高兴，向仲旭请教治国之道。仲虺根据当时天下的形势，分析夏桀如此下去，必然会自取灭亡，商将成为人心所向。他鼓励商汤蓄集力量，先伐与商为敌的诸侯，削弱夏桀的势力，然后灭夏建商。汤见仲虺是有用的人才，就任命其为左相，参与国政。

　　按照既定方针，商汤先后灭掉了葛、韦、顾、昆吾等国，对夏王朝展开了大规模的进攻，又连续攻灭了韦、顾、昆吾等国，取得了一个又一个的胜利。商汤灭夏，回师亳邑。诸侯都来朝贺，表示臣服。商汤随之在景亳(今山东省曹县)正式建立了商王朝。

　　商王朝建立后，夏朝的残余势力仍然比较强大，社会的不稳定因素很多。商汤本人也深感自己以臣伐君，靠武力夺取天下，恐将来有人效仿自己而犯上作乱。仲虺作为商汤的重臣此时负起了应有的重任，他为了减少商王朝发展的阻力，安定人心以维护社会秩序的稳定，保持商王朝社会的长治久安，便以著名的《仲虺之诰》诏告天下。在诏告中，仲虺指出夏桀腐败的一生以及夏朝灭亡的主要原因，并扼要地记述了商汤的优秀品德和成功的主要原因，确立了商朝的施政方针，为商朝以后的发展指明了方向；同时还恳切地告诫汤以及汤的子孙后代，应该如何立身、主政、用人等等。这对商王朝来说，具有深远的影响。成汤悉心采纳仲虺的意见，十分注重夏王朝覆灭的教训，"殷鉴不远，在夏后之世"。成汤任人唯贤的结果，换来了商王朝的强盛。而仲虺和伊尹等贤臣的历史功绩也流传千古。作为商汤一代政治家，仲虺拥有自己的政治主张是其能够成就伟业的

重要原因。《仲虺之诰》便是其政治主张的重要体现。《墨子·非命上》也有载："仲虺之告曰：我闻于有夏，人矫天命，布命于下，帝伐之恶，龚丧厥师。"《左传·襄公三十年》："《仲虺之志》云：'乱者取之，亡者侮之'。"仲虺政治主张的核心是时刻提醒商汤注意吸取夏桀"暴其民意"以致亡国的教训，采取"以宽民"的经济政策。商汤接受仲虺等的建议，在位期间广施仁政，深得民心，很快就发展了经济，出现了繁荣景象。成汤论功行赏，把仲虺重新封于薛，薛国便成为商王朝在东方的一个重要诸侯国。仲虺晚年由商朝都城回到封国。仲虺死后葬在先祖奚仲墓旁边　，后人称为虺骨堆。

　　商汤灭夏，右相伊尹功不可没。在商朝历史上，伊尹的地位仅次于殷先公和商王，他的功绩一直被后人称颂。商汤和伊尹是中国历史上第一对圣君名相。伊尹，在甲骨文中又称伊，金文中称为"伊小臣"，小臣是指伊尹的身份和地位，不是名字。伊尹原名伊挚，尹是官名。有的古书中还说伊尹名阿衡（又称保衡），是不对的。阿衡是官名，商代称当权的大官为阿衡。伊尹作了商汤的右相，执掌商的大权，故称为阿衡。相传伊尹是出生在伊水边（有说在今河南伊川），长大后流落到有莘氏（一说在河南开封县陈留镇，一说在今山东曹县北）。有莘氏姓姒，是夏禹后裔建立的一个诸侯国。伊尹到了有莘氏以后，在郊外耕

种田地以自食。他是一个有抱负的人，虽然身处在田亩中，还是时时关心着政治形势的变化。他想找到一个有作为的诸侯，消灭夏桀。他听说有莘国君是一个贤良的诸侯，对平民和奴隶不像夏桀那样暴虐，就想去劝其出兵。但他觉得不能贸然去接近有莘国君，于是就说自荐会烹饪，愿为有莘国君效力。按照当时的制度，只有做了有莘氏的奴隶，才能为有莘国君所用。伊尹自愿沦为奴隶，来到有莘国君身边当上了一名厨师。不久有莘国君发现他很有才干，就升他为管理膳食的小头目。他本想劝说有莘国君起来灭夏，但是一来有莘是个小国，二来有莘氏是和夏桀同姓，都是夏禹之后，因而暂时还不便劝说。

伊尹在有莘国做管理膳食的小头目过程中，商与有莘氏经常往来。伊尹见汤是一个有德行、有作为的人，就想去投奔商。可是身为奴隶，自己没有行动的自由，即使是偷跑出去也会被抓回来，轻则处罚，重则处死。而此时，夏桀的暴政引起周边部落反叛，商汤最适合取而代之。胸怀大志的商汤，求贤若渴，他派人到处调查，寻访名人，发现伊尹是一个德才兼备的人才。商汤派使者到有莘氏部落希望求得伊尹到商，结果遭到拒绝。商汤几经考虑，最终决定娶有莘氏的女儿为妻，附带条件就是要伊尹做陪嫁奴隶。有莘氏为了攀得这门亲事，忍痛割爱，派伊尹为"媵臣"跟随有莘女嫁到商。所以古书中称伊尹为"有莘氏媵臣"（《史记·殷本纪》）。"媵臣"就是陪嫁奴隶，这与商代以后的诸侯嫁女，派大夫陪送所称的"媵臣"不同。到了商后，汤为更好地观察、考验伊尹的才能，依然让他在厨房做事，伊尹每天精心烹调美味佳肴，并亲自送到汤的餐桌上。他利用每天侍奉汤进食、给商汤送饭菜的机会，和商汤分析天下形势，历数夏桀的暴虐，劝汤蓄积力量灭夏桀，并提出灭夏计划，汤发现伊尹的想法正符合自己的主张，是一个有才干的人。因此伊尹得到商汤的信任，被破格免

去奴隶的身份，被任命为"尹"，相当于右丞相。自此，伊挚被称为"伊尹"。左相仲虺也见伊尹是一个贤才，两人的政治主张也相同，也就一心和伊尹合作共同辅佐汤蓄集力量，准备灭夏。辅佐商汤灭夏，建立商朝，在商汤灭夏过程中，伊尹起到了巨大作用。

后来伊尹又扶立外丙和仲壬，教诲太甲改过，不仅是一代的开国元勋，还是三代功臣。

商朝建立后，伊尹又协助汤制定了各种典章制度，为政局的迅速稳定、经济的恢复和发展奠定了坚实的基础。商汤建商后三十年死去，王位传给他的长子太丁，太丁不久也死去，王位又相继传给他的弟弟外丙、仲壬，仲壬死后，由伊尹做主传位给太丁的儿子太甲。太甲是商汤的孙子。太甲即位后，伊尹写文章给太甲，教他如何做一个好的君主。告诉他如何分清是非，什么样的事情该做什么样的事情不该做，都说得很清楚。另外，他还教育太甲按照祖先的规矩办事，不能乱来。太甲读了伊尹的文章，开始还认真照着去做，但过了两年，他就忘乎所以，为所欲为，不再把伊尹放在眼里。他完全破坏了祖先的法律，残暴地统治人民。太甲的转变让伊尹很气愤，便再三规劝，提醒他注意自己的行为，但太甲不予理会。伊尹就把太甲赶下台，并放逐到商汤的墓地桐宫（今天河南偃师市）。太甲被放逐期间，由伊尹代管国家大事。太甲被放逐到祖父墓地，每天看着商汤的坟墓——虽然是开国君主，商汤的墓地却很朴素。守墓人听说太甲因为不守祖训被流放到这里，就每天给他讲商汤创业的故事，教育太甲要像祖父一样。太甲深受感动，以祖父商汤为镜，反省自己的行为，终于认识到自己的错误。他先在桐宫附近从一点一滴做起。三年过去，伊尹通过太甲在桐宫的所作所为，确信太甲已经可以成为一个有为的君主了，就亲自带领文武大臣接回太甲，把政权交给他。太甲吸取教训，遵守祖训，按章办事，把国家治理得井井有条，商朝从此开始繁荣起来。

因为伊尹在商朝建立和发展过程中的丰功伟绩，后人将伊尹列为历史名相之首，有时甚至把他与商汤同样对待，得到了后代商王隆重的祭祀。在甲骨文中，伊尹是列为"旧老臣"的第一位，卜辞中有"侑伊尹五示"的记载，就是侑祭以伊尹为首的五位老臣。还有"十立伊又九"的记载，就是祭祀伊尹和其他九个老臣。卜辞中除了合祭旧老臣是以伊尹为首外，伊尹还单独享祀，或与先王大乙（汤）同祭。

商汤有了仲虺和伊尹的辅佐，首先是治理好内部，鼓励商统治区的人民安心农耕，饲养牲畜。同时团结与商友善的诸侯、方国。在仲虺和伊尹的鼓励下，一些诸侯陆续叛夏而归顺商。汤经常率领仲虺和伊尹出外巡视四周的农耕、畜牧。有一次汤走到郊外山林中，看见在一个树木茂盛的林子里，一个农夫正在张挂捕捉飞鸟的网，东南西北四面都要进行张挂。待网挂好后，这个农夫对天拜了几拜，然后跪在地上祷告说："求上天保佑，网已挂好，愿天上飞下来的，地下跑出来的，从四方来的鸟兽都进入我的网中来。"汤听见了以后，非常感慨说："只有夏桀才能如此网尽矣！要是如此张网，就会完全都捉尽啊！这样做实在太残忍了。"就叫人把张挂的网撤掉三面，只留下一面。商汤也跪下去对网祷告说："天上飞的，地下走的，想往左跑的，就往左飞，想往右跑的，就往右飞，不听话的，就向网里钻吧！"说完起身对农夫和随从们说，对待禽兽也要有仁德之心，不能捕尽捉绝；不听天命的，毕竟是少数，我们要捕捉的就是那些不听天命的。仲虺和伊尹听了以后，都称颂说："真是一个有德之君。"那个农夫也深受感动，就照汤的做法，收去三面的网，只留下一面。这就是流传到后世的"网开一面"的成语故事。商汤"网开一面"的故事在诸侯中很快就传扬开了。诸侯闻之，曰："汤德至矣，及禽兽。"大家都认为汤是有德之君，可以信赖，归商的诸侯很快地就增加到四十个，商汤的势力也愈来愈壮大。

（二）争取诸侯 减少阻力

商族从始祖契开始，到汤的时候已经将居住地方迁了八次。汤为了准备灭夏，首先将居住地方从商丘迁到商族祖先帝喾曾居住过的亳（亳在现在什么地方，有两种说法，一种认为是南亳，在今河南商丘北面；另一种认为是北亳，在今山东曹县）。就在这里积蓄粮草、招集人马、训练军队。本来商曾被夏王朝授予"得专征伐"的大权，即征伐谁可以不经夏王的批准而有权出兵。但是汤准备征伐的并不是一般的侯，而是统治全国的夏王朝。他为了削弱夏王朝的势力，排除灭夏的障碍，争取更多的诸侯反夏，首先就从商的邻国葛开始了。葛（今河南宁陵北）是亳西面的一个诸侯国，在夏王朝所属的诸侯国中并不算大。葛伯是一个忠实于夏桀的奴隶主，是夏桀在东方地区诸侯国中的一个耳目。汤恐葛伯妨碍他灭夏，将他的活动报告给夏桀，就想争取葛伯不再为夏桀效力，助商灭夏。但是葛伯是一个好吃懒做的人，就连在古代社会中被视作国家大事的祭祀天地神鬼都不愿执行了。汤得知葛伯已有很长时间没有举行过祭祀，就派了使者前去询问原因。葛伯很狡猾，深知商的畜牧发达，有大量的牛羊，就说："我们不是不懂得祭祀的重要，只是每次祭祀都要用许多牛羊，我们现在没有牛羊，拿什么祭祀呢？"商使便将这种情况汇报给了汤。

商族几乎每天都有各种不同形式的祭祀，每次祭祀都要用牛羊来作牺牲。古代的牺牲是指用家畜来作祭祀的贡品。用纯色的家畜，如牛、羊、犬、猪等叫做牺，用整体家畜叫做牲，纯色整体的家畜作祭祀时的贡品叫做牺牲。汤听使者回报说葛伯之所以不举行祭祀是没有牺牲，就派人挑选了一群肥大的牛羊给葛伯送去。葛伯见商汤居然相信了他的谎言，自己得到了不少牛羊，就将牛羊全部杀来吃了，仍然不祭祀。汤得知葛伯又没有祭祀，汤再次派使者至葛询问为什么不祭祀，葛伯又说："我们的田中种不出粮食来，没有酒饭来作贡品，当然就举行不了祭祀。"汤得知葛伯是不关心人民生产，只知享乐的人，就派亳地的人前往葛地去帮助种庄稼。葛国人民在葛伯这个昏君的统治下，生活非常痛苦，衣食都不能自足，当然更不能为亳人提供饭食。汤派商边境的人往葛地送去酒饭，给帮助耕种的亳人吃，送酒饭的人都是些妇孺。葛伯就每次派人在葛地等候送酒板的人来后，将酒饭抢走，还威胁说不给就要被杀死。有一次，

一个孩子去送酒肉，因反抗抢劫，竟被葛伯的人杀死。汤见葛伯是死心塌地地与商为敌，遂感不能再用帮助的办法来争取他的支持，就率兵到葛去把葛伯杀了。因为葛伯不仁，葛国人民早就心生怨恨，见汤杀了葛伯，都表示愿意归顺商。汤将葛的土地、人民、财物全部占有，组织葛的人民从事农耕，发展生产。

汤灭葛的行动，在诸侯中不但没有人反对，还指责葛伯的不仁，被杀是咎由自取。这样，商汤从伐葛国开始，逐步剪除夏的羽翼，削弱夏桀的势力。有的诸侯、方国的人民怨恨夏桀的暴虐，还盼望商汤前去征伐，愿意从夏王朝统治下解脱出来归顺商汤。还有一些诸侯、方国就自愿归顺汤，汤对归顺的诸侯、方国都分别授以玉珠作冕冠的玉串和玉圭。另有个别诸侯，如东边的莒伯侯，不敬祖先和神灵，肆意杀害务耕的百姓及过往的商人，做恶多端、罪孽深重。商汤就发兵征伐，灭了莒伯侯，还一方安宁。由此可见，商显然已经是居于一个诸侯盟主的地位，行使国王的权力，所以有"十一征而天下无敌"之说。

（三）深入夏都　知己知彼

约公元前 17 世纪，夏桀荒淫无度，残暴异常，百姓怨声载道，诸侯也时有反叛。一次，夏桀为炫耀权力，命诸侯在有仍氏国(今山东济宁东南)盟会。其中有缗氏是夏朝东部较大的诸侯国，一向不满夏桀的残暴统治。其国君于盟会中途，愤然归国。于是，夏桀便征调大批军队进攻有缗氏(今山东金乡东北)，将其击败。夏军也遭受重大损失。有缗氏国君被迫献出琬、琰两名美女向夏求和。夏桀灭有缗之后，统治阶级内部的矛盾更加激化。为了观察夏王朝的情况，伊尹向汤献计，由他亲自去夏王都住上一段时间，观察夏的动静。汤就准备了方物（土特产）、贡品，派伊尹为使臣去夏王都朝贡。伊尹带着随从、驾着马

车、驮着方物、贡品来到夏王都。但是夏桀不在王都理朝，而是在河南的离宫倾宫寻欢作乐，伊尹只得又前往倾宫来朝见夏桀。夏桀见了伊尹后，只问了问商侯为什么要灭掉葛国，伊尹回答说："葛伯不举行祭祀，商侯送给他牛羊他也不祭祀，又派亳人帮助他耕种，他不但不感激，反而杀了送饭的人。商侯见他是大王的诸侯，却如此不仁，

有损大王之威,才将他诛杀。"夏桀只得点了点头,不再说什么。伊尹又奏道:"商侯派臣下前来贡职,不知大王有何差遣。"夏桀不在意地说:"你先回王都住下吧!有事时再传你。"就这样,伊尹在夏王都一住三年,而夏桀整天只知饮酒作乐,把朝政弃之不理。

伊尹将夏桀及王朝的情况观察清楚之后,就回到了商,向汤献计说:"夏自禹建国以来,已经历四百多年,夏王是天下尊崇的共主。虽桀暴虐无道,民有怨恨,但在诸侯中仍有威信,故不能很快伐桀,只有等待时机再行动。"于是伊尹和仲虺商议后,向汤献了一策,即不能急于出兵伐桀,还要蓄积更大的力量,继续削弱拥护夏王朝的势力,等待时机。汤接受了伊尹的主张,开始积极准备、储备力量。

(四) 商汤被囚

在夏王朝的诸侯、方国中,自夏桀灭有缗氏以后,虽然叛离者不少,但拥护夏王朝的也还不少,忠于夏桀的也不是没有。在东部地区就有三个属国是忠于夏桀的:一个是彭姓的韦(今河南滑县东),一个是己姓的顾(今山东鄄城东北),一个也是己姓的昆吾(今河南濮阳境内,一说在河南新郑境内)。这三个夏属国的势力都不小,他们所处的地区又与商较近。汤灭葛以后,又征服了一些不归顺商的诸侯、方国,所谓"十一征而天下无敌"。但这三个方国执意以商为敌,他们监视着商汤的活动,还经常向夏桀报告。

汤和伊尹、仲虺决心除掉这三个夏桀的羽翼。而此时,夏桀知道诸侯王中有一个居然比自己贤良、而且深得各个诸侯的尊重的汤,担心他会危及自己的统治,于是派使臣至商召汤入朝。在一个统一的王朝中,天子召见诸侯是很平

常的事，汤没有拒绝，带领随从来到夏王都。夏桀得知汤已来到，就下令将汤囚禁在夏台。（也就是钧台，在今河南禹县，这里是夏王朝设立的监狱。古书中说："三王始有狱，夏曰夏台。"）

汤的大臣伊尹，见到汤王被囚，国内无君，心急如焚，因为伊尹了解夏桀昏庸无道，就想到一个办法，派人在全国范围内搜集金银财宝，挑选美女，并派了一个巧舌如簧的使者到夏都去。使者到了夏都后，先用许多金银财宝买通了夏桀的一个侯臣赵梁，赵梁见钱眼开，马上就动心了，立刻答应引见。第二天赵梁就带着这个使者来到夏桀的面前，汤使先向梁呈献上一对美女，然后献上许多金银财宝，于是夏桀就把汤给放了。夏桀囚汤之事在诸侯、方国中引起了更大的恐慌和不满，"诸侯由是叛桀附汤，同日贡职者五百国"。这一记载虽有些夸张，说同一天就有五百个诸侯到汤那里去任职，但是在当时"小邦林立"的情况下，因惧怕夏桀的暴虐，纷纷投商，愿助汤灭夏，或干脆就到商都供职，完全是可能的。所以夏桀囚汤不但没有达到惩罚的目的，反倒加速了其统治基础的瓦解，更加削弱了自己的势力。

（五）剪除羽翼　减少阻力

商汤回国后向群臣检讨自己，并以自己在夏朝的所见所闻来鼓励大家坚定灭夏亡桀的信心与决心。他采纳了伊尹的建议，将商都西迁至亳城，表面上靠近夏都以便听从夏桀的派遣，实际上是为今后出兵伐夏缩短进军的距离。另外，商汤还就近对西方诸侯进行分化瓦解，削弱夏桀的势力。同时，他抓紧屯兵积粮并加强与东方诸侯国的紧密联络。为着手准备灭夏，商汤广泛召集人马，训练军队，准备粮草，打通各个诸侯国的关节，尽力形成一种共同伐桀的态势，并且逐步树立自己威信。有一个小诸侯国对汤的建议不予理睬，甚至有些敌对，汤就先下手对付它，一方面杀一儆百，给这个小诸侯国一个下马威，另一方面也可以以此来检验一下自己的军事实力。

20

汤和伊尹、仲虺商议征伐韦和顾国的事。经过一番谋划和准备之后，汤和伊尹就率领着助商各方的联合军队，先对韦进攻。汤率大兵压境，韦连求援都来不及，很快就被商军灭亡。韦被灭，顾国势单，汤接着又挥师东进，乘胜也将顾国灭了。韦、顾二国的土地、财产、人民尽归商所有。商汤剪除了夏朝的两个羽翼，鼓舞了士气，为夺取灭夏战争的胜利创造了条件。

地处韦、顾二国北邻的昆吾国，相传是封在昆吾的祝融的后代所建的一个方国。它在夏王朝的属国中算是一个较大的方国，国君被称为"夏伯"，可见昆吾虽不是与夏后氏同姓，但关系是很密切的，夏伯见韦、顾二国被汤所灭，立即整顿昆吾之军准备与商交战，同时派使昼夜兼程赴夏王都，向夏桀报告商汤灭韦、顾二国的情况。夏桀非常恼怒，于是下令起"九夷之师"，准备征商。汤本想率军去灭昆吾，然后征东夷，进而灭夏桀。伊尹阻止了汤，并说："东夷之民还服从桀的调遣，听夏的号令，此时去征伐不会取得胜利，灭夏时机尚未成熟，不如遣使向桀入贡请罪，臣服供职，以待机而动。"汤采纳了伊尹之谋，暂时收兵。备办了入贡方物，写了请罪称臣的奏章，派遣使臣带到夏王都，在倾宫中朝见了夏桀。夏桀见了贡物和请罪奏章以后，和身边的谀臣们商议，谀臣们就向桀祝贺说："大王威震天下，谁也不敢反叛，连商侯也知罪认罪，可以不出兵征伐，安享太平。"这样夏桀就下令罢兵，仍然整天饮酒作乐。商在

商汤灭夏

相继灭亡夏属葛国、韦国和顾国之后，决心乘胜举兵西南，攻打昆吾氏国。昆吾是夏桀最亲近的盟国，也是东南方面的主要屏障，实力较强。为剪除夏朝最后一个重要羽翼，并随后立即攻打夏都，商汤亲率全国军队，在众诸侯国军队协同配合下，浩浩荡荡进攻昆吾国，一举攻杀了夏伯，昆吾灭亡，商将昆吾的土地和人口统统征服。此次作战，连同灭葛、韦、顾之战，商军四战四捷，扫清了灭夏道路上的障碍，在进攻夏都、灭亡夏朝的战争中起了重要作用。

（六）商汤灭夏

伊尹又出谋说："今年本应向桀入贡，且先不入贡以观桀的动静。"汤用其

21

谋不再向夏桀入贡。当夏桀得知商汤又灭了昆吾、而不再入贡时，又下令"起九夷之师"。东夷的首领们也看出夏桀不会长久，就不听调遣。伊尹看见九夷之师不起，灭夏的时机成熟了，就建议汤率军征桀。

汤和仲虺、伊尹率领由七十辆战车和五千步卒组成的军队西进伐夏桀。夏桀调集了夏王朝的军队，开出王都。夏商两军在鸣条（今河南封丘东，或说在今山西城安邑镇北）之野相遇，展开了大会战。会战开始之前，汤为了鼓动士气，召集了参加会战的商军和前来助商伐夏的诸侯、方国的军队，宣读了一篇伐夏的誓词，汤说："你们大家听我说，并不是我随便地以臣伐君，犯上作乱。乃是由于夏王桀有许多罪恶，上天命我去诛伐他。你们大家都知道桀的罪在于他不顾我们稼穑之事，侵夺人民农事生产的成果，伤害了夏朝传统的政事。正如我听见大家所说的，桀之罪还不仅是和他的一些奸谀臣子侵夺人民的农事生产成果；为了淫逸享乐，他还聚敛诸侯的财物，供其任意挥霍。害得夏朝的人都不得安居。大家都不与桀一条心，还指着太阳来诅咒他早日灭亡，大家都愿同他一起死，这已经是天怒人怨。桀的罪恶如此深重，上天命我征伐，我怕上天惩罚我，不敢不率领大家征伐他。大家辅助我征伐，如果上天要惩罚，由我一人去领受，而我将给大家很多的赏赐。你们不要不相信我的话，我决不食言。如果你们有不听我誓言的，我就要杀无赦，希望你们不要受罚。"这就是《尚书》中的《汤誓》，也就是汤在"鸣条会战"前的动员令。商军经汤动员以后，士气大振，都表示愿意与夏军决一死战。汤的大军就这样浩浩荡荡地向夏都开去。商军采取战略大迂回的策略，绕道至夏都以西突袭夏都，桀仓促应战，从西城出发，率部抵抗汤的军队，同汤军在鸣条展开战略决战，两军交战的那一天，正赶上大雷雨的天气，商军不避雷雨，勇敢奋战，而夏军士气低落，人有怨心，败退不止。夏桀见兵败不可收拾，就带领五百残兵向东逃到了三朡（今山东定陶北）。三朡是夏王朝的一个方国，三朡伯见夏桀兵败逃来，立即陈兵布阵以保夏桀，并扬言要与汤决一死战。汤和伊尹见夏桀投奔三朡，即挥师东进。商军和三朡军在成耳（今山东汶上北）交战，结果商军打败三朡军，杀了三朡伯，夺取了三朡伯的宝玉和财产。夏桀见三朡又被汤所灭，就带了那五百残部向南逃走。汤和桀的军队又在其地相遇，其地在今天河南封丘以东，此一战夏桀再次大败，他带着妹喜和金银财宝一起往南方逃去。汤乘胜攻打了附夏的一个小国，同样大获全胜。桀带着少数人一直逃到南巢，就是今天安徽巢湖以西这个地方。汤的大军也紧跟着追到那里，在南巢将其生擒活捉。汤没有立即把桀杀死，而是把他流放在南巢的亭山，夏桀被监禁在南巢后非常气愤，对看管他的人说："我很后悔，没有将汤在夏台杀掉，才落得如此下场。"商朝建立后的第三年，夏桀就在放逐地忧病而死。

　　汤和伊尹为了彻底消灭夏王朝的残余势力，又率军西进。因为韦、顾、昆吾和三朡这样一些较有势力而又忠于夏的方国都被商汤所灭，商军在西进的路上就未遇到大的抵抗，很快就占领了夏都斟（寻耳）。夏朝的亲贵大臣们都表示愿意臣服于汤。汤和伊尹安抚了夏朝的臣民后，就在斟（寻耳）举行了祭天的仪式，向夏朝的臣民们表示他们是按上天的意志来诛伐有罪的桀，夏后氏的"历数"（帝王相继的世数）已终。这就正式宣告了夏王朝的灭亡。我国历史上第一个奴隶制王朝至此宣告结束。这一年大约是在公元前 1750 年—公元前1700 年之间。商代后人歌颂他们开国之君商汤的功绩时说："韦顾既伐，昆吾夏桀。"也就是说，汤是先征伐韦、顾两国，然后才灭了昆吾和夏桀。

　　汤和伊尹在夏王都告祭天地以后就率军回到了亳。这时商的声威已响彻四方，各地的诸侯、方伯以及大大小小的氏族、部落的酋长们纷纷携带方物、贡品到亳来朝贺，表示愿意臣服于汤。就连远居西方地区的氐人和羌人部落也都前来朝见。数月之间，就有"三千诸侯"大会于亳。

　　四百多年前夏禹建国时，在涂山大会诸侯，"执玉帛者万国"。经过四百多年的发展，这些上万的"诸侯"经过兼并、融合，到汤建国时，只有"三千诸侯"。但是这时商汤统治的地域远比夏禹时大。汤对前来朝贺的诸侯皆以礼相待，汤自己也只居于诸侯之位，以示谦逊。"于是诸侯毕服，汤乃践天子位。"也就是在"三千诸侯"的拥护下，汤做了天子，告祭于天，宣告了商王朝的建立。

古书中把汤伐桀灭夏称做"汤武革命，顺乎天而应乎人"。"革"的本意是指皮革，兽皮去其毛而变更之意。"汤武革命"是说商汤变革夏王桀之命。"顺乎天"是商讲究迷信，凡做任何事都说是上天的意志，所以是顺天命。"应乎人"就是得人心的行动。商汤革命是我国奴隶社会中一个奴隶主的总代表取代另一个奴隶主总代表，虽革除了夏桀的暴虐，但仍然是奴隶主阶级的统治，所以后世人们又称之为"贵族革命"。我国历史上的第二个奴隶制王朝，也就是在商汤灭夏后建立起来的。商汤经过二十年的征伐战争，最后灭了夏王朝，统一了自夏朝末年以来纷乱的中原，控制了黄河中下游地区，其势力所及，远远超过了夏王朝。所以商代的后人称颂说："昔有成汤，自彼氐羌，莫敢不来享，莫敢不来王，曰商是常。"意思是说从前商汤的时候，连远在西方地区的氐人和羌人都不敢不来进贡和朝见，都说商汤是他们的君主。汤灭夏后奠定了商王朝疆域的基础。为了控制四方诸侯，防止夏遗民，尤其是夏后氏的奴隶主贵族的反抗，汤和伊尹决定将处于东方地区的亳放弃，把王都迁到距原夏王都斟（寻耳）相近的西亳。具体在西亳的什么地方，学者各说不一，多数学者认为在今河南偃师，也就是古书中所说的"尸乡"。

四、夏朝灭亡的原因

（一）昏君佞臣

有关夏王朝灭亡的主要原因，自古以来议论颇多。其中最为流行的说法有四种。第一种意见把夏亡主因归于"天命"，如《尚书·汤誓》云，"有夏多罪，天命殛之"；第二种意见认为夏朝灭亡，主要是自然灾害所致，如《国语·周语》云，"源塞，国必亡……昔伊、洛竭而夏亡"；第三种意见则把夏王朝灭亡的主要原因归于某些重要人物的活动。或谓夏桀暴政，如《左传·宣公十三年》记载，"桀有昏德，鼎迁于商"；或谓妹喜作祟，如《史记·外戚列传》记载，"而桀之放也以末喜"，即是说，夏桀被流放是由于妹喜的缘故；或谓伊尹辅佐成汤，如叔夷钟铭文记载，"勿纂成唐(成汤)，伊少臣(伊尹)惟辅，咸有九州，处禹之绪"。这类观点看似有别，实际上都是英雄史观的变相反映。在英雄史观的支配下，古代史官不仅认为开国立业是英雄人物的功业，而且亡国败事也是由君臣、要人的活动所决定的。

（二）民众怠工

科学史观认为人民才是历史的创造者。因此，更应该注意到社会下层的平民的历史作用。同样，分析商汤代夏的原因，在侧重叙述夏桀

商汤灭夏

暴政的同时，更要看到夏末民众的作用。《尚书·汤誓》中众人说的"时日曷丧，予及汝皆亡"，可译为："群众愤怒地指着太阳说：'夏桀，你哪天死啊？我们宁愿与你同归于尽！'"但史书中并没有对相关夏朝民众反抗的实际行动的叙述和分析。夏代刚从氏族社会过渡而来，民众的原始民主意识尚未完全销声匿迹。在夏桀之前，后羿曾"因夏民以代夏政"；夏桀之后，商末众人有牧野倒戈之举。从散见古书的一些零星记载看，夏末众人在夏亡过程中起到了异乎寻常的重要作用。《尚书》中的《汤誓》篇，是商众将与夏桀战于鸣条之野时成汤向商众发出的战斗动员令。在这篇著名的誓师辞中，成汤扼要陈述了夏朝众人反抗夏桀暴政的情形，其中有"有众率怠弗协"一语。关于这句话的意思，《伪孔传》解释说："有众下相率为怠惰，不与上(指夏桀)和合。"此后有关著述多从其说。"有众"的"有"，是语气助词，此说源于王引之导《经传释词》；"有众"即《伪孔传》之"众下"，指夏代从事农业生产的劳动者。"率"，《史记·集解》引汉代经师马融说，以"率"为"相率"，"怠"可以解释为"怠工"，这是夏代农人反抗夏桀暴政的形式之一。《汤誓》中的"弗协"也就是"不耕作"的意思。"有众率怠弗协"是说夏朝农人相率怠工，拒绝耕作。我们还可以在一些典籍中找到关于中国古代农人罢耕斗争的最早记载。据说对于商汤伐夏，"夏民大说(悦)"，以致"农不去畴"，"耕者不变"。夏朝将亡而夏民大悦，留而不迁，说明在夏桀统治下的那些众庶早已离畴罢耕了。夏末众庶的怠工罢耕，以及夏君臣的挥霍浪费，使得国家财政入不敷出，最后导致了夏王朝经济的崩溃。从史料看，夏末经济凋敝，民生涂炭，连王公贵族手头也拮据起来。正是夏朝众人相率"弗协"，造成夏王朝经济的崩溃，才为成汤灭夏提供了机会。

夏末"众人率怠弗协"，断绝了夏王朝的经济来源，削弱了它的力量，为商汤灭夏创造了有利条件。因此，众人的这一举动对于调整社会生产关系、促进以后生产力的发展起了一定的作用，应给予充分的重视和肯定。不满夏末黑暗统治的还有商贾。在成汤灭夏过程中，据说"商不变肆""归市者不止"，那些商贾纷纷停止逃亡，留在原地或重操旧业，一起迎接成汤革命的到来。这一记载虽然夸大了夏末商贾的数量和作用，

中国历史朝代更迭

但也绝非无稽之谈。从中可以推知，在夏桀统治的日子里，一定是"商者变肆""离市者不止"，这使夏王朝的经济雪上加霜。总之，夏末众人"率怠弗协"，以及商者"变肆"，是夏亡主因中的经济要素。

（三）众庶逃亡

逃亡是上古社会众庶反抗斗争的一种主要形式，殷墟卜辞有关"丧众""丧众人"的记载告诉我们，殷商时代的众人已经采用这一形式。现在我们可以从《尚书·汤誓》及其他史料中获知众人逃亡之事至少就在夏末就发生了。农业生产者的大量逃亡，对夏王朝的政治、经济和军事无疑是沉重的打击。那些逃亡的夏众"归亳"，即投奔成汤以后，又怎样了呢？《墨子·非攻下》云："汤奉桀众(夏众)，以克有夏。"可见，众人加入了成汤灭夏的行列。在夏桀统治下尚未逃亡的民众，急切地盼望成汤来解救自己，《孟子·滕文公下》记载了商汤灭夏时的情形："(商汤)东面而征，西夷怨(埋怨)；南面而征，北狄怨，曰：'奚为后我(为什么不先攻打我们这儿)'？民之望之，若大旱之望雨也……《书》曰：'奚我后，后来其无罪。'（意思是说等待我们的成汤，他来了我们就不再受罪了)。"另外，有的史料还记载道，"汤伐夏

商汤灭夏

……战于鸣条之野，桀未战而败绩"。"未接刃而桀走""战于鸣条，桀师不战，汤遂放桀"。正当商汤率众与夏桀决战时，夏民拒绝为夏桀作战，给了夏王朝致命的一击，为商汤灭夏开辟了道路。

总之，夏桀暴政、妹喜淫佚以及伊尹助汤等等，都是导致夏王朝灭亡的重要原因，但非主要原因。夏亡主因乃夏民尤其是众人面临夏桀的暴政没有沉默，在经济上，相继怠工，甚至拒绝耕作，导致了夏王朝经济的崩溃；在政治和军事上，夏众纷纷逃亡，有的还参加了商汤灭夏的战斗。那些没有外逃的民众也拒绝对商汤作战，迎接商汤革命的到来。夏王朝是在夏民众和异族力量的合击下灭亡的，但两相比较，前者的打击力度更大，其作用也就相应更明显。

商汤是一位很有思想的新君。商汤灭夏以后，建都于亳，自称武王，并进一步营建其奴隶制大国。汤回到亳都做的第一件事，就是发布了一篇《汤诰》。

他列举了大禹治水、后稷播种对人民有功而得到人民拥戴的事例，又列举了蚩尤、夏桀暴虐百姓被灭的教训，正反对比，警策人心。他要求各级官吏务必"勤力乃事""有功于民"，否则就要受到严厉惩罚。商汤对夏王朝的遗臣贵族，采取了比较宽容的政策。有的被留在商朝做官，有的受封于外。只要他们肯于纳贡服役，不犯上作乱，就不去讨伐他们。商汤的这些宽容的做法，对于稳定中原、促进生产力的迅速恢复和发展、缓和夏夷两族的世代矛盾，都起到了重大作用。此后，商向黄河中上游地区发展，统治范围以今河南中部为中心，东至海，西至今陕西，北达今河北，南抵今湖北、湖南一带，堪称"邦畿千里"的奴隶制大国。

一、商汤灭夏建国的历史意义

（一）进一步完善奴隶制国家制度

商朝建立后，商王成为国家的最高统治者，占有全国的土地和臣民，对全国臣民操生杀予夺之权，拥有至高无上的权力。商王下面有重要的辅佐功臣，协助商王处理政务。商王朝的职官有中朝任职的内服官和被封于王畿以外的外服官之别。内服官中又分外廷政务官和内廷事务官。最高的政务官，是协助商王决策的"相"，又称"阿""保""尹"。王朝高级官吏统称卿士。三公，则是因人而设的一种尊贵职称、并不常设。另外有掌占卜、祭祀、记载的史；掌占卜的卜；掌祈祷鬼神的祝；掌记载和保管典籍的作册（又称守藏史、内史）；武官之长的师长；乐工之长的太师、少师。内廷事务官是专为王室服务的官员，主要是总管的宰和亲信的臣。臣管理王室各项具体事务，有百工之长的司工，掌粮食收藏的啬，

掌畜牧的牧正，掌狩猎的兽正，掌酒的酒正，掌王车的车正，为商王御车的服（又称仆、御），侍卫武官亚，卫士亚旅，掌教育贵族子弟的国老，掌外地籍田的畋老。外服官主要有方国首领的侯、伯，有为王朝服役的男、有守卫边境的卫，是中央控制地方的一种制度，侯、伯、男、卫四服，是地方向中央必须履行的几种服役制度，既是一种地方行政区划，又是一种经济剥削关系。在商王朝控制的区域内，分布着许多邑，邑是商代社会的基层组织。商王朝还把其统治地区分为畿内和畿外两大部分。畿内是商王室直接统治的地区，畿外是众多方国分布的地区。为了对外征伐和对内镇压，商王朝建立了庞大的军队。国家还设有监狱和残酷的刑罚。商朝的政治理念是神权观念笼罩下的政治思想，商代统治者"尚鬼""尊神"，所奉行的最高政治原则，就是依据上天鬼神的意志治理国家，并辅之以严酷的刑罚。

（二）促进了奴隶制经济的发展

商朝建立后，维持了一段时期的稳定局面，有利于社会生产的恢复和发展。商建立后，最重要的社会生产部门是农业，在农业生产中开始出现井田制。农业经济的主要生产方式是较大规模的奴隶集体劳动。自由民虽然人数不少，但由于受到土地、农具的限制，又可能随时被国家调遣与征发，并且无力抗拒自然灾害的袭击，所以分散的、小规模的私田经营收获很少，生产力相当低下。石器和骨角器制作技术的提高，使农业生产工具种类和数量都显著增加了。这一时期，石器和骨角器制作技术的提高，使农业生产工具种类和数量都显著增加了。在此基础上，耕作技术也得到了逐步的改进。但商朝早期的耕作技术还比较粗放，处于耜耕农业的第一阶段，即一块土地连续耕种几年后便抛荒休耕了，等若干年后再重新种这块土地。如果一个地区的土地都已轮流耕种过，地力已出现耗竭的迹象，即需举行一定规模的迁徙。这种农业生产方式也是盘庚以前多次迁都的重要原因。从考古发现和甲骨文、金文的记述，商初期的粮食种类有了增加，已经出现粟（小米）、黍（黏黄米）、稷（黄米）、麦、稻等，此外还种植较多的桑、麻和一些瓜果蔬菜。粮食产量的增加，有可能带动酿酒量，这就使得从龙山文化时期出现的饮酒之风，成为商代奴隶主贵族追求的主要享乐。由于农业生产的收获直接关系到国家经济的发展和王室财富的盈亏，所以商王和贵族集团都十分重视农业。甲骨文中经常记载着商王和宗室贵族为农业生产的各个环节而占卜、祈祷的活动。各代商王还多次亲自外出巡视，或传唤臣下督促查看各地农业生产情况。卜辞中多次出现求禾、求黍、求麦、求雨、省黍、观籍、相田的记录，可见农业生产这种重要的部门是受到高度重视的。

随着社会的稳定、农业的发展，畜牧业也在家畜饲养的基础上日渐繁盛。马、牛、羊、狗、猪的数量比之夏代有了巨大的增长。在各地发现的商早期的墓葬和遗址中，往往有数量较多的马、牛和羊。据文献记载，当时贵族们已经开始宰杀数十头甚至数百头牲畜来祭祀天地、祖宗和神灵。在畜牧业比较发达的地区，采集和渔猎只作为农业生产的一种补充活动而存在，只是在一些偏僻地区的部分氏族部落还主要依靠渔猎生产维持生活。

商初手工业在农业经济发展的基础上得到很快发展。陶器制造、青铜器冶铸、丝麻纺织、骨角器制作、玉石雕琢、竹木器和漆器的生产、土木营建技术等等都比夏代有了更大的进步。手工业经济的发展促进了社会的分工，一些新兴的社会力量开始产生。黄河流域青铜文化的高度发展，对周围地区产生了巨大的影响，东方沿海一些经济比较发达地区的先进生产技术在各地得到了广泛传播。

在农业和手工业生产发展的基础上，在各个生产部门内部分工日趋巩固和日益复杂的情况下，商的商业也有一定程度的发展。在商灭夏后，据说在殷民中有一部分人是"肇牵车牛远服贾，用孝养厥父母"。这些人就是从事长途贩运贸易活动的商贾。在殷都和其他重要城邑的贵族们，他们在日常生活中所需用的一些比较珍贵的物品，如龟、贝、玉、珠宝、青铜、皮毛、齿革、丝帛等等，除在专有作坊役使奴隶自行生产之外，还有许多必须来自外地。其中有一部分由各地贡献，也有不少是通过交换的商品。这些商品，主要由一些专业的商贾从事贩运，这样就促进了商业的发展。

商汤灭夏

六、商汤灭夏建国的历史地位

约在公元前 17 世纪，一个以鸟为图腾的氏族——商在黄河下游崛起，据传说，商王的祖先是五帝的后代之一契，到首领成汤时期，商族迅速崛起。汤以德为政，深得民心；在大臣伊尹、仲虺等人的大力辅佐下，开始了伐桀的战争。先消灭了了葛、韦、顾、昆吾等夏的盟国，剪除了夏桀的羽翼，后又在有娀之墟与鸣条两次大败夏桀军队。成汤回师亳邑后，便正式即位为王，各路诸侯前来朝贺，商王朝正式建立。商朝是中国历史上的第二个王朝，与夏、周并称为中国的"三代"，在中国历史上有着相当重要的地位。商汤在位十二年而死，死后由外丙即位。自外丙经中壬至太甲几代执政时间都很短，商朝的大权实际掌握于伊尹手中。太甲即位后，不遵先法，胡作非为，伊尹便把他放逐到桐。及至悔过，伊尹又亲迎太甲回来继续执政，商的统治又呈现出清明气象。商王朝经过六百多年的发展，在政治、经济以及科学等各方面都比夏代有了长足的进步。从考古出土的殷墟遗址来看，商朝已完全脱离了原始部落的生活方式，由游牧而改为定居。在殷墟中还出土了大量的占卜龟甲及精美的青铜器、玉器等物品。其中，在安阳发现的"司母戊大方鼎"是我国迄今为止发现的最大的青铜器。这说明商朝的的青铜冶炼和铸造技术已达到相当高的水平。而在占卜龟甲上发现的甲骨文，被普遍认为是商时代的文字，这是我们今天可以识别的最早的中国象形文字，为我们今天研究商文化提供了有力的依据。

商朝是我国奴隶制国家的形成和发展时期。其势力范围不断扩大，开辟了我国古代第一个拓疆时代。商汤在位时，商王朝的势力已远播西方氐、羌部落。"昔有商汤，自彼氐羌"，初步奠定了中华民族的活动疆域，密切了同周边各少数民族的关系，为统一的多民族国家的形成打下了基础；在经济上，生产工具从骨器、蚌器、石器发展到铸造完美的青铜器；农业生产得到较大的发展，从仅有少量的剩余到"千斯仓""千斯箱"的储备；商品经济也有了较大的发展，形成以都邑为中心的商品生产和交换市场及比较统一的货币，使社会生活有了较大的发展；在政治上，确立了以君主为核心的王权专制，从王国到诸侯国，按地区建立起层层的政权机构，并划分明确的等级，由大大小小的奴隶主世代相袭地把持各级政权，这种宗法和等级制度长期影响着中国古代社会；在思想领域，形成宗教神学思想体系，将天说成是自然与社会的主宰，以证明王权神授，论证自己的统治是合理的和神圣不可侵犯的，并且利用宗教观念来配合暴力统治；在行政管理上，国家行政管理体系不断完善，形成以王为首贵族政体，建立了一套以中央为内服官（在王国直接统治区内为王室服务的官）、以地方为外服官（在王国直接统治区外分封的诸侯和为诸侯服务的官）的内外服官体系。商朝是我国奴隶制国家的形成、发展时期，居于承上启下的阶段。商朝的政治演变、经济发展、文化的形成对于我国民族的形成和发展以及后代的发展都有着重大而深远的影响。夏、周两朝共同兼容不同民族文化、融合周边民族文化，不断壮大华夏文化，融合其他民族的形制，奠定了华夏文明的基础。

商汤灭夏

武王灭商

　　公元前 11 世纪，武王继承父亲遗志，对当时在商纣王统治下的殷商发动战争——此时的殷商已经走向没落。周武王为兴周灭商，统兵直捣商都朝歌（今河南淇县），与商军在牧野（今淇县南卫河以北地区）展开决战。牧野之战后，纣王自杀，武王建立了西周王朝。这就是历史上的武王灭商。那么，曾经强大的商朝是如何走向没落的呢？而武王又是经过了怎样的准备最终成功兴兵灭商的呢？让我们回到那战火硝烟的年代。

一、初兴：商朝的建立与发展

（一）商朝确立

商朝是由子姓的商族所建立的。商是中国历史上相当古老的一个部落，商的祖先叫做契，与舜、禹大约处在同一个时期。商部落早期活动在黄河下游北方的广大地区，时常进行迁徙。大约在前17世纪的时候，商部落进入成汤统治时期。商族在成汤的带领下，活动在今天河北南部、河南北部一带。这一时期，成汤在众多方国部落的支持下灭掉夏朝，建立了商朝。

据记载，在武王商汤灭夏的时候，他威风凛凛地站在大旗下，虔敬地拿着大钺，所指挥军队的气势如烈火般旺盛，没有谁能够阻挡。而在商汤灭夏侯，商汤回师西亳（今河南偃师西），召开了众多诸侯参加的大会。会上，商汤三次

表示要让出王位，可三千诸侯无一人敢即位，都纷纷拥护商汤继天子之位，于是汤取得了天下共主的地位。就这样，在夏王朝的废墟之上，一个新的强盛的统治王朝——商，建立了起来。

在商汤时期，王权得到加强。最高君主的名称在夏代多称为"后"，到了商朝则称为"王"。

相传成汤灭夏时就以自己勇武为荣，号称"武王"。庚迁殷之后的晚商时期，王权进一步加强。后期的几位商王名号在干支字之前往往冠以美称，如康丁、武乙、文丁等，表示商王已经拥有了更加特殊尊贵的地位。商朝最后两位王竟将上帝的"帝"字用于王的名号，称为帝乙、帝辛，直接反映了君权神授的观念。

商朝始于汤而终于纣，共传17世，31个王。对于商的统治时间，不同的史书记载的长短不一样，《竹书纪年》说共为496年，《三统历》说共为629年。无论怎样，商朝都是一个统治时间不算短的朝代。

（二）社会发展

商朝时期，在政治、经济、文化等方面都比夏朝有了很大的发展，尤其在

中国历史朝代更迭

政治方面，更是特色鲜明。

当时，以商为核心的方国部落联盟比较巩固，商朝成为联系众多方国部落的中心和纽带。为了保持主导和核心的地位，商朝就必须由精明干练、富于经验的强有力的人物来当王。这样的人物在位的时候诸侯都会服从他；否则，如果没有强有力的人物出现，诸侯是不会来朝拜的。因此，在商朝的时候，王位的继承更多考虑的就是能力的问题。所以，在商朝，不仅有父亲死后儿子继承王位的情况，"兄终弟及"的情况也大量出现。也就是说，兄弟是王，在

他死后不是由自己的儿孙继承王位，而是由弟弟来继承。这在其他朝代是罕见的，其中的原因很大程度上与加强以商朝为核心的方国部落联盟的需要有关。

在商朝的社会政治生活中，另一个非常具有特色的内容就是神权具有举足轻重的地位。后来殷墟出土的甲骨卜辞等材料表明，当时商朝的统治者几乎是每日必占卜、每事必占卜，许多重要的军机大事都需要求助神意才能决定。商王武丁及其稍后的时期，人殉、人祭达到鼎盛，大批的人被杀掉祭祀神灵，显示了神权的特殊尊贵。在对神权的高度重视方面，古代社会没有哪一个朝代能够和商朝比拟。

龟甲兽骨文字是商朝文化的瑰宝。它虽然是商朝神权影响下的产物，但却从各个方面记载了商朝的社会面貌，所以说是极为宝贵的遗存。商朝以后，甲骨文近乎绝迹，因此卜辞材料就成为独具特色的商朝文化的代表。

商汤所建立的商王朝，历经初兴、中衰、复振、全盛、渐弱诸阶段后，到了商纣王（帝辛）即位时期，已步入了全面危机的深渊。总的来看，商朝的历史可以分为两个大的阶段。从成汤灭夏到盘庚迁殷以前为第一阶段，称为早商时期；盘庚迁殷之后至商朝灭亡，为第二阶段，称为晚商时期。早商时期，它的都城屡次迁移。在盘庚即位以后的晚商时期，把商的都邑从奄迁徙到了殷，从此固定了下来，商朝的发展也进入到一个新的阶段。到了纣王统治时期，殷商王朝政治腐败、刑罚酷虐，连年对外用兵，民众负担沉重，痛苦不堪；贵族内部矛盾重重，分崩离析，整个社会动荡不安，出现了"如蜩如螗，如沸如羹"的混乱局面，使得商朝最终被周所灭。

二、没落:商朝末代国君商纣的统治

(一) 商纣其人

商纣王在位的时间大约是公元前 1075 年—前 1046 年,是商朝第三十代君主,也是商朝的亡国之君。商纣王是商帝乙的小儿子,名辛。原来帝乙是有一个大儿子的,名字叫做微子启,为人很仁厚,但是因为他母亲出身寒微,他不能即位,所以帝乙正后的儿子辛继承了王位。

据有的史书记载,帝辛博闻广见,思维敏捷、天资聪颖,领悟力奇高,才智足以对复杂的事情迅速作出准确的判断。在他长大之后,力量超凡,是少见的大力士,能空手与野兽格斗,和牛比试力量,据说他能把九头正在奔跑的牛拉得个个倒退。

在帝辛即位之初,也曾励精图治,有过一些作为。当时的政治也还清明,四海也还宾服。只是江淮间的夷人,还不时有入侵的情况发生。当时的东夷常常向商朝所在地发动进攻,掳去大量百姓作奴隶,对商朝是个威胁。纣王的父亲帝乙曾和东夷大战一场,但没有取得胜利。

帝辛即位后铸造大量兵器,在第八年的时候,纣王决心御驾亲征,彻底制伏夷人。纣王身着戎装,在大臣的陪伴下,举行了告庙典礼,接着在大校场杀牲祭旗,鸣炮启驾。此时的纣王坐在四马拉的战车上,东征大军出淇水关,越过淇水,跨过滚滚北流的大河,在黎邑会合了诸侯发来的军队。纣王作了征东夷的誓师后,东征大军便直奔商邑(今河南商邱)而去。在商邑略事休息,第三天便向攸地(今安徽桐城县)开拔。到达攸地后,纣王接受了攸侯的参拜及军情的汇报。纣王的大军在攸侯军队的前导下随即开赴前线。

东夷各部联合起来进行抵抗,但挡不住纣王的攻势。商军如秋风扫落叶一般,一直打到长江下游,降服了大多数东夷部落,俘虏了成千上万的东夷人,

中国历史朝代更迭

大获全胜。后来纣王的军队在夷方国域大肆威势之后，即于次年正月，由前线返回攸地。再入商邑。在商邑举行了告庙后，纣王的大军便走上返国的道路。在返国途中，遇上风景好的地方，便流连几天；碰上好的围场，便狩猎一番。边走边玩，兴致勃勃。直到暮春天气，王师才回到都城。

这样的争斗，虽有掠夺性的一面，但在客观上也加速了中原先进文明向江淮地区的传播，促进了民族融合。从此以后，中原和东南一带的交通得到开发，中部和东南部的关系密切了。中原地区的文化逐渐传播到了东南地区，使当地人民利用优越的自然地理条件发展了生产。

但是，在中国的历史上，帝辛也一直被公认为与夏桀齐肩的暴君。他能言善辩，而且很会文过饰非。当时的人们说他很聪明，但是他的聪明都用到邪门歪道上去了；他口才过人，能把别人的正确意见用歪理驳回去，把自己的过错用动听的辞藻修饰成功绩。而且，他依仗着自己的聪明，非常自负，总是向群臣夸耀自己，以为天下没有人能比得上他。好话听不进，却乐于听谗谀之言，并且贪图享乐，荒淫无度。

也或许正因如此，他被称为"纣"王（由于在古代，纣与受的发音是相同的，所以他还有一个名字叫做受）。上古之时，夏代的国君称为"后"，商代时候的国君称为"帝"，周代称"王"。所以，"纣王"的称呼绝对不是商代当时的称呼，更不是帝辛的名字，只是后人通俗的叫法。据古书上记载，只有那些缺少仁义的人才能被称为是纣；而在汉代蔡邕所写文章中也说缺乏正义和缺少善行的人通常被称为是纣。总之，纣是一个恶名，是后代人定的一个称呼，很可能是周人给他的谥号（即死后的封号）。后来，帝辛统治的这一段历史，后人加上幻想元素，写成了《封神演义》，又称《封神榜》。

不过，有观点认为，很多对帝辛的负面评价存在历史上的递增性。先秦文献对他的指责并不是很多，甚至许多文献称赞纣王聪颖勇武、才华横溢，是难得的明主，但随着时间的推移，对他不利的指责越来越多。孔子的学生子贡也曾说过："纣的不善，不像说得那样厉害。只不过是君子把天下的恶事都归到了他的身上。"这话虽有一定道理，但必须看到的是，在纣王统治时期，由于对东经营，跟着中原文化也逐渐发展到东南，促进了江淮地区文化的发展；同时也由于战俘的不断增加，从而也大大促进了殷王朝的农业、牧业和手工业的发展，提高了奴隶主贵族的生活水平。殷王朝的这种"中兴气象"，滋长了纣王对自身价值的再认识，使他在人臣面前开始骄横起来，变得刚愎自用，甚至荒淫无道，而这些不好的统治行为再加上历代的传说，几千年来一直流传下来。

（二）暴政传说

随着统治的加强，帝辛对生活的要求也提高了。有一天，太师箕子入宫，猛然发现正在用餐的纣王所使用的雕花的筷子已经换成了象牙筷子，杯子也换成了犀玉的，顿时惊怕起来，当即予以劝阻。纣王笑问："不过是用了一双象牙筷子，有什么值得大惊小怪的呢？"箕子严肃地说："你用上了象箸，势必不肯用陶碗陶杯了，而要用玉碗玉杯；用象箸玉杯，势必不肯吃普通饭菜了，而要吃山珍海味；吃山珍海味，势必不肯穿粗布衣服和住在茅屋里了，而要浑身上下里里外外都是绫罗绸缎，要住在高台大厦里……"不等他说完，纣王便哈哈大笑道："您老人家太富于想象力了！从一双小小的象牙筷子，几步就引到了君道朝纲国家大事上去了。令人毛骨悚然，确实很可怕！"他也不顾箕子是自己的长辈，立即把他"请"了出去，背后骂道："老糊涂，小题大做，迂腐可笑！"箕子越想越怕，连声叹息道："见微知著，奢侈闸门开了一点缝儿就难关上了，这小子迟早要搞垮我们的国家！"事情果然不出箕子所料，而且比他料想的还要糟糕得多。一步错，步步错。纣王在"象箸玉杯——山珍海味——锦衣华服——高台大厦"这条奢侈享乐的邪道上越走越快，越走越远。

纣王好酒贪杯，常常彻夜嗜酒寻欢。在宫廷里举行各种大型宴会，表演各种音乐、舞蹈、游戏。商纣王还让人挖了许多大池子，然后用酒灌满池子，可以供数千人狂饮不止；他还让人把熟肉悬挂起来，看上去像树林一样，人们可随便伸手摘取食用。这就是著名的"酒池肉林"。为满足自己的淫乐，商纣王让成群的男男女女赤身裸体在"酒池肉林"中追逐戏耍，彻夜狂欢。后来人们便用 "酒池肉林"来形容生活的荒淫无度。

纣王沉迷于女色，尤其对美女妲己宠爱至极。妲

中国历史朝代更迭

己是苏部落酋长的女儿，因部落叛变，政府大军讨伐，苏部落抵挡不住，酋长只好把女儿苏妲己献出来乞和。为了讨妲己的欢心，他对妲己的话言听计从。妲己喜欢音乐，他就令乐师作了新的俗乐"淫声"，即所谓"北里之舞""靡靡之乐"。同时，商纣王下令从各地收集各种奇珍异宝和新奇的玩物，填满了宫室。

随着欲望的日益膨胀，纣王觉得首都殷邑已无法装得下自己，把殷都向南扩大到朝歌（今河南淇县城西十五里太行山东麓），向北扩大到邯郸、沙丘（今河北平乡东北），在这片广大地区修建离宫别馆、苑囿台榭，捕捉大量的野兽飞鸟，放置在里面。帝辛统治时期，还曾大兴土木，造了一座鹿台。这座鹿台的地基有三里见方，高逾百丈。台前卧立有几排形似各种走兽的巨石，恬静安然，犹如守候鹿台的卫士。台下一潭泉水，相传古时深不可测（一纺锤丝线放入潭中仍未到底）。池水面平如镜。微风吹拂，碧波粼粼。风和日丽的早晨，彩霞满天，云雾缭绕，整个鹿台的楼台亭榭时隐时现，宛如海市蜃楼，恰似蓬莱仙境。

有史书记载说：殷纣王命姜尚监修，姜据理劝谏不受。纣怒欲杀之，姜尚逃遁，弃暗投明，辅佐周室。纣又命心腹崇侯虎监工。崇侯虎虔诚服从纣王旨意，兴师动众，集各地名匠，聚全国财宝，整整用了七年时间，完成了这样一座奢华壮丽的鹿台。除此之外，还建造了宫庭楼榭数百间。斗拱飞檐，雕梁画栋，富丽堂皇，极尽奢靡。殷纣王携妲己及歌女一连饮乐三日，以示庆贺。建造鹿台的过程中群众死伤无数，百姓们怨声载道。鹿台的建造为殷的灭亡敲响了丧钟。有诗云：

剥民膏脂作台堤，作起台堤日已西。

牧野师兴苏困苦，朝歌戈倒望云霓。

九州宝货劳心贮，一旦灰尘战马蹄。

想是积财冤未散，晓来犹如乱云迷。

鹿台修好后，纣王就把搜刮来的金银珠宝集中在这里，还和美女们聚集在台上宴饮狂欢，长达七日七夜，以至于君臣姬妾都忘了日月时辰。

朝歌西边有一座巍峨的尖山，尖山脚下淌过一道清澈的泉水。有一天纣王和他的妃子坐在摘星楼上饮酒，远远望见一老一少在涉渡溪水。老人行动缓慢，

武王灭商

而小孩很快就走过了溪水。妃子对纣王说："小孩骨髓正在兴旺，不怕冷。老人骨髓空虚，所以怕水冷。"纣王不信，竟命人立刻把这对无辜的老小抓来，用斧子砸断他们的腿骨，以验证妃子的话是否正确。因为纣王的这一暴行，后来人们就把这条溪水取名为"折胫河"。

商纣王如此荒淫无度，臣下有人不听命，百姓有人不听使唤，于是他就思考着如何用严酷的刑罚来镇压反抗势力。有一天，纣王和妲己看见蚂蚁爬到煅过的热铜片上，烫坏了脚，掉下来死了。他们心生一计，马上命人铸了铜柱，架火烧烤，把违背纣王和妲己命令的人绑着拉上热铜柱，让他们光着脚在通红的铜柱上行走。可想而知，最多走上一两步，犯人便扑倒在烧铜柱的火中，活活被烧死了。纣王、妲己越发得意，大笑不止。这种残酷的刑法，就是"炮烙之刑"。

与此同时，商纣王还罢黜一些有才能的臣子，而重用一些奸佞之人。殷商朝中，也有不少贤臣，商容就是其中的一位。他为百姓请命，百姓也很敬爱他。可是纣王嫌他不和自己一心，因而废去商容不用。另一个大臣名叫费仲，善于阿谀奉迎，吹牛拍马，纣王很喜欢他。但他贪财好利，不会理政，纣王便换了个名叫恶来的大臣来理政。恶来爱进谗言，总说诸侯的坏话，因此各诸侯王更

加疏远殷王朝了。这样一来，更加削弱了殷商王朝的统治力量，纣王的权势也大不如前了。

在纣王的统治之下，整个商都就像盛夏的鸣蝉，又好像滚开的肉羹，一片混乱。神祇没人敬祭，宗庙没有人管理；大臣也都做些偷窃奸邪的坏事；犯了法的人受不到惩罚，甚至连偷窃神用的牺牲吃，也不会被定罪。因而纣王的宗亲没有不担心王朝命运的。

(三) 迫害贤臣

面对纣王的残暴统治，那些忧国忧民、正直敢言之臣纷纷挺身而出，不断进谏。但纣王对大臣们的话置若罔闻，并发挥其"智足以拒谏，言足以饰非"的特点，百般狡辩抵赖，从不认错，死硬到底。一旦花言巧语难掩丑行，强词夺理不能服众，纣王便凶相毕露，使出残暴的手段，对那些劝谏的人进行惩罚。

只要是反对他的、向他提出劝谏的亲信臣僚，都被施以重刑，轻者终生残疾，重者全家丧命。

　　九侯有一个美丽的女儿，纣王把九侯的女儿纳入了后宫。但是，九侯的女儿稳重贞静，不喜淫乐，看不惯商纣的荒淫无耻。纣王命她裸体劝酒，九侯的女儿不听命，商纣一怒之下杀了她，并对九侯施以醢刑，剁成肉酱，分赏给诸侯们吃。大臣鄂侯来劝阻，强谏力诤，纣王将他也一块儿杀死，施以脯刑作成了肉干，供淫乐时取用。事情传到周国西伯姬昌的耳中，西伯低声叹息。谁知这事儿被西方崇国的崇侯虎知道了，告到纣王那里，纣王便将西伯擒来，问道："身为西伯，尊贵已极，享乐不尽，为什么叹息？"西伯再三叩头谢罪，不敢回答。纣王说道："叹息就是对大王不满，囚之羑里！"于是便把西伯姬昌囚禁起来。在姬昌被囚禁的时候，纣王还把他的儿子姬考处决，做成肉羹给姬昌吃，姬昌只好吃掉。纣王得意地宣称："谁说姬昌是圣人，他连自己的儿子都吃。"

　　商纣王妄图以血腥恐怖震慑群臣，让大家统统闭嘴，自己好为所欲为，不受任何"干扰"。在这种情况下，他的哥哥微子曾多次劝谏，纣王都不听。于是微子对父师、少师说："我们的祖先给我们留下的江山，因为嗜酒淫乐，败坏祖先的美德，现在江山完了。如今连大臣、小人都干偷窃奸邪的坏事，六卿、典士也互相效法而不遵守法度。小民们都反对我们，我们的国家真像涉大水一样，既找不到渡口，又看不到边岸，殷就要亡在今天了！父师、少师呀！我在家里心乱如麻，想离开家到荒野去，请你们不要把国家危亡的消息告诉我。"箕子说："王子，上天给我们殷邦降下灾难。使他沉酗于酒，有什么办法？他什么都不怕：上不怕天威，下不怕长老旧臣。现在殷民重赋，实际上只会更快地招来敌人。商如果灭亡，我们只有殉国，不能做他人的奴仆。不过，我认为王子出奔倒是一条正道，否则，我殷家宗庙陨坠，就没有人能挽救了。"于是微子出走了。

　　当然，此时也还有一些并未被吓倒的忠臣。纣王的叔叔比干就是一个典型的例子。比干是殷朝的政治家，是殷朝皇室的重臣，曾在国王左右辅佐国政。比干忠君爱国，为民请命，是敢于直言劝谏，要求君主改善政治的忠臣，被后来的人称为"亘古忠臣"。比干忠于殷室，眼见殷商的国力渐渐削弱，民众离心离德，心中极为不安，他叹息说："做大臣的，主上有过错不劝谏就是不忠，怕死不敢说真话就是不勇敢，即使劝谏不听被杀，也应该尽到了忠臣的责任。"于是上殿痛陈纣王的弊政及其危害，要求纣王立即杀掉妲己，贬斥费仲等奸臣，重用有才能的人，重振朝纲。有一次比干连着三天猛烈抨击纣王的得失。比干对纣王说："国君应该有能够直言指出过错的臣子，父亲应该有能够直言指出过错的儿子，读书人应该有能够直言指出过错的朋友。我身为大臣，我来进谏，为的是叫你痛改前非，保住商朝的江山。"并且说："西伯自离开羑里回去后，偷偷地在修德行，很多诸侯都背叛殷而归附周了，西伯的国势渐大，已经危及到殷商了，大王如果不修先王典法，不修德行，大祸就要临头了！"

比干连续三天进谏，纣王被责问得无言以答，就问比干："你为什么要这样坚持？"而且纣王听了比干的话，不但不引以为戒，反而怒火中烧，大声斥责比干说："我听说圣人的心有七窍，王叔一向自视为圣人，何不把心掏出来，

让我们大家开开眼界呢！"说罢下令剖开比干的胸膛，取出他的心脏来观看，并且用火焚毁比干的脸。为掩饰妄杀大臣的罪恶，纣王还下令说："少师比干妖言惑众，赐死摘其心。"残忍的纣王杀害比干后，还要将比干满门抄斩。比干的妻子怀有身孕，跑到一片树林中躲了起来，生下一子，名坚。纣王派兵去寻找，要"斩草除根"，找到比干妻子藏身的地方，问她怀中儿子姓什么，她急中生智，说"姓林"，于是躲过了灾难。周武王灭商之后，得知坚的身世故事，便赐其姓"林"，比干就成了林氏始祖。

在比干进谏的时候，一同上殿劝谏的王兄箕子见状吓得胆颤心惊，为避杀身之祸，便披散了头发，撕破衣裳，假装疯癫，把自己装扮成奴隶模样。但是纣王也没有放过他，把他抓起来，囚禁在牢狱里。从此，满朝大臣再也不敢进谏了。纣王在佞臣的谄谀下，更加荒淫暴虐，肆无忌惮。结果朝政日益腐败，郊社不修，宗庙不祭，一味以奇巧异能，博取妲己的欢心。他的暴行不仅激怒了所有心地善良的人，也彻底粉碎了一批忠臣最后的幻想。商的太师疵、少师疆等人看到纣王如此对待天帝、祖先，知道殷朝的天下快要完了，便偷偷抱着祭器、乐器，逃往周国去了。

商纣拒谏饰非，残害忠良，使得朝中大臣、贵族以及诸侯和周边方国也都

离心离德。为转移人民的视线，纣王发动对周边方国的连年征战，后又把全部兵力用于对东夷的战争。战争加重了人民的负担，激化了已经尖锐的阶级矛盾。商王朝的政权已经岌岌可危。

总之，殷商王朝政治腐败、刑罚酷虐，并连年对外用兵，大兴土木，民众负担沉重，痛苦不堪；贵族内部矛盾重重，分崩离析，导致了整个社会动荡不安，政局十分混乱。

商朝最末的一百年间，在渭水的流域，兴起了一个强国，号为周。与纣统治后期日薄西山、奄奄一息的商王朝形成鲜明对比的是：商的西方属国——周的国势正如日中天、蒸蒸日上。周本是商王朝的一个诸侯国，经过周先祖几代人的创业，逐步发展成为一个强大的国家。公刘、古公亶父、王季等人的积极经营，使周迅速强盛起来，其势力伸入江汉流域。周的壮大，引起了商王朝的不满，双方明争暗斗，矛盾日益激化，最终形成水火不容之势。文王姬昌即位后，任用熟悉商朝内部情况的贤士吕尚，暗暗修德行善以达到最终灭商的目的，积极从事伐纣灭商的宏伟大业。最终，周武王凭借其雄厚的国力，率西方各诸侯国起兵伐纣，灭掉商朝，夺取了王权。

武王灭商

三、崛起：周部落的发展及其与商的矛盾

（一）周的兴起

周族是我国陕西省渭水流域的一个古老的部族。传说周的始祖姓姬，名字叫做弃。关于他的身世还有一段颇为神奇的传说。弃的母亲叫姜嫄，是有邰氏部落的女子，嫁给五帝之一的帝喾为正妃。传说，有一次，姜嫄出外游玩，看到沙滩上有一个巨大的脚印，十分好奇，便用自己的双脚去比量，忽然觉得身体内有一种异样的感觉。不久，姜嫄就怀孕了，生下了一个男孩。联想到巨人脚印，姜嫄认为自己生下的一定是个怪胎，这个孩子是个不祥之兆。于是，姜嫄就偷偷把这个孩子扔到了荒郊野外。可是，奇怪的现象发生了：把这个孩子放到牛马经过的地方，牛马见了他都绕着走而不去踩他；放到人迹罕至的山林中，忽然一下子来了一群人；放到冰冻的河面上，一群小鸟飞过来，用翅膀依偎着他，替他保暖驱寒。姜嫄认为这是神灵在庇佑这个孩子，于是又把他抱回

家抚养。因为当初自己曾想遗弃他，便给他取了个名字叫"弃"。这个传说表明，周部落在"知母不知父"的母系氏族公社时期就已经存在了，而从弃开始，人类则进入了父系氏族公社阶段。

周字的古文象田中有种植之形，表示这一国族是以农业见长的。传说弃小的时候就对播种五谷产生了浓厚的兴趣，长大后成为了当时著名的农业专家，并因此被推举为部落首领。当时的部落联盟首领帝舜发现了弃的特殊才能，提拔他担任农官，指导人们进行农业生产。弃果然不负厚望，指导人们科学地选用品种，按时令及时播种、整地、施肥、收割，几年之内，人人丰衣足食，无饥寒之忧。于是帝舜论功行赏，封弃于邰（今陕西扶风），号称"后稷"。后稷成为周族始祖。

后稷的子孙辗转迁徙于泾渭一带，他们最初居住在豳（今陕西邠县附近）。到古公亶父（后来追称太王）时，率领周人来到岐山下的黄土高原定居，于是这个高原被称为"周原"。在岐山的南面建造都邑，后来又率众迁居岐山（在今陕西岐山县境）之下，这一带土地特别肥沃。古公亶父是周族的一位杰出的首

中国历史朝代更迭

领，他采取一系列措施来发展壮大周族的势力。一是进一步发展农业生产，组织周人垦荒种田，兴修水利，使周人在农业生产方面远远超过了其他部落。二是为了建立良好的社会秩序，古公亶父一方面实行仁政，爱民如子，一方面在部族内部设置了一套管理机构，建立了"五官有司"，设官分职，管理庶务，开始形成初步的国家机器。由于周族人民生活富足，社会秩序井然，附近的一些小部落纷纷前来依附，周族的势力和影响日渐扩大。

古公亶父死后，他的儿子季历（后来追称王季）即位。季历即位的同时，也继承了父亲的遗志。他对内进一步整顿国政，对外发展周族的势力。在部落斗争中竟大败鬼方，俘其酋长二十人。周族四边的部族，要么前来归顺，要么被武力征服。

古公在豳，还住地穴，其时周人的文化可想而知。迁岐之后，他们开始有宫室、宗庙和城郭了。季历及其子昌（后来追称文王）皆与商朝联姻，这促进了周人对商文化的接受，也促进了周人的开化，周成为了一个强大的国家。

（二）周商矛盾

自古公以后，周为商朝的诸侯之一。季历受商命为"西伯"，即四方诸侯之长。但商与周的关系并不总是和谐的，尤其是自周强盛以来，即以东向发展为一贯之国策，一直就有"翦商"的企图。而周族势力的迅速膨胀，也自然引起了商王朝的注意和恐惧。

统治全国的商王朝，当然不能容忍自己的诸侯国强大到威胁自己的王权和地位。但商王朝也找不出适当的理由讨伐周族。于是此时的商王文丁想到一个计策：一方面采取怀柔政策笼络周人，封季历为"西伯"，另一方面把季历诱到商都加以软禁，来观察周人的反应。

季历的儿子姬昌得知父亲被软禁的消息后，十分着急，赶紧搜罗了一批珍宝和美女给商王送去。但商王文丁更关注的是自己的王权和江山，并不为姬昌所送的珍宝和美女所动。文丁幽禁季历是为了抑制周的势力的发展，担心西岐强大起来威胁自己的统治。但是为季历来说情的人越来越多，不仅有朝中大臣，也有各方诸侯；季历也在想方设法逃走。这更使得商王文丁感到自己的担心不

武王灭商

47

是多余的，软禁季历的做法是正确的。但现在既然已经无法再幽禁下去，又不能放虎归山，商王文丁只好以"图谋不轨"的罪名匆匆处死了季历。可以说，正是姬昌和诸侯的营救活动，使商王文丁看到了周的巨大威胁潜力，从而痛下决心，促成了季历的被杀。这件事，进一步激化了周商矛盾，在周商之间埋下了仇恨的种子。

处死季历之后，为了缓和商周矛盾，平息朝中大臣和诸侯的不满情绪，商王令姬昌袭封"西伯"，西伯侯姬昌就是历史上的周文王。

（三）文王之治

姬昌即位后，决心为父报仇。心怀杀父之仇的周文王姬昌开始起兵攻商，却以失败而告终。此后，商纣王借口姬昌对商纣王不满，将其囚于羑里长达七年之久。文王姬昌被囚禁在羑里的时候，据说曾经增演《易》的八卦为六十四卦。世人称颂西伯，说他断决虞、芮争执以后，诸侯们尊他为王，那一年就是他承受天命而称王的一年。九年后姬昌逝世，谥为文王。他曾改变了殷商的律法制度，制定了新的历法。姬昌还曾追尊古公为太王，公季为王季：也就是说，大概帝王的瑞兆是从太王时开始兴起的。

但姬昌比他的父亲要幸运得多，他这次面对的纣王帝辛，虽然凶狠残暴，但只知享乐却胸无大志。西岐大臣闳夭从国中挑选一名绝代佳人，又从骊戎、有熊国挑选了几十匹骏马，加上其他奇珍异宝，一齐送给商纣王。商纣王乐得眉开眼笑，说："一个美女就足以换回西伯侯了，你们何必如此多礼呢！"于是在饱受了牢狱之苦后，西伯侯姬昌终于平安地回到了西岐。

姬昌回到西岐后，一心想要报父仇、雪己恨，但并没有立即出兵，因为他知道，以现在自己的实力和影响，周同商还根本无法抗衡，所以更加发奋图强，

为灭商而做着积极准备。文王在国内修整内政，巩固了统治基础，也在诸侯间赢得了"仁义"的美名。具体表现主要有：一是在政治上宣扬德教，修德行善，使国内出现了清明的政治局面。当时，西伯侯将他的领地建设成了一个经济发达、人人谦让、路不拾

中国历史朝代更迭

遗、夜不闭户的地方。那时候，岐山的百姓有了过错，士兵们只要在地上画个圈，作为牢房，被惩戒的人就会自动待在那里接受惩罚，而不会"越狱"。他的"笃仁、敬老、慈少、礼下贤"政策，赢得了人们的广泛拥护，巩固了内部的团结。二是努力发展农业经济。姬昌实行比较宽缓的政策，鼓励农民勤于耕种，关心人民疾苦，使国家仓库日渐丰富。三是招纳贤才。姬昌礼贤下士，多方寻访有才能的人，而那些贤能的人也闻风而至，一时间周人才济济。他重用了谋略过人的吕尚（即后世传说中的姜太公）、散宜生、太颠、闳夭、南宫适等贤才。

在修明内政的同时，文王向商纣发起了积极的政治、外交攻势，来扩大自己的影响，以争取更多的诸侯。一方面，他以献出洛西的土地的代价，请求商纣废除炮烙之刑，制定罪行不要牵连亲属的政策。这既赢得了广大民众的支持与拥护，使百姓从内心里拥护他，也争取到了那些归附商朝的小诸侯国，最大限度地孤立商纣。另一方面，诸侯们有什么事情也都来找文王处理。文王曾公平地处理了虞、芮两国的领土纠纷。当时一些诸侯发生争执的时候都来找他决断，其中最著名的故事是周断虞、芮之讼。虞、芮都是商王朝的属国，两国相邻，发生了领土争端，它们本应到其共主商王那里决断此事，但二者倾慕周文王的威名，不朝殷，却去请周王公断。两国的国君进入周境之后，奇怪的事情发生了。

他们在街头看到一匹马和一头牛相向行驶，相遇之后都礼让三分，让对方先走，以致谦让到一个早上都还在原地不动。他们看到这一情景，内心感到羞愧和感慨，难道人还不如畜生？因此，二人立刻握手言和，相互谦让，没有见到周王就返回了。这件事影响很大，许多小国纷纷前来归附，标志着周在政治上和外交上开始取得对商王朝的优势。此外，文王还颁布"有亡荒阅"（搜索逃亡奴隶）的法令，保护奴隶主们的既得利益，争取奴隶主和贵族支持。

正是在上述这些措施实施的过程中，文王扩大了政治影响，瓦解了商朝从前的威信，取得了政治斗争的重大胜利，周的国势由此更加蒸蒸日上，逐渐超过了商王朝，成为各诸侯国的首领。

在整饬内政、争取诸侯支持的过程中，文王还努力处理好与商周的关系，假意臣服于商纣王，以麻痹纣王。他曾率诸侯朝觐纣王，向其显示所谓的"忠诚"。同时大兴土木，"列侍女，撞钟击鼓"，并故意表现出纵情声色，沉迷享乐的假象，令纣王对他放松了警惕，确保灭商的准备工作能够在暗中顺利地进行。

在文王积极进行准备期间，他已受命称王。所谓"受命"就是受上天之命。《诗·大雅·皇矣》写道：伟大的上天从天上往下观看，从四方观察，寻找一个有光明德行的人，最后找到了季历的儿子文王，这就是接受上天的命令而称王的意思。周文王"受命"称王，也仍然不改变小心翼翼朝殷的态度。周这时对殷商的和平政策，可说是有意识的、有目的的，不是一般的屈辱的表示。周原甲骨文中有一条"彝文武帝乙"之辞。文武帝乙是殷帝乙的异称，他是纣王的父亲。为什么在周原甲骨文中却有帝乙的名号呢？这可能是因为周原有殷商的宗庙。殷纣王曾经到过周原，故有祭祀其父文武帝乙之辞。这反映了周在文王时确已成为殷商的诸侯了。作为殷商的一个诸侯，在表面上对殷纣十分驯服的同时，周又渐渐向东发展。

（四）扩展疆土

文王即位之初，周仍是一个方圆百里的小国。但在各方面准备工作基本就绪之后，文王在吕尚的辅佐下，制定了正确的伐纣军事战略方针，开始拓展疆土，周的势力开始沿着渭水向东发展。

文王的第一个步骤就是剪除商的羽翼，对商都朝歌形成战略包围态势。周文王姬昌通过兵进西北，相继征服北方的犬戎、密须（在今甘肃安定县）、阮、共等方国。紧接着，文王又组织军事力量渡黄河向东发展。为剪除掉商的右翼，首先尤其是攻占耆地（耆也作黎，位于今天山西长治西南），成为商朝岌岌可危的一个重要征兆。耆在今山西黎城，是殷商的门户，耆被攻占对商的都城殷（今河南安阳）形成威胁。

据史书记载，在耆被打败之后，商朝的大臣祖伊既怨恨周国，又非常害怕，于是跑到纣王那里去报告说："上天已经断了我们殷商王国的命根子了，不管是能预知吉凶的人，还是龟甲的神示，都不敢告知殷的前途有什么征兆了。并不是祖先神灵不肯保佑我们这些后人，而是大王你荒淫暴虐，不遵守王道常法，以致自绝于天，所以上天抛弃了我们，使祖宗不能安食供享。你伤天害理不走正道，弄得天下臣民无法正常吃饭睡觉，如今我国的老百姓无不盼望殷国早早灭亡，他们说：'老天爷为什么不降下惩罚？真命天子为什么还不来到？'现在大王你该怎么办？"纣王有些慌乱，但仍然强作

镇定说："我生不就是真命天子吗！他们的恶言又能把我怎么样呢？"听到这句话的祖伊跟跟跄跄地走下殿来说："纣王真是不可劝谏了。"纣王没料到天命是可以改变的，也没有觉察到周人正在积极地做着改变天命的准备。

在攻占了耆地之后，周又正面进攻邘国，直接威胁商纣王所在别都朝歌；随后又剪除掉商的左翼，攻取商朝西南方向的战略重镇崇（今陕西户县附近）。这为以后周军东进打开了通道。灭了商室的重要属国，打开了进攻商都——朝歌的通路。至此，周已处于"三分天下有其二"的有利态势，西至今陕西、甘肃一带，东到今河南沁阳，南达长江、汉水，对商都朝歌已形成了进逼之势，为攻灭商朝奠定了基础。

后，姬昌将都城由岐下迁走，在沣水、渭水之间建立城邑即丰邑（今陕西长安西南沣水西岸）。自岐下东迁居之。他东进的意向已经够明显了。这样，周基本完成了攻商决战的准备，伐纣灭商只不过是时间问题了。

至此，西伯侯的威望大增，许多诸侯都来和他示好。但西伯侯仍然隐忍，对纣王越发恭敬，给纣王的财物也是越来越多。商的大臣们都感到西伯侯有着更大的目标，纷纷进谏纣王要他做准备，但整日沉湎于酒色的纣王却说："区区一个百里小国，能奈我何？"

受命九年，即周迁徙到丰的第二年，在完成灭商大业前夕，姬昌得了重病。他自知不久于世，就嘱咐儿子姬发要抓住时机，不要犹豫不决。姬昌虽然没有亲自攻灭商朝，但他为儿子灭商建立周朝扫清了道路。他以德兴邦、以德治天下的丰功伟绩，受到了后人的推崇。后世儒者也将他列入圣人行列，成为帝王政治风范的典型。

四、备战：周武王时期的统治

(一) 武王其人

姬发是周文王姬昌的次子，谥号武王，西周时代青铜器铭文常称其为珷王。武王母亲为"太姒"，他的正妻是"邑姜"。姬发继承王位后，没有改元，沿用文王时期的"受命"年号。

姬发即位后，以文王为榜样，承继文王的事业，遵循既定的战略方针，并加紧予以落实。他在孟津（今河南孟津东北）与诸侯结盟，向朝歌派遣间谍，准备伺机兴师。当时，太公望担任太师，周公旦做辅相，还有召公、毕公等人辅佐帮助。同时，在武王姬发即位后，对内重用贤良，继续以姜子牙（即姜尚）为军师，并用弟弟姬旦为太宰，召公、毕公、康叔、丹季等良臣均各当其位，

人才荟萃，政治蒸蒸日上。对外争取联合更多诸侯国，孤立商王朝，壮大自己的力量。

在武王继承王位时，商朝在暴君纣王统治下，政治上已十分腐败，但军事上仍有较强实力。武王审时度势，等待时机，积极为灭商准备条件。这一期间，武王为便于进攻商都朝歌（今河南淇县），将都城由丰（今陕西西安西南沣水西岸）迁至镐（今陕西西安西南沣水东岸）。之后，进行了一系列的准备活动。

(二) 孟津观兵

当时，随着周的发展，商纣王也已感觉到周人对自己构成的严重威胁，曾经决定对周用兵。然而这次军事行动，却因为东夷族的反叛而化为泡影。商纣王为了平息东夷的反叛，调动部队倾全力进攻东夷，结果造成西线兵力的极大空虚。在这种情况下，周武王决定乘机搞一次会师演习。于是在武王受命第九年，周举行了历史上有名的"孟津观兵"。

这次观兵实际上是一次为灭商做准备的军事演习和检阅。一方面是为了以

此来了解自己的号召力，借此试探一下各诸侯国的反应；另一方面，也是要了解一下军事状况，并借此炫耀武力，鼓舞士气。

在举行观兵之前，武王向司马、司徒、司空等受王命执符节的官员宣告："大家都要严肃恭敬，要诚实，我本是无知之人，只因先祖有德行，我承受了先人的功业。现在已制定了各种赏罚制度，来确保完成祖先的功业。"于是发兵。武王率大军先向西行走到毕原（今陕西长安县内）文王陵墓祭奠，然后转而向东行走，向朝歌前进。行军途中，武王在中军竖立起写有自己父亲西伯昌名字的大木牌，只是称呼自己是太子发，奉文王之命前去讨伐，不敢自己擅自作主。大军快要到达黄河时，师尚父向全军发布命令说："集合你们的兵众，把好船桨，落后的一律斩杀。"武王乘船渡河，船走到河中央，有一条白鱼跳进武王的船中，武王俯身抓起来用它祭天了。渡过河之后，有一团火从天而降，落到武王住的房子上，转动不停，最后变成一只乌鸦，赤红的颜色，发出鸣叫声——这在当时被认为是吉兆。

在大军抵达黄河南岸的孟津（今河南孟津县东北）后，诸侯们虽然未曾约定，却都会集到这里，共有八百多人。从这一形势上可以看出，当时的人心是朝向周的，商纣王孤立无援的大势已形成，诸侯们都大力劝武王立即向朝歌进军。此时的西岐在军事实力上已经处于绝对优势，大多数诸侯国也已经倾心投靠，只有少数诸侯国对商王朝仍心存幻想，个别诸侯仍坚持认为"天命在殷"，不可征伐；或者对于周是否具备讨伐殷商的实力处于观望状态。因此，尽管此时用武力夺权胜算已经比较大，武王和姜太公依然认为时机还不成熟。他们深知"百足之虫，死而不僵"，在没有十足胜利把握的情况下，不会轻易出兵。武王说："你们不了解天命，现在还不可以。"告诫大家不要操之过急，并在军队渡过黄河后又下令全军返回，继续笼络人心，扩展实力。他要等的是商王朝的彻底腐朽，然后再出兵给以致命一击。

（三）时机到来

此后，武王审时度势，注意观察商的变化，并派出间谍到商查看情况，回报说商纣王耽于酒色，淫乱不止，残酷统治，民怨沸腾。又过了两年，线人报告说，商朝统治集团内部的矛盾呈现白炽化的状态，发生了激烈的内乱。商纣饰过拒谏，肆意胡为，他杀死了比干，囚禁了箕子，逼走了微子。另一些被牵连的贵族如太师疵、少师强见纣王已不可救药，便抱着商朝宗庙祭器皿出逃到了周国。道路两旁的百姓都侧目而视，闭嘴不说话。

在这种情况下，武王同姜尚研究，认为灭商条件已完全成熟，决定趁这一有利战机，乘虚蹈隙，大举伐纣。于是武王向全体诸侯宣告说："殷王罪恶深重，不可以不讨伐了！"遵照文王"时机到了就不要迟疑"的遗嘱，武王果断决定发兵伐商，通告各诸侯国向朝歌进军。

武王伐商的战略计划是：趁商朝主力军滞留在东南之际，精锐部队以迅雷不及掩耳之势，深入王都，击溃朝歌守军，一举攻陷商都，占领商朝的政治中心，瓦解商政权，使残余的商人及其附属方国的势力群龙无首，然后各个击破。《诗经·大明》中记述此事，称之为偷袭进攻大商，或"快速进攻大商"。而这和三千年后的"闪电战"颇有异曲同工之妙。

周师出兵前按惯例用甲骨占卜，本来只是走走形式，不料结果居然大大不利。见此不吉之兆，百官大惊失色。恰在此时，偏偏天降大雷雨，这更加动摇了周国君臣的信心。正在大家面面相觑的时候，吕尚一把抓起龟甲兽骨扔在地上，大喝道："枯骨朽龟，知道什么天命！"在吕尚的坚持下，武王恢复了信心，仍然按原计划出兵。

五、决战：武王伐纣

（一）大军初动

大约公元前 1057 年，受命十一年一月二十六日，周武王亲率兵车三百乘，精锐武士三千人，以及甲士（步兵）四万五千人，浩浩荡荡东进伐商。此时的周国，已经是倾巢出动。

到了二月二十一日，周军渡过黄河到达前年曾经会盟的孟津与友军会师。在那里与反商的庸、卢、彭、濮、蜀（均居今汉水流）、羌、微（均居今渭水流域）、髳（居今山西省平陆南）等方国部落的部队会合。不少方国的国君亲自赶来，总兵力达到五万人左右。历史上记载，周武王的大军在到达孟津南的黄河渡口时，夜明如昼，各方诸侯们都兴奋地高歌猛进。这时有一群长着鲜红羽毛的大鸟，齐向周武王的渡船飞来。大家为此很高兴，认为是吉祥之兆，此战必胜。过河以后，姜尚命令把渡船全部砸毁沉在河中，对部下说："我们是替民伐罪，只有向前，宁死无回。"

之后，在周军继续向北的行进中，天空突然袭来了暴风雨，大风把旗杆一折为三，大雨三天不停。武王非常烦恼，姜尚却说："这没有什么。杆折为三者，启示我们应当把大军分为三队；大雨不停，这是天洗兵，帮助我们洗洗浊气，可以更加意气风发地向前。"周军继续前进。他们从氾地（今河南荥阳氾水镇）渡过黄河，期间，曾经面对水泛、山崩之灾，而武王排除了军中出现的畏惧之

武王灭商

55

心，兼程北上，至百泉（今河南辉县西北）折而东行，直指朝歌。沿途向商民宣告：周军不以百姓为敌，而是为民除害，争取商地民众支持。经六天急行，进抵牧野布阵，取得与商决战的战略主动。

从孟津到朝歌，是商王经常巡猎的区域，所以道路状况很好。同时，在当时的历史条件下，国家的人口是十分稀少的，军事技术水平也是十分低下的，所以商朝的军队不可能沿边防守，大都只能占领一些重要城市作为据点，除周围有一些乡村外，都是野兽出没的森林和荒野，在其中行军往往根本无人知晓。因此，在古时候，野地行军突袭别国核心地带，甚至穿过几个国家去远处攻击别的国家的战例有很多。因此，在此后的几天中，武王率领的联军在这种良好的路况下，每天都能够以近三十公里的速度急速前进，比平常时行进速度要快一倍。

周师沿途没有遇到商军的抵抗，故开进顺利，仅经过六天的行程，联军赶到朝歌城外的牧野。这里是通向朝歌的要道，同时也是商朝戍卫部队的驻扎地。联军没有贸然进攻，而是停下来开始布阵。从关中出发到兵临朝歌，总共用了一个月的时间。就当时的条件而言，这一速度可说是惊人的。

这时，周武王共有兵车三百乘，卫士三千人，士兵四万五千人，加上诸侯们带来的四千乘兵车，数万人马，形成一支威武雄壮的大军。他们在牧野严阵以待。周武王立在战车上，左手握着黄色大斧，右手拿着饰有白牛尾的指挥棒，神态严肃地对全体将士宣誓说："举起你们的戈，拿起你们的盾，竖起你们的矛。我们要执行对殷纣王一伙的惩罚了，你们要像猛兽那样去攻击敌人，努力作战！"这篇誓词就是历史上著名的《牧誓》。

（二）战前誓师

在周武王率军到达牧野之后的当夜，下起了大雨。此时，周武王率领的联军还没有布阵完成，就在雨中进行布阵安排。史书中称联军共有"六师"。具有军事史家推测，武王安排了一个第一梯队，由三百乘战车，三千名虎贲作为一个师，这就相当于今天的装甲师。其余的部队有四万五千人，分为五个"师"，在后面组成方阵，作为第二梯队。

武王首先作了一个开场白说道："我们尊敬的友邦国君和执事大臣，各位司徒、司马、司空、亚旅、师氏、千夫长、百夫长，还有庸、蜀、羌、髳、微、卢、彭、濮诸邦的将士们，举起你们的戈，排列好你们的盾，竖起你们的矛，我要发布誓师令了。"

同时，武王对各地赶来的方国将士们致以慰问，说："辛苦了，远道而来的将士们！"之后他开始在阵前声讨纣王听信宠姬谗言，不祭祀祖宗，招诱四方的罪人和逃亡的奴隶，暴虐地残害百姓等诸多罪行，从而激发起从征将士的斗志。武王说："古人有句老话：'母鸡在早晨不打鸣；如果谁家母鸡早晨打鸣，这个家就要衰落了。'现在商纣王只是听信妇人的话，轻蔑地抛弃了对祖先的祭祀而不闻不问，抛弃先王的后裔，不任用同宗的长辈和兄弟，却对四方八面的罪人逃犯崇敬、信任、提拔、任用，让他们当上大夫、卿士，使他们残暴虐待老百

姓，在商国都城胡作非为。现在我姬发要恭敬地按上天的意志来讨伐商纣。"这里，武王特地举出了纣王重用四方逃亡的罪囚这一事例，因为它最能触动方国诸侯对纣王的仇恨。

紧接着，武王又郑重宣布了作战中的行动要求和军事纪律。他强调说，在今天这场战斗的进中，不超过六七步，就要停下来取齐，保持队型，整顿队伍；在战斗的刺杀中，每次刺杀不超过四五次或者六七次，必须随时停止下来取齐，然后进行整顿。通过这种方式来稳住阵脚。并且还严申不要迎击向他们投降的人，不准杀害降者，以便让他们为自己服务，也就是要瓦解商军的意志。

最后，武王向将士们发出努力征战的号召："努力吧，将士们！你们要威武雄壮，像虎、豹、熊、罴一样勇猛，在商都郊外大战一场。努力吧，将士们！如果你们不努力，你们就会遭到杀戮!"

在武王誓师后，周军将士们士气大振，欢声雷动，响彻云霄。

武王灭商

（三） 朝歌迎战

纣王知道周师要进犯京师的消息后，不禁拈须大笑说："周不过是一个要方里的小国，也敢在太岁头上动土，岂不是'蚍蜉撼大树，可笑不自量'？"所以，纣王根本没把武王的兵犯朝歌放在心上。纣王仍然花天酒地，醉生梦死。同时，纣王讨伐东夷的战争，由于后来采取了穷追猛打的战术，经过一个多月的血战，东夷终于被征服。捷报传来，纣王喜上眉梢，朝歌一片欢腾。从前线运载来的战俘，正源源不断地送来京师。加上时值腊尽，朝廷上下，一方面张灯结彩，一方面又要准备隆重热烈的祝捷盛典。至于如何对付东来的周师，还没有来得及排上日程。进入新春，纣王君臣又接连数日，在鹿台忙于计功授勋，大摆九龙盛筵，欢庆征伐东夷的胜利。纣王早已把周师东来的事忘在了脑后。直到周师兵到牧野，军报传来，才惊散了纣王君臣的欢宴。

第一批紧急军情前脚刚传到，联军自己后脚就跟着来了，商着实被打了个措手不及。当时，商纣正在鹿台带领百官观看斗鸡。这时一场斗鸡结束，按惯例，侍从去场上取下一支箭尾羽呈给商纣，忽然听到有人急报："周兵已到牧野，杀奔都城而来！"商纣一听，吓得出了一身冷汗，忙高喊参将军辛庚，辛庚不敢怠慢，忙整衣待命。商纣把手中的那支箭尾羽向他一扔说："命你领兵前去迎敌！"大将辛庚就领着这支箭尾羽毛去发号施令，组织军队去抵抗周军。于是就留下了"鸡毛当令箭"的故事。

当周武王的军队浩浩荡荡地渡过了黄河，一直打到商都郊外牧野一带时，商纣才感到事态严重。纣王已经听说了周人因未得天命而从盟津退兵的消息，这更增强了他对天命在己的信心。可是他没有想到，对方竟然这么快就卷土重来，而且迅速兵临城下。此时的商纣王或许可以有几种选择，要么是坚守朝歌城，让周军在商军的坚守之下疲惫不堪，等四方的援兵到来之后，内外夹击来发动反攻；要么弃城撤走，到东方去和自己的主力军会合，然后回师讨伐周军；要么趁周军立足未稳，立即在城外进行战略决战，一举

击溃来犯的周军。

　　所有这些可能，最让纣王感兴趣的还是第三种，当然这一选择的实行难度也是最大的。毕竟此时的朝歌城内没有更多的主力兵和精兵去破敌，而且也没有可用的战车。单靠步兵，很难和冲击力强大的战车阵相抗衡，更何况周军士气正锐。然而，对于商纣王来说，固守朝歌也不是个办法，毕竟他自己也已经意识到，统治集团的内部此时已经是离心离德，而外部对东夷等部族的征服也并不稳定，如果朝歌的战事长期拖延下去，必然会导致其他严重的变乱，威胁自己的统治乃至生命。在这种情况下，暴烈勇武的纣王决定赌一次，派兵来和周武王的军队决一死战，希望一举克敌，从而把自己的统治维持下去。

　　此时的商纣王，尽管主力精兵不再，但是他还有一张不小的底牌，这就是在朝歌城内还有大量奴隶和战俘。把他们武装起来，在数量上仍然可以对敌军占有绝对优势。这一点足以抵消周军素质和装备上的优势。于是，帝辛迅速武装了一批奴隶和战俘，亲率少量禁卫部队押送，奔赴前方战场。《史记》记载，纣王出动的总兵力有七十万，无疑过于夸大，另一些文献记载是十七万，似较为合理。虽然牧野前线究竟有多少人仍然是一个谜，但商军在数量上占压倒优势则是毫无疑问的。但是，牧野的这场战斗，却以商军的失败而告终。

（四）牧野之役

　　牧野，在今天河南省新乡市和淇县之间，是一片宽敞的田野。这片上地，横卧在黄河之滨的豫北大平原上，京广铁路纵贯南北，现代化公路横穿东西。夏收季节，金黄色的麦浪滚滚；秋收时刻，雪白的棉田似海。谁会想到，这里曾是历史上一场大规模战争的遗址？战争的一方，是我国古代史上著名的暴君殷纣王；另一方，就是西周开国君主周武王。

　　在三千多年前的那一天，周武王已经布阵完毕。此时，天色逐渐大亮，远方前来阻截的商军阵形也渐渐显出轮廓。本来在武王誓师鼓励下斗志昂扬的将士们不禁倒抽了一口冷气：商军黑压压的，几乎要一直排到天边，一面面旗帜像森林一样一望无际。虽然不知道对方确切有多少人，但是也看得出来要远远多过己方。联军将士刚刚鼓起的勇气又快要低落了。商军的强大阵容，令联军军心动摇。面对形势的微妙反转，武王高呼："前进吧，'上天'正在看着你们呢，千万不要改变心意！"正是这种高呼重新鼓舞了士气。武王还宣称，不努力向前的士兵，就要被施以严厉的刑罚。恩威并施下，联军的战鼓震天般擂了起来，战斗开始了。

此时，在牧野广阔平坦的大地上，周军的数十辆战车组成小小的一字阵形，快速逼近商军阵线。商军的弓弩手开始放箭，几辆战车歪到了一边。但大部分的战车仍不为所动，就像飞鹰扑击一样，冲向商军的旗帜之林中。商军弓弩手都是临时拉来的征夫，箭法本来就不准，看到周军战车的疾速逼近，手都哆嗦了起来。片刻之后，就连周军胸口铠甲上的狰狞兽头都能够看见，商军更是斗志全无，不由自主地往后退缩。战车上的武士们开始放箭，战车本身在颠簸中前进，箭很难射准。但商军密密麻麻的人群使得瞄准都成为多余，每一箭下去就是一片惨叫哀嚎，魂飞魄散的商军士卒开始狼奔豕突，商军的阵线上出现了一个又一个的缺口。

在这种情况下，周武王下令向商军发起总攻击。他派吕尚率领一部分精锐突击部队向商军挑战，以牵制迷惑敌人，并打乱其阵脚。史称吕尚其时已经是八十多岁的老翁了，从战场上的勇猛表现来看，真让人难以置信。而商军中的奴隶和战俘心向武王，这时便纷纷起义，掉转戈矛，帮助周帅作战。武王不失时机，命令挥舞军旗，擂起战鼓，主力战车部队也开始了冲锋，像一片巨大的乌云一样从地平线上席卷而来，呐喊声响彻云霄。

纣王的军队，虽然也像树林一样多，也像箭一样在原野上飞驰，但却没有决战之心，相反地倒是把武王看做是救星，希望武王的军队更快地打下朝歌。所以尽管纣王左右挥动他手中的令旗，命令前锋应战，无奈纣军前锋不但不前进，相反都掉转矛头，向后杀去。纣军阵脚大乱，接着武王的军队掩杀过来。顷刻间，商军十几万之众土崩瓦解，十余万人如同潮水一般退去，并引导着武王的军队向朝歌开去。

结果，太阳还没有升到天上，牧野之战主要的会战就已经结束，接下来，就只是周军的追亡逐北了。正如《诗经》中所唱的："快速地攻打大商，一个早上就平定了一切。"

在牧野之战中，商纣王以优势兵力迎敌，却迅速败亡，根本的原因自然是殷商统治集团政治腐朽，横行暴敛，严刑酷法，以致丧尽民心，众叛亲离；其次是对东方进行长期的掠夺战争，削弱了力量，且造成军事部署的失衡；三是殷商统治者对周人的战略意图缺乏警惕，放松戒备，自食恶果；四是作战指挥上消极被动，无所作为。加上军中那些临时仓促征发的奴隶阵上起义，反戈一击，一败涂地也就不可避免了。

与之形成鲜明对比的是，牧野之战中周武王一鼓作气，取得胜利，但这一彻底的胜利绝非偶然，它一方面是周文王、周武王长期正确运用"伐谋""伐交"策略的结果，也就是发展自身的力量，勤修内政，团结其他方国，孤立商纣王，达到了争取人心，翦敌羽翼，麻痹对手，建立反商统一战线的积极效果。另一方面，周武王也是选对了作战的时机，即乘商师主力远征东夷未还，商王朝内部分崩离析之时，果断地统率诸侯联军实施战略奔袭，从而使敌人在战略战术上均陷于劣势和被动，未暇作有效的抵抗。此外，周武王在战前适时展开的誓师，通过历数商纣罪状，宣布作战行动要领和战场纪律，鼓舞了士气，瓦解了敌人。最后，也必须看到，牧野决战的作战指挥也十分得当，给敌人以巧妙而猛烈的打击，使之顷刻彻底崩溃；而且，周的武器也是很精良的。当时周人已经掌握了使用剑的技巧（在牧野之战取得胜利后，武王用"轻吕"击刺纣王的尸体，此"轻吕"在古书释为"剑名"。这可以证明当时周人已经开始用剑了），在作战中也发挥了相当大的作用，使骁勇的周人如虎添翼。缺乏盔甲护体的商军步兵自然是血肉横飞。流淌的鲜血像小溪一样汇入昨夜的雨水形成的水洼中，牧野大地一片血红，连死者手中所执的棍棒也漂浮在血水上，交织成一幕可怖的景象。七百多年后的孟子，读到这一幕后忍不住惊呼道："用最大的仁义去讨伐不仁义，却为什么会发生血流漂杵的现象呢？"

总之，牧野之战是我国古代车战初期的著名战例，它终止了殷商王朝的六百年统治，确立了周王朝对中原地区的统治秩序，为西周礼乐文明的全面兴盛开辟了道路，对后世历史的发展产生了深远的影响。而其所体现的谋略和作战艺术，对古代军事思想的发展也具有不可低估的意义。

武王灭商

61

六、更迭:商亡周立

(一) 商朝灭亡

　　牧野一战后，商军残余的部队抵抗仍然持续了一天，但已无力挽回局面。这一天夕阳西下的时候，纣王在少数卫士的保护下，狼狈万分地逃回了鹿台，这是他前些年在朝歌城外修筑的一座宫殿。往日的繁华已经不再，他的大军已被彻底歼灭，最宠爱的妃子也已经上吊自杀。关于妲己的死，在民间却有另外一种传说：她并没有自杀，她自信她的魅力能够拯救自己。想不到她遇到的对手是已经九十岁而又铁石心肠的周兵团总司令姜子牙，姜子牙下令把她绑赴刑场处斩。可是，她太美丽了，刽子手们都不忍下手。姜子牙只得亲自行刑，可他自己也遇到了同样的困难。最后他下令把苏妲己美丽的面容用布蒙起来，才把她杀掉。

　　现在的商纣王真的是一个孤家寡人了。斜阳残照下，只见周人的军队从四面八方涌来，把鹿台团团围住。纣王知道，这是他最后的时刻了。他要做得尽量符合王者的尊严。他穿上了缀满玉石的宝衣，把平时搜罗来的珍宝都堆到身旁，一共围了五层，在身边堆满了祭祀用的燔柴，然后用火把点着了身边的柴禾。火焰渐渐升腾起来，纣王最后望了一眼正沉入地平线以下的夕阳：六百年的大商王朝也随它一同沉没，永不复返。

　　商纣的奴隶倒戈，带领周军杀向朝歌，商军丧失了抵抗能力。武王进入商都朝歌，商都的百姓都在郊外等待着武王。于是武王命令群臣向商都百姓宣告说："上天赐福给你们!"商都人全都拜谢，叩头至地，武王也向他们回拜行礼。

于是进入城中，找到纣自焚的地方。武王赶到鹿台的时候，纣王的尸体已经烧得一片焦黑。武王亲自发箭射纣的尸体，射了三箭然后走下战车，又用轻吕宝剑刺击纣尸，用黄色大斧斩下了纣的头，悬挂在大白旗上。又用黄钺割下头颅，登上鹿台用玄钺将妲己和纣王另一嬖妾的头也砍下，将三颗人头悬挂在白旗杆顶上示众，宣告殷商灭亡。武王做完这些才出城返回军营。另有一百多个商朝的大臣贵族被俘。他们的命运比纣王好不了多少：他们将被带回周京，作为武王祭祖的人牲被杀死。

（二）西周建立

第二天，武王在几个将帅的簇拥下，在商宫中举行了盛大的"受命"的仪式。首先是清除道路，修治祭祀土地的社坛和商纣的宫室。开始动工时，一百名壮汉扛着有几条飘带的云罕旗在前面开道。武王的弟弟叔振铎护卫并摆开了插着太常旗的仪仗车，周公旦手持大斧，毕公手持小斧，待卫在武王两旁。散宜生、太颠、闳天都手持宝剑护卫着武王。进了城，武王站在社坛南大部队的左边，群臣都跟在身后。毛叔郑捧着明月夜取的露水，卫康叔封辅好了公明草编的席子，召公]献上了彩帛，师尚父牵来了供祭祀用的牲畜。伊佚朗读祝文祝祷说："殷的末代子孙季纣，完全败坏了先王的明德，侮慢鬼神，不进行祭祀，欺凌商邑的百姓，他罪恶昭彰，被天皇上帝知道了。"于是武王拜了两拜，叩头至地，说："承受上天之命，革除殷朝政权，接受上天圣明的旨命。"武王又拜了两拜，叩头至地，然后退出。

周武王率各路诸侯，文武百官来到整修一新的商朝太庙，举行了隆重的登基仪式。在祭祀完商代祖先后，武王正式登上王位，取代殷商。

综观武王伐纣，夺取王权，粗粗看来乃一战之功，实则不然。从季历与文丁到姬昌、姬发与纣王之间，围绕至高无上的王权之争，经历了一个相当漫长的时期和复杂的过程。起初，季历势力的扩张，引起了商王文丁的高度警觉，由此引发的季历被囚、被杀事件，不仅没能使姬昌的行为有所收敛，反而激发了他为父报仇，夺取王权的雄心，开始了他在西岐的苦心经营。姬昌知道，在"君权神授"观念深入人心的时代，在众多诸侯国辅弼商王朝的情况下，仅凭武力是难以成功的。经过仔细分析，姬昌找到了商纣王的致命弱点，并对症下药，处处与商纣王分庭抗礼：纣王荒淫奢糜，姬昌就朴实节俭；纣王严刑峻法，姬昌就宽政爱民；纣王残害忠良，重用佞臣，姬昌就礼贤下士、厚招游学；纣王

63

苛捐赋夺民利，姬昌就与民休养生息。姬昌这种以德政对暴政的办法，果然收到了奇效，短短十余年间，西岐就从商朝为数众多的小诸侯国中脱颖而出，迅速发展成为一个"三分天有其二"的超级大国，在纣王统治下的民众怨声载道的同时，西岐的声望却如日中天。姬发则把他父亲的做法进一步发扬光大。

（三）周初统治

殷都的陷落和商朝的覆亡，只是周人东向发展的初步成功，商朝旧诸侯的土地并不因此便为周人所有，而且许多旧诸侯并不因此就承认武王为新的宗主。因此，攻克商都之后，武王更重要的任务是消灭东方的商朝残余势力。按照事先的方略，联军随即兵分四路，向东南方进发，去征讨商的残部和忠于商的方国。剩下的商军由于后方根据地已经失掉，前方又处于敌对夷人的包围下，实为两面受敌，经过激烈战斗，也大部被击溃。史称周军驱逐商朝大将蜚廉（即后世传说中的黄飞虎）于海滨而杀之，可见战线已经拉长到了东海。当时向武王臣服的共有 652 国，其中被征服的有 99 国。这年四月，武王胜利返回国都镐京。

周人还在商人的国土上大肆捕猎，虎、熊、犀牛、鹿等动物仅在武王名下就被猎杀了一万多头。周人还从商王宫中掠夺了大量的珠宝财物，仅佩玉就达到十八万块。

不到两个月内，主要的战斗已经结束。四月中旬，武王在商都建立祭室，向列祖列宗告捷。祭室的地点就选在牧野，正是这个地方，奠定了周朝今后八百年的大业，也决定了中国以后三千年的历史命运。

然而，此时武王的心，却好像天下还未稳定一样。原因是天下虽然归了周，但是以一个地方百里的小国周，如何去统治一个范围广大的商，又如何管理那

些商人和士兵呢？所以，周武王在祭祀殷社后，即在纣宫里分别召见太公、召公和周公，征询他们的意见。太公进去说："这个容易，把纣王宗室大臣和文武百官，统统给杀掉，天下岂不就太平了？"武王说：

"不可。"召公进来说："投顺的，留他一条性命；不投顺的，就把他杀掉。"武王说："不可"。接着周公进来说："依我的意见，还是让他们各住各宅，各种各田。不分什么周人、殷人，有才干的就给他官做，犯了法的一律惩办。"周公的这番话，倒大大地打动了武王的心。他认为只有这样，才是稳定殷遗民的万全之策，但是武王还是不放心，他跟周公又四处访问了一些殷的贤人、长者，问他们殷何以兴，何以亡；问他们都想些什么。他们都说愿行"盘庚之政"。

于是，武王采纳了周公的怀柔政策，采取了以殷治殷，分而治之的办法，安抚殷商遗民。周武王分封纣王的儿子武庚禄父为殷侯，把殷朝的遗民封给他，让他继续治理殷民，让商之遗民继续耕种原有土地，居于旧居，也不改变他们原有的生活习惯。封管叔、蔡叔、霍叔于商都周围，建立卫、邶、鄘三个诸侯国，名义为辅佐武庚，实则是实行武力监视，称为"三监"。命令召公把箕子从牢狱里释放出来，又命令毕公释放了被囚禁的百姓，以褒扬商容的德行；命令南宫括散发鹿台仓库的钱财，发放钜桥粮仓的粮食，赈济贫弱的民众；命令南宫括、史佚展示传国之宝九鼎和殷朝的宝玉；命令闳夭给比干的墓培土筑坟；命令主管祭祀的祝官在军中祭奠阵亡将士的亡灵；又散发供纣王淫乐奢侈之用的财物、粮食，赈济饥民和贫弱的百姓。通过采取这些措施，动荡的局面很快安定了，生产也开始恢复和发展起来。

武王做了这些善后的工作以后，诸侯的军队便陆续撤出朝歌，各自回国去了。武王的军队，簇拥着九鼎，也回镐京去了。路上武王巡视各诸侯国，记录政事，写下了《武成》，宣告灭殷武功已成。又分封诸侯，颁赐宗庙祭器，写下《分殷之器物》，记载了武王的命令和各诸侯得到的赐物。武王怀念古代的圣王，就表彰并赐封神农氏的后代于焦国，赐封黄帝的后代于祝国，赐封尧帝的后代于蓟，赐封舜帝的后代于陈，赐封大禹的后代于杞。

与此同时，为了进一步控制东方，周武王实行了"封邦建国"之制。即以周为中央政权，分封出一系列卫星国，以起到"封建亲戚，以蕃屏周"的作用。为了吸取商朝灭亡的教训，治理好国家，武王专门把箕子接来镐京，虚心请教安邦治国之道。根据箕子讲述的道理，他同姜太公、周公旦等商议，决定将古时已有但还未完全形成的宗法制度进一步完善和确定下来。即把全国分成若干个侯国，由周天子分封给在灭商大业中作出了贡献的姬姓亲族和有功之臣；各诸侯可以拥兵，但必须随时听从天子调遣，定期向天子纳贡、朝贺；允许封侯世代承袭，并可在封国内分封卿、大夫；天子对诸侯有赏罚予夺之权，对封国中分封卿、大夫也有权过问。毫无疑问，武王实行的封邦建国方略，相对于商朝那种原始小邦林立的现象来说，显然是一个进步。它确有统天下于一尊的意义，在当时起到了巩固和加强全国统治的作用。

之后，周武王进行大规模的分封功臣谋士，如将吕尚封于齐，周公旦封于鲁，召公封于燕，叔鲜封于管，叔度封于蔡。据说，周初总计分封了七十一个诸侯国，其中兄弟之国十五个，同姓之国四十余个。封邦建国的目的，是加强对各地的统治，并作为周王室的屏藩。诸侯再在自己的封地里分封卿大夫，卿大夫又在自己的封地里分封士，这样自上而下统治人民。武王死后，其子姬诵即位，为成王。成王年少，天下初定，周公旦恐怕诸侯不服，以王叔摄政。管叔、蔡叔不服，与殷纣之子武庚，带领淮夷，发动叛乱。周公毅然率兵东征，平定了叛乱，诛杀了武庚和管叔，放逐了蔡叔，收伏了殷的余民。为了加强对东方的统治，周公奉成王之命负责营建洛邑的工作。洛邑建成后，成王亲自来到洛邑王城，大会天下诸侯和四夷君长，并将跟随武庚叛乱的殷遗民迁进成周，以便控制。周公还制礼作乐，建立了周朝的各项典章制度和礼乐制度，确立了以宗法制度为中心的政治体制。成王曾亲自讨伐东夷，使东部得以安定。成王死后，即位的康王继承先王的事业，勤于政事，平易近民，刑罚几十年不用，社会更加安定。

通过采取上述措施，周初的政治形势虽仍很严峻，但也得到了暂时的安定，更重要的是它为以后周政权的稳固奠定了初步基础。

武王伐纣分封之后返回镐京，并制订了许多雄心勃勃的安邦治国的计划。史载他忧天下之未定，以至于"自夜不寐"。但是，他未来得及实施这些计划，便于灭商后的第二年因病去世。

秦灭六国

　　秦灭六国，前后十载。韩、赵、魏、楚、燕、齐从分庭抗礼的诸侯，成为了昨夜的烽火，在历史的长空中弥散。列国争雄的时代画上了句号，大一统的幕布被秦始皇缓缓拉开。分分合合中，有帝王的惆怅与欢喜，也有百姓的苦难与期盼。"六王毕、四海一"，在为秦始皇塑造光辉与荣耀的同时，也使百姓由无尽征伐走向安居乐业，由此观之，秦灭六国顺应了时代的大潮。

一、春秋战国时期的秦国

（一）秦国的社会经济

1. 农业

（1）铁制农具普遍使用

在春秋战国时期，铁制农具已经被广泛使用到耕作中，如锄、斧、镰等等，甚至在河南发现了战国时期的冶铁手工业遗址。种种这些都说明在春秋战国时期铁制农具在农业中已经获得广泛应用，极大提高了生产效率，增加了粮食产量，为封建农业生产的发展提供了物质前提。

（2）畜力耕田的推广

铁制农具的出现必定对耕作方法有一定的要求，如"V"字形犁的使用就必须用畜力相牵引。商鞅变法后，牛耕在秦国广泛使用。畜力与铁器的结合使得农业类型逐渐由粗放型向精耕细作型转变，人们在耕作过程中已经开始思考使土地高产的方法，学会因地制宜，合理使用土地进行种植，粮食产量大大提高。

2. 水利兴修

（1）都江堰

都江堰建于公元前 256 年，是中国战国时期秦国蜀郡太守李冰及其子率众修建的一座大型水利工程，是全世界至今为止，年代最久、唯一留存、以无坝引水为特征的宏大水利工程。两千二百多年来，至今仍发挥巨大效益，成为文明世界的伟大杰作。成都平原之所以能够如此富饶，被人们称为"天府之国"，从根本上说，是李冰创建都江堰的结果。

岷江是长江上游的一条较大的支流，发源于四川北部高山地区。每当春夏山洪暴发的时候，大量江水奔腾而下，从灌县进入成都平原，由于河道狭窄，古时常常引发洪灾，洪水一退，又是沙石千里。而灌县岷江东岸的玉垒山又阻碍江水东流，造成东

中国历史朝代更迭

旱西涝的局面。秦昭襄王五十一年（公元前 256 年），李冰父子吸取前人的治水经验，召集了许多有治水经验的农民，对地形和水情作了实地勘察，决心凿穿玉垒山引水，将岷江水流分成两条，其中一条水流引入成都平原，这样既可以分洪减灾，又可以引水灌田、变害为利。李冰用火烧烤岩石，较高的温度使得岩石爆裂，终于在玉垒山凿出了一个山口。因其形状酷似瓶口，故取名"宝瓶口"。"宝瓶口"的修建极大地解决了以往灌溉和分流的难题，

但新的问题又出现了。岷江地势东面较高，江水难以流入"宝瓶口"，李冰父子经过一番考察，决定在岷江中修筑一个分水堰，将岷江水分成两个支流，一支顺江而下；另一支导入宝瓶口。但修建过程并非易事，分水堰必须十分坚固否则极易被湍急的江水冲走。李冰受到当地人巧用竹子的启发，将竹子编成竹筐，竹筐内装满鹅卵石沉入江中，周围再用大石头加固，形成了一个狭长的如鱼嘴形的小岛，因此获名"鱼嘴分水堤"。这样鱼嘴分水堰有效地把汹涌的岷江水分成两部分，内江水通过宝瓶口灌溉成都平原，外江泄洪排洪。岷江水超过鱼嘴分水堰时夹带大量的沙石，时间一长就会阻塞内江和宝瓶口的入水通道，为了更好地分洪减灾，李冰等人又修建了一条"飞沙堰溢洪道"，保证岷江水中夹带的沙石都会流到外江中，不会阻塞内江和宝瓶口水道。

都江堰水利工程由创建时的"鱼嘴分水堤""飞沙堰溢洪道""宝瓶口引水口"三大主体工程和百丈堤、人字堤等附属工程构成。科学地解决了江水自动分流、自动排沙、控制进水流量等问题，消除了水患，造福于百姓。

（2）郑国渠

郑国渠是最早在关中建设的大型水利工程，公元前 246 年由韩国水工郑国主持兴建，约十年后完工。水工郑国前往秦国兴修郑国渠也是出于韩国军事上的需要。当时正处于诸侯并起纷争之时，秦国在与诸侯的纷争中处于霸主地位，秦国的强大严重威胁了东方的诸侯，第一个感到威胁的便是韩国。韩王在无可奈何之际采取所谓的"疲秦"战术。他派水工郑国为间谍潜入秦国游说秦王修建引泾水入洛河的灌溉工程，这样可以发展秦国农业。郑国带着这样的计划潜入秦国，当时秦王嬴政也有心发展秦国的水利事业，期望通过兴修水利灌溉工

程来发展关中平原，提高粮食产量，增强秦国的经济实力。因此，嬴政很快接受了郑国的建议，广征全国人力、物力，任命郑国主持兴修。但在兴修过程中，韩王的计谋败露，秦王想要立即杀掉郑国。郑国对秦王说，当初来到秦国确实是受韩王之命，但如果水渠一旦修成，对秦国来说是一项万世千秋的大业。秦王认为郑国言之有理，况且当时也没有更加合适的人选，于是就让郑国继续主持兴修。经过十多年的努力，整个工程完工，人称郑国渠。

郑国渠位于今天的泾阳县西北 25 公里的泾河北岸。它西引泾水东注洛水，长达 300 余里（灌溉面积号称 4 万顷）。泾河从陕西北部群山中冲出，流至礼泉就进入关中平原。郑国渠充分利用了关中平原西北高、东南低的地形特点，在礼泉县东北的谷口开始修干渠，使干渠沿北面山脚向东伸展，很自然地把干渠分布在灌溉区最高地带，不仅最大限度地控制灌溉面积，而且形成了全部自流灌溉系统，可灌田四万余顷。郑国渠开凿以来，由于泥沙淤积，干渠首部逐渐填高，水流不能入渠，历代以来在谷口地方不断改变河水入渠处，但谷口以下的干渠渠道始终不变。

郑国渠首开了引泾灌溉之先河，对后世引泾灌溉产生着深远的影响。郑国渠巧妙利用了北仲山南麓西高东低的地势特点，把渠修建在了渭北平原三级阶梯的最高线上，灌溉着今礼泉、泾阳、三原、高陵、临潼、富平、渭南、蒲城、大荔等县（区）的二百八十多万亩土地。郑国渠不但未能起到"疲秦"的作用，反而极大增强了秦国的国力。这使得本就强大的秦国更加如虎添翼，加速了它消灭六国的进程。郑国渠工程宏伟，规模宏大，称得上是两千多年前之壮举。它用富有肥力的泾河泥水灌溉田地，淤田压碱，变沼泽盐碱之地为肥美良田，使关中一跃成为全国最富庶的地区，这为秦王嬴政最终统一全国做好了物质上的准备。

水利工程的兴修极大解决了秦国平原粮食产量不足的后患，都江堰和郑国渠的兴修和使用为秦王灭六国、一统天下奠定了良好的基础。

中国历史朝代更迭

（二）秦灭六国前的准备

1. 秦穆公称霸西戎

秦人是华夏族西迁的一支，其国君嬴姓（少昊氏之后），据说周孝王因秦的祖先秦非子善于养马，因此将他们分封在秦，作为周朝的附庸。公元前770年，秦襄公因护送周平王东迁有功，被封为诸侯，划岐山以西为其封地，秦始建国。在群雄并起的春秋时代，秦国由于地处边陲，与同时代其他国家相比显得不堪一击，秦不断与周边的戎狄斗争，在不断的斗争中巩固和扩大了秦的地盘，定都於雍（今陕西凤翔）。直到秦穆公时期秦国实力才逐渐强大起来，成为了仅次于晋国、楚国、齐国的强国。

秦穆公即位后，秦国在政治、经济、文化等方面都有了极大的进步。公元前627年，秦趁晋文公去世的机会，企图进军中原。秦国派军偷袭郑国，不料在行军途中遇到郑国商人弦高。当知道秦国要去偷袭郑国时，弦高一方面派人火速回郑报告敌情；一方面假装成郑国的特使，假借国君的名义，用十二头牛犒赏秦军。秦军认为郑国已经知道秦军出兵的事情，肯定会有所准备，贸然出兵可能得不偿失，因此只好撤军，途中灭掉晋国的盟国滑（今河南偃师）。晋国对秦国东进一直抱有戒备的心理，为免除后患，晋出兵伐秦，爆发了崤（河南渑池西）之战，秦军陷入晋军的包围，全军覆没。东进受阻的秦国不得不转向西方发展，收到了良好的效果。

当时在今陕甘宁一带生活着许多戎狄的部落和小国，如昆戎、义渠、大荔之戎等等，他们生产水平落后，各有君长，不相统一。他们常常突袭秦的边地，抢掠粮食、牲畜，掳夺子女，给秦人造成很大的困扰。秦穆公在西进的过程中采取了比较谨慎的态度，分析了各个部落，采取先强后弱逐个征服的策略。当时在西方的戎狄部落中，比较强大的是绵诸。绵诸驻地与秦相接，恰逢此时绵诸王因听闻秦穆公贤明便向秦国派来使者由余。秦穆公亲自接待，并向其展示秦国宫殿之壮丽以及物资储备之丰富，并趁机向他了解西戎的地形等情况。秦穆公热情挽留由余在秦多住数日，并派人给绵诸王送去大量乐器、美女与美酒，绵诸王从此钟情于美酒佳人，不理朝政，国内政事一塌糊涂。直到此时秦穆公才让由余回国，但由余的劝告并未起到任何效果，使得由余最终归附了秦国，成为秦国讨伐西戎的有利帮手。

公元前623年，秦军出征西戎，以迅雷不及掩耳之势包围了绵诸国，在酒樽之下活捉了绵诸王。秦穆公乘胜前进，二十多个戎狄小国先后归附了秦国，独霸西戎。秦国疆域又辟地千里，国界南至秦岭，西达狄道（今甘肃临洮），北至朐衍戎（今宁夏盐池），东到黄河，秦穆公使秦国国力达到顶峰，史称"秦霸西戎"。

2. 平定吕不韦、嫪毐叛乱

吕不韦出生于卫国，早年在韩国经商，他深谙经商之道经常贱买贵卖，因此十分富有。吕不韦在赵国经商时，偶然间结识了居留在赵国的秦王室质子嬴异人，吕不韦认为如果可以帮助嬴异人重返秦国并助其登上王位，那么自己必然也会大富大贵，因此吕不韦决定帮助嬴异人。吕不韦先用重金贿赂安国君的妻子华阳夫人的姐姐，通过其引荐见到华阳夫人，送了很多珠宝后对华阳夫人说起异人的情况，说异人十分想念华阳夫人，在赵国一直十分勤勉好学，为人敦厚广交朋友，人缘很好。华阳夫人十分感动便对异人心生好感，华阳夫人膝

下无子，倘若异人能够被立为世子将来继承王位，那么自己也可以有所依靠，因此她不断怂恿安国君立异人为世子，改名为子楚。

公元前 251 年，秦昭襄王死，太子安国君即位，是为秦孝文王，子楚为太子，秦孝文王即位一年而卒，子楚即位，是为秦庄襄王，以吕不韦为丞相，封为文信侯。子楚以质子身份居留赵国之时，并未婚娶，见到吕不韦的侍妾赵姬心生爱意，吕不韦出于政治目的将赵姬送给了子楚。不久赵姬生下儿子政，也就是历史上赫赫有名的秦始皇。秦庄襄王即位三年病逝，当时只有 13 岁的嬴政即位，以吕不韦辅政，赵姬为皇太后。吕不韦的实力发展到了顶峰。大权在握的吕不韦经常与赵姬私通，久而久之嬴政也略有所知。为避免不必要的麻烦，吕不韦将嫪毐以"太监"之名送入皇宫，献给皇太后赵姬而使自己脱身。

嫪毐入宫后深得太后宠爱，太后封其为长信侯，赐予他大片封地，国中大小事情都由嫪毐决定，嫪毐在蕲年宫安插许多自己的亲信，这使得嫪毐的权势无限膨胀。公元前 238 年，22 岁的嬴政在蕲年宫举行了成人加冕礼，王冠、带剑。嬴政即位之初由于只有 13 岁，年纪小，故大权都由吕不韦所把持，随后嫪毐也因皇太后的关系掌握一定大权。但如今成人礼一过，说明嬴政已经成年，

开始亲政了，这对吕不韦、嫪毐来说不是一个好消息。嬴政自小就生活在纷繁的谣言之中，因此对吕不韦是恨之有加，嫪毐与赵姬之事也让嬴政非常愤怒。因此嫪毐深知嬴政一旦亲政必将先铲除他，要想自保必须先出手，嫪毐假托秦王玉玺发动政变，直攻蕲年宫。秦王嬴政命令昌平君、昌文君带兵平定叛乱，战于咸阳，斩叛军数百，嫪毐逃脱，后被俘。秦王嬴政下令夷嫪毐三族，将其党羽中罪行较轻者发配蜀地，罪行重者车裂。吕不韦因嫪毐的关系受到牵连被罢免丞相之位，回到封地洛阳。皇太后赵姬被迁往雍地居住，后茅焦上书请谏劝说秦王，秦王才亲自驾车将太后迎接回咸阳。公元前 236 年，秦王因怕吕不韦谋反便将吕不韦放逐至巴蜀之地，吕不韦害怕日后被杀，于是饮鸩自尽。

吕不韦、嫪毐死后，秦王将大权收归麾下，扫除了统治道路上的障碍，开始亲政治国。面对着凋敝的民生、内部的威胁、外部的干扰，重整生产、恢复国力、稳定统治成为了统治阶级亟待解决的问题，也是秦王面临的一个重大挑战。

秦灭六国

二、秦灭六国的过程

（一）秦国的对外战争

1. 与齐国的对峙

魏国在马陵之战中败北后，实力大为削弱，齐国取代魏国成了新的霸主。秦国经商鞅变法实力大大加强，于是大国间的形势发生了变化，秦国和齐国成了实力最强的两个大国，形成了东西对峙的局面。此时各大国陆续称王，大国间领土毗邻，彼此间的矛盾冲突就更加剧烈了。齐国和秦国这两个东西对峙的大霸主开始了争取小国、孤立敌国的斗争。

在齐国和秦国斗争的过程中，合纵连横是贯穿始终的一个重要策略。合纵连横，在地域上是以韩、赵、魏三国为主，北连燕或南连楚，东连齐或西连秦，南北相连为纵，东西相连为横。在策略上，"合纵"就是联合诸多弱小国家攻打一个较强大的国家，目的是阻止强国进行兼并。"连横"就是强国迫使弱小国家帮助它进行兼并。合纵连横政策的初始，既可以牵制秦国又可以限制齐国，直至长平之战后意义发生变化。实际上"合纵"和"连横"都是争取暂时同盟者的外交手腕，其目的是进一步兼并土地，扩张领土。

公元前329年，张仪由赵国进入秦国，凭借出众的才智被任命为相国，积极为秦国出谋划策。在张仪的辅佐下，秦君称王，秦国日益强盛。张仪入魏游说魏惠王连横，魏惠王因受到齐国和楚国的打击，不得不采取张仪的连横策略，与秦国和韩国联合起来攻打齐国和楚国。张仪的策略是希望魏国能率先归附秦国，为其他国家做个表率，但这遭到了魏惠王的拒绝。秦国立刻出兵攻占了魏国的曲沃（今山西闻喜）、平周（今山西介休）两地，此战对其他国家而言威慑很大。介于秦国的强大，齐、楚、燕、赵、韩五国转向公孙衍提出的合纵策略。

公元前318年，以楚怀王为首爆发了齐、楚、燕、赵、

中国历史朝代更迭

韩五国伐秦的战争，秦国派兵与联军在修鱼（今河南原阳）交战，联军大败。自从合纵联军退兵后，秦国十分重视对后方的扩充。公元前316年，巴蜀相攻，秦王想要趁机一举灭蜀，但因韩国的入侵犹豫不决，司马错力主攻蜀，认为攻下蜀国可以使人力物力方面都得到强而有力的补充，又可占据有利地势顺流攻楚。秦王采纳此议，派遣张仪、司马错出兵一举灭蜀，后灭掉巴国，获得巴蜀大片土地。如此一来，秦国占据了富饶的天府之国，为秦国经济的发展和军事战争的准备提供了有利的保障。

齐国和秦国间最大的一次斗争焦点在楚国。齐国为了对付秦国联合了楚国，楚国虽然由于社会改革不彻底导致经济落后，但楚国拥有辽阔的疆土和众多的人口，轻易就可调集百万大军，齐国联合楚国对秦国来说影响很大，因此如何破坏齐楚之间的联合就显得尤为重要。秦王派张仪入楚游说楚怀王。张仪暗地收买了楚国旧贵族并以六百里商於土地作为诱饵诱惑楚怀王，楚国要是能和齐国断绝关系，秦国愿意献出商於（今陕西商洛）六百里的土地。楚怀王一听动了心，丝毫不理会屈原等人的劝谏立刻与齐国断绝了关系，并且派人到秦国去索要张仪承诺的六百里商於之地，但张仪却矢口否认，并说当时承诺的是六里而非六百里。遭到秦国愚弄的楚怀王大怒，兴兵攻打秦国，秦兵大败楚军于丹阳（今河南丹水北岸），并虏其将领数十人，反夺楚国汉中之地，这片土地与秦国的巴蜀之地连成一片，有效保证了秦国国土的安全，极大增强了秦国的实力。

2. 与赵国的对峙

正当齐、秦两国打得不可开交之际，赵国悄悄地发展起来。赵国的周边都是善于骑射的少数民族，如赵国东北方有东胡，西北方有林胡、楼烦，这些都是我国游牧民族，对赵国有很大的帮助。赵国的主力部队以战车为主，在战斗中无法灵活地四处攻击，笨重的战车无法赶超轻快的骑士，因此使得赵国在战国初年的征伐中处处被动挨打。公元前307年，在屡次与周边少数民族交手后，赵武灵王认识到，要想迅速使赵国强大起来，必须首先建立强大的军事力量，决定实行"胡服骑射"，"胡"指的就是胡人，意思是说全方面学习胡人，不仅学习他们的服装穿着，还要学习他们骑马射箭等技术。赵武灵王在赵国北部亲自训练骑兵，并将这支训练有素的骑兵作为军官团，培训其他士兵，所有想要成为骑兵的士兵都要经过统一的考试，这样赵国就建立起一支实力超强的军事力量。赵国迅速强盛起来，这引起了齐、秦的不安，为了打击赵国，秦昭襄王派遣穰侯魏冉到齐国，请齐湣王与秦昭襄王同时称帝，共同联合其他国家攻打赵国，并三分赵国天下。但这一策略并未成功，最终被苏秦的合纵策略所破坏。齐国反倒采取苏秦的建议，联合其余国家反秦，迫使秦昭襄王将以前侵占的魏国、赵国的土地悉数归还，赵国实力更胜从前。

公元前 286 年，齐国灭掉宋国，势力大振，引起各国的不安，秦国趁机与各国约定反齐，蒙骜带兵进攻齐国的河东，攻下九城。公元前 278 年，秦国又派白起攻下楚国的国都郢，楚国的势力也消失殆尽。齐国和楚国的势力削弱使得秦国可以顺利地推行"远交近攻"的策略。当时秦国把战争的矛头转向魏、韩两国。秦国希望扩大自己的疆域，强令秦军越过魏、韩去攻打齐国，范雎指出这样并不能扩大秦国的土地，适时向秦昭襄王提出"远交近攻"的策略。"远交近攻"是针对当时秦国的状况提出的。齐国势力强大，与秦国距离遥远，要想攻打齐国，必须要越过韩、魏，士兵长途跋涉，十分辛苦，这样难以取胜。不如先攻打临近的韩、魏，逐步推进，但需防止齐国与这两国结盟，秦王要主动派使者与齐王修好，只有这样才能削弱敌国。秦昭襄王任命范雎为相，积极推行"远交近攻"策略，向三晋发动大规模的进攻。三晋之中以赵国实力最强，因此秦、赵之间的战争不可避免。

（1）阏与之战

秦穰侯魏冉，为扩大其在陶（今山东定陶）的封地，强令秦军越过韩、魏远攻齐国的刚（今山东宁阳东北）、寿（今山东东平西南）。由魏入秦的谋士范雎向秦昭襄王指出，越过韩、魏而去攻打齐国的刚、寿的做法是错误的。范雎认为秦攻齐，中间隔有韩、魏，少出兵则达不到攻齐的目的，但多出兵则路途遥远，对秦国多有不利，最终的结果也不能使得秦国的土地增加，因此应采取"远交近攻"的策略，远交齐、楚，近攻三晋韩、赵、魏。韩、魏地处中原，是天下的枢纽，且韩、魏又在齐、楚与秦之间，先攻韩、魏，夺其土地，这样再远攻齐、楚之时，进可攻、退可守方能制胜。秦昭襄王对范雎的提议大加赞赏，封其为客卿，参与军事谋划。当时北方的赵国实力较强，使得秦国对韩、魏出兵有所顾忌，于是秦国伺机寻找出兵赵国的机会，希望可以一举灭赵。公元前281年，秦国攻取赵国的三座城池，赵先提议以其盟国魏之焦、黎、牛狐换秦夺取之蔺、离石、祁，秦以蔺、离石、祁位于赵之太原郡与魏之上党郡夹攻中，难以据守，故同意易地。赵国与秦国签订协议，以焦、黎、牛狐交换三城，并将公子郚质于秦国。但随后赵国就背弃盟约。秦国以赵国背弃盟约为由，派中更胡阳率军大举攻赵之阏与。阏与是赵国的边境重镇，也是赵国的西南门户。它东靠太行山，西向晋中平原，战略地位十分重要。秦军之所以攻打阏与，是想以此地作为进攻赵国的前方阵地。若阏与被破，赵国的西部大门就被洞开，秦军就可以长驱直入，对赵国威胁极大。因此赵惠文王急召廉颇、乐乘等人商议对策。廉颇认为阏与距离邯郸路途较远，并且路途险阻，无法救援。乐乘也持相同态度，认为阏与道路艰险不可援救。赵王又问赵奢，而赵奢却与廉颇、乐乘等人的意见不一致，赵奢认为，两军相遇勇者胜，阏与道路艰险这是事实，但也正因为这样，对双方来说机会都是均等的。在阏与交战，秦、赵两国就好比

是在洞穴中争斗的老鼠，只有勇敢的一方才能获得最后的胜利。赵奢的话深得赵王赞许。赵王立刻任命赵奢为大将军率兵前去解救阏与之围。

赵奢率军在距离邯郸三十里的地方安营扎寨，将士们都迷惑不解，现在即便日夜兼程都唯恐解救不了阏与之围，这刚刚出城就安营扎寨，这是为什么呢？但赵奢随后下令不准对作战策略有任何异议，否则格杀勿论。将士们只能听候命令。赵奢此举的用意实则想要迷惑秦军，使其失去警惕。秦、赵双方在武安（今河北武安西南）对峙。秦军操练声势浩大，战鼓震天，而赵军却纹丝不动，销声匿迹。一名侦察兵在侦察敌情时看到嚣张的秦军，十分愤怒，不顾军纪，建议赵奢出兵，赵奢立即将此人斩首示众，从此军内再无人敢随意讨论军情。赵奢命令全军修筑深沟高垒，做出长期固守、怯敌畏战的假象，以麻痹秦军，赵奢按兵不动达二十八天之久。

固守不前的赵军使得秦军将领胡阳大为疑惑，不知赵军的真正意图，因此

胡阳派出间谍潜入赵军驻地打探消息。赵奢故意装作不知情,盛情款待来者,又带他参观赵国新修的堡垒,暗示赵国无意前进。间谍返回秦军驻地将所见汇报给胡阳,胡阳大喜,认为赵军怯敌不敢迎战,于是放松了警惕。

当确定秦军被麻痹之后,赵奢命令全军以两天一夜的时间火速赶到距阏与五十里的地方驻扎下来,占据有利地势,命令弓箭手选好位置以攻击秦军。又派遣一万人占据北山的制高点,构筑工事,严阵以待。胡阳听说赵军突然赶到前线,惊慌万分,命令秦军昼夜不停地赶往战场。到了阏与,才发现有利地形已被赵军占领。他看到北山地势险要,便命令秦军拼命争夺。然而秦军长途跋涉,人困马乏,赵军却以逸待劳,早有准备。秦军虽几经争战、奋力拼杀,但还是失败了,只能在山下列阵。正当秦军无计可施之际,赵奢下令赵军兵分两路,从山上山下发起猛烈进攻。在前后夹攻下,秦军全线崩溃,大败而逃。赵军大胜,凯旋而归,阏与之围遂解。

阏与之战使得秦军损失一定兵力,限制了秦军东进的步伐。

(2) 长平之战

公元前 262 年,秦昭襄王派大将白起攻打韩国,占领了野王城(今河南沁阳),彻底切断了上党郡和国都的联系。韩国希望献出上党郡向秦国求和,但上党郡的郡守不愿投降,于是请赵国发兵救援。赵国派遣老将廉颇驻军长平,秦国也派白起迎战,驻扎在长平,双方开始了大战前的对峙。廉颇仔细分析了秦国的军事状况,认为秦军攻击力很强,因此不能迅速出战,应采取坚守策略,以逸待劳消耗秦军力量。三年间,双方相持不下。秦军多次挑战,赵国却不出兵,赵王为此屡次责备廉颇。秦相范雎派人向赵国权臣行贿,并伺机散布谣言

说秦国并不害怕廉颇,真正畏惧的是赵奢之子赵括,造谣说廉颇即将出降。赵王怨恨廉颇固守不战,因而相信了流言。公元前 260 年,中了反间计的赵王,改用赵奢之子赵括代替廉颇,命其出击秦军。赵括只会纸上谈兵,对带兵打仗全无心得,他一改廉颇布置的战术,大举攻秦。

秦相范雎得知反间计已获成功,立刻派白起为上将军,去指挥秦军。白起一到长平,布置好埋伏,在正面佯装兵败撤退,赵括不知是计,紧

追不舍，掉进白起的埋伏圈。随后白起又派出三万奇
兵，分成两支，一支两万五千人，负责切断赵军的退
路，另一支五千人，负责将赵军的军队截成两段。赵括
此时无计可施，只能筑垒坚守，等待救兵，秦国趁机将
赵国运送援兵和粮草的道路彻底切断。被秦军围困四十
六天后，弹尽粮绝又无援兵的赵括只得将赵军分成多
部，轮番突围，但都以失败告终，赵括也在突围中被秦军射死。失去主将的四
十万赵军全部投降了秦军。白起将战俘中年幼的二百多人放回，其余的全部
活埋。

（3）窃符救赵

长平之战使得赵军的主力损失严重，而秦国却乘胜追击包围了赵国的都城
邯郸。秦国残暴地对待赵国的百姓，激起赵国人民的不满，赵国军民万众一心
英勇抵抗秦国，秦军惨遭败绩，伤亡惨重。范雎派郑安平为主将继续进攻邯郸。
赵国向魏国求救。平原君一面向楚国求救，一面书信联系魏公子信陵君。信陵
君的姐姐是赵惠文王弟弟平原君的夫人，平原君写信给信陵君请其游说魏王出
兵救赵。在信陵君的游说下，魏安禧王派将军晋鄙率领十万大军驻守在汤阴
（今河南汤阴）声援赵国，但因惧怕秦国不敢进兵。名义上是救赵，实际上则是
抱着观望的态度。此时的信陵君也千方百计想要解除赵国的威胁。有人向信陵
君献计，现在必须偷得魏王的兵符才能救赵。兵符是古代传达命令或调兵遣将
所用的凭证，呈虎型，又称虎符。分为两半，一半留存在国君身边，一半交给
率军的统帅。调发军队时，必须两块虎符合二为一。魏王的兵符藏在卧室内，
而能够自由进出魏王卧室的只有魏王的宠妾如姬。当年如姬之父被杀，信陵君
为其报了杀父之仇，因此如姬心怀感激。现在如果让她为此效力，一定可以成
功。信陵君依此计行事，而如姬也不负众望，成功偷得虎符交给信陵君。信陵
君带着原在屠市上做屠夫的朱亥一同前往魏军的驻地，假传魏王命令撤销晋鄙
的军职，由信陵君接任。晋鄙验过虎符，即便合二为一但仍将信将疑，此时朱
亥毫不犹豫地用铁锤杀了晋鄙，夺取了最高统治权，发兵进攻秦国。此时楚国
也派景阳带领大军前来救赵，秦军在赵、魏、楚三军的内外夹击下大败。秦将
郑安平率领两万人投降了赵国。这是秦国继阏与之战后的又一次大败，连之前
攻占的魏国的河东和赵国的太原都失守了。即便这样，秦国仍旧具有较强的实

秦灭六国

79

力，继续向东发展。

（二）灭六国时机成熟

1. 统一是必然趋势

结束诸侯的割据完成封建社会的大一统，是春秋战国时期历史发展的必然趋势。首先，由于生产力的提高，社会经济获得极大发展，各地区间的联系加强，彼此间的交流加深。其次，经过春秋战国时期的大战乱，战争迫使百姓流离失所，不得不东奔西走，这样就使得民族融合的趋势越来越强，在中国境内形成了一个强大的共同体。再次，由于封建割据以及由封建割据引发的一系列战争，给百姓带来沉重的打击，农民更是苦不堪言，工商业者也因为战乱无法正常营生。因此，农民和工商业者成了统一最忠实的拥护者。他们迫切希望建立一个统一且强而有力的中央集权的封建国家。最后，长时间的大国争霸和兼并战争，大吃小、强欺弱，改变了原来中原地区霸主间的力量对比，在战争中秦国逐渐成为实现统一的中心力量。

2. 秦国的势力迅速发展

秦国能够成为统一的中心力量并非偶然。秦国自商鞅变法后，社会变革相对比较彻底，建立起一个比较巩固的中央集权的封建国家。新兴地主阶级的力量比较强大，经济发展迅速，军队精良，战斗力超强。自秦孝公即位（公元前 361 年）到秦王政亲政（公元前 238 年），秦国共经历了一百二十三年，在这漫长的时间里，关东六国接连衰败，唯独秦国越战越强。在战争中，秦国不仅消灭了六国的大批军队，还获得了大片领土，使得领土从今关中地区扩展到陕北、甘肃、宁夏、四川、山西、湖南等地，因而秦国成为最有实力完成统一大业的国家。

3. 其他国家的衰落

燕国本来也是个大国，后来燕王哙将王位让给了相国子之。燕国将军和太子进攻子之，燕国发生大乱。公元前 314 年，齐宣王以燕王哙将让位给子之引起内乱为借口，出兵燕国，短短十几天就攻占了燕国，但燕国军民奋力抵抗，最终使得齐国撤军。

后公子职即位，是为燕昭王。燕昭王一心想要报当年齐国武力干涉燕国之仇。燕昭王希望可以广招天下贤士，于是问法于郭隗，郭隗回答说："您如果把我当成贤人一样尊重，那么比我有才能的人都会纷纷前来投靠。"燕昭王立即茅塞顿开，

为郭隗建立宫室，名曰"金台"，称郭隗为老师。乐毅出使到燕国，燕昭王用客礼厚待乐毅。乐毅谦辞退让，但最后终于被昭王诚意所动，答应委身为臣，燕昭王封乐毅为亚卿（仅次于上卿的高官）。正因为燕昭王的礼贤下士和谦虚真诚，最终才能招到像郭隗、乐毅这样的贤士。燕昭王与他们一起改革政治，奋发图强，经过二十八年的努力，终于使燕国国富兵强。

燕昭王认为现在燕国的势力已经远胜从前，想要兴兵伐齐，于是征求乐毅的意见。乐毅认为齐国地广人多，称霸多年根基雄厚，善于用兵，虽然齐国国君不体恤民情，横加暴敛，对外诸多用兵引起诸侯不满。但对于这样的一个大国，单凭燕国的实力恐怕很难取胜。倘若一定要出兵，最好联合楚、魏、赵、韩等国，先孤立齐国，才有取胜的机会。燕昭王接受了乐毅的建议并派人分别出使赵国、韩国、楚国和魏国，各国早就厌恶齐国国君的骄暴，都同意联兵伐齐。公元前284年，燕昭王任命乐毅为上将军，率兵出征。赵王也将相印交给乐毅，乐毅率领燕兵联合赵、楚、韩、魏五国之兵大举伐齐。齐王并未料到燕国会带兵反齐，连忙召集全国之兵仓促应战。

两军相遇于济水西岸，乐毅亲临前方指挥将士向齐军发起猛烈进攻，一时间联军锐不可当。而齐军因连年征战士兵疲惫不堪，齐王对作战不利士兵的处罚也让士兵们心寒不已，根本无心恋战。因此在联军的猛攻下，齐军大败，溃不成军。齐军主力被歼后，齐王狼狈逃窜，退回国都临淄。燕昭王闻讯十分高兴，亲至济西战场劳军，厚犒将士，封乐毅为昌国君。在济西大败齐军之后，乐毅厚赏了楚、韩两军并遣还其回国，打算自己直逼齐都临淄。乐毅认为齐国的精锐部队已经全部阵亡，国内一片混乱，这是一举灭齐的最好时机，坚持率军乘胜追击。乐毅命魏军直攻旧宋国之地，命赵军攻取河间地区，而自己则亲率燕军长驱直入齐都。燕兵的节节胜利逼迫齐王出逃，后被楚将所杀。乐毅攻齐的六个月里，攻下齐国七十多个城池，仅剩下下莒（今山东莒）和即墨（今山东平度）未被攻克。乐毅在攻下齐国诸多城池之后，实施了一系列的安民措

秦灭六国

81

施：首先整顿军纪，不准危害百姓；其次，减轻赋税，恢复齐威王时期的合理法令；最后优待归顺燕国的齐人，笼络齐国统治阶级。这样一来，基本稳定了对齐国的占领。

但后来燕昭王死，其子惠王即位，因猜忌乐毅罢其官职改用骑劫。骑劫无视乐毅制定的政策，放纵燕兵对齐国降卒任意残害，甚至掘坟焚尸，激起齐国百姓极大的仇恨。齐将田单利用齐国人民这种仇视燕将的情绪，率兵利用"火牛阵"夜袭燕军。田单事先挑选了一千多头牛，在每头牛的牛角处捆上尖刀，又在每头牛的背上披上一条被子，在被子上画上大红大绿奇奇怪怪的图案，在牛尾巴上系上已经浸透油的芦苇。午夜时分，田单让士兵在城墙上凿破十几处，将牛赶出去并将牛尾巴上的芦苇点燃。一千多头尾巴被点燃的牛被烧得性子大发，奔着燕军的营地就冲了过去，田单命五千"敢死队"持大刀长矛尾随牛队突袭燕军。正在睡梦中的燕军被这些头顶长刀的怪物吓得大惊失色，根本无力抵抗，纷纷四处逃窜，死伤不计其数。燕国主将骑劫被杀，齐国乘胜收回大片失地，暂时转危为安。但由于齐国在与燕国的斗争中损失惨重，从此一蹶不振，齐国丧失了与秦国抗衡的能力，齐、秦对峙的局面被打破，秦成为霸主。

（三）秦灭六国的过程

1. 五国攻秦

公元前 367 年，残存在洛阳附近的周朝贵族发生权力争夺，韩、赵武力干涉，周分裂为西周和东周。公元前 256 年，秦灭掉西周，随后又灭掉东周，占据了今天伊水、洛水和黄河之间的大片土地。秦灭二周后，开始了对韩、赵、魏的吞食。公元前 242 年，秦国对魏国展开了进攻，一举攻下酸枣（今河南延津）、雍丘（今河南杞）等二十城，使得秦国的国土与齐国的土地连在了一起，

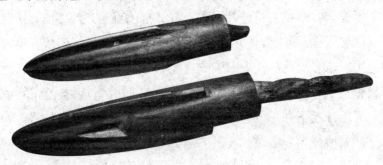

对东方各国威胁极大。于是公元前 241 年，五国商议合纵攻秦，楚王为纵长，五国纵军一路攻到蕞（今陕西临潼）。但秦国出兵反击后，身为纵长的楚王却率先逃跑，其余各国也纷纷撤退，五国合纵攻秦失败。秦国势力又进一步加强，统一趋势不可避免。

公元前 247 年，秦庄襄王死，13 岁的嬴政即位，他就是后来大名鼎鼎的秦始皇。

2. 灭六国

公元前 238 年，秦王政铲除了丞相吕不韦和长信侯嫪毐集团，开始亲政，周密部署统一六国的战争。李斯、尉缭等协助秦王制定了统一六国的战略策略。秦灭六国的战略有两个，一是趁六国混战之际，秦国趁机灭掉诸侯，建立帝业，一统天下。秦王政采纳了尉缭破六国合纵的策略，广散钱财贿赂各国诸侯以打乱各国合纵的计划，从内部分化瓦解敌国。二是继承历代"远交近攻"政策，确定了先弱后强、先近后远的具体战略步骤，李斯建议秦王政先笼络燕齐，稳住楚魏，消灭韩赵，然后各个击破，统一全国。在这种战略方针指导下，秦国的统一战争开始了。

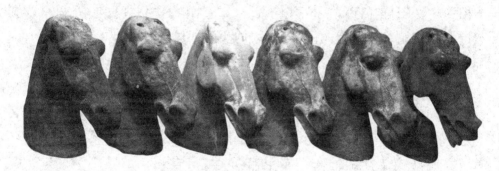

（1）韩国

秦国首先选择了韩国。因为韩国是六国当中实力最弱小的国家，且与秦国距离较近，符合秦国"远交近攻"的战略。公元前 230 年，派内史腾率兵进攻韩国，内史腾对韩国的情况了如指掌，因此进展十分顺利，俘虏韩王，将所得的韩国土地设立为颍川郡，韩国灭亡。

（2）赵国

公元前 231 年和公元前 230 年，赵国先后发生了地震和大灾荒的自然灾害，国力受损。

公元前 229 年，秦国趁赵国受灾之际派王翦率兵攻赵，赵国派李牧、司马尚奋力抵抗。李牧曾是抵抗匈奴的名将，他所率领的军队战斗力超强，多次击败秦军。王翦意识到李牧是一个劲敌，必须在战斗外将其除掉。王翦重金收买了赵王身边的宠臣郭开，散布谣言说李牧等勾结秦军有叛国之嫌。赵王听信谣言立刻撤换了李牧和司马尚，李牧在大敌当前的情况下拒不交出兵权，赵王派人暗中斩杀了李牧，这引起军队对统治集团的极大不满，战斗力大幅度下降。秦国的离间计大获成功，王翦趁机大举进攻，赵军无力抵抗，秦军如入无人之境，痛击赵军。公元前228 年，赵王迁出逃，被迫献上赵国的地图请降，赵国名存实亡，赵公子嘉率宗族百人逃至代郡（今河北蔚县），自立为代王，赵国几近亡国。秦国统一了北方。

（3）燕国

在追击赵公子的过程中，秦军到达燕国边境，燕国面临亡国的威胁不得不先出手，太子丹物色到了一位勇士，此人就是荆轲。二人商议要刺杀秦王必须接近秦王身边，让其相信燕国是前去请降的，秦国现在最想要的就是樊於期和燕国的督亢（今河北涿县）。秦国曾悬赏樊於期，要是能带着他的人头，相信秦王不会怀疑。得知消息的樊於期，拔刀自刎。荆轲带着樊於期的首级和燕国督亢的地图前去求见秦王。太子丹事先准备了一把锋利的匕首，叫工匠用毒药煮炼过，不管是谁只要被这把匕首刺出一滴血，就会立刻气绝身亡。他把这把匕首送给荆轲，作为行刺的武器，藏在地图之中。

荆轲到达咸阳求见秦王，秦王一听荆轲所带之物大为高兴，立刻下令在咸阳宫接见荆轲。大殿之上，荆轲捧着木匣上去，献给秦王政。秦王政打开木匣，果然是樊於期的头颅。秦王政又叫荆轲拿地图来。荆轲把一卷地图慢慢打开，当地图全部打开时，荆轲预先卷在地图里的一把匕首就露出来了。秦王政一见，惊得跳了起来。荆轲连忙抓起匕首向秦王政胸口直扎过去。秦王躲闪及时，最终刺杀失败。荆轲刺杀未遂，激起秦王的怨恨，秦王立刻派遣王翦、辛胜等起兵，在易水击败燕军主力。公元前 226 年，王翦攻下燕国都城蓟（今北京大兴），燕王逃跑至辽东郡，燕王喜为保住燕国，以期停战，不得不杀掉太子丹，将其首级献给秦国求和。公元前 222 年，王贲奉命攻伐燕国在辽东的残余势力，俘获燕王喜，燕国彻底灭亡。

（4）魏国

公元前 231 年，魏王迫于秦国的强大压力主动献出土地求和，秦国当时主攻赵国，无暇旁顾，使得魏国得以暂存。

公元前 225 年，秦国派年轻的将领王贲，也就是王翦的儿子，率领十万大军围攻魏国，包围了魏军的大梁（今河南开封）。但魏军以大梁为依托，城门紧闭、坚守不出。大梁城经过多年的修建，异常坚固，秦军无计可施。万般无奈下，王贲想出了水攻的办法，王贲命令大批秦军士兵挖掘渠道，将黄河、鸿沟的水直接引入大梁城内。三个月后，大梁城被水浸坏，魏王投降，魏国亡。

（5）楚国

楚国是一个南方大国，资源丰富，土地辽阔，军队力量也较为强大。但由于楚国内部贵族间总是你争我夺，内讧不断使得楚王室分崩离析，给秦国灭楚创造了时机。公元前 226 年，秦王派军南下攻楚，夺得楚国十余个城池。

公元前 224 年，秦国派王翦率领六十万大军进攻楚国。王翦选择有利地形以逸待劳、按兵不动，麻痹敌人，秦王将一切人力财力都用于前方的战事。一年后，秦军对楚国的基本情况有了一定了解，对楚国的气候也基本适应，士兵作战志气高涨。此时的楚军防范意识逐渐松懈，斗志也不如开始时强烈，再加上粮草不足准备东撤。王翦于是趁楚军撤军之际大举追击，一举歼灭了楚军的主力，长驱直入杀死楚军统帅，占领了楚军的江南地，俘虏了楚王，楚国灭亡。

（6）齐国

齐国距离楚国比较远，秦国一直奉行的"远交近攻"的战略非常成功，因此齐王建在位的四十多年里，齐国一直处事谨慎，既不参与合纵也不与任何国家连横，直至五国接连被秦国灭掉后，齐国才开始有了一丝恐慌，担心齐国有朝一日也会重蹈五国的覆辙，但为时已晚。燕国乐毅横扫齐国使得齐国差点灭亡，后在齐将田单的努力下总算转危为安，但齐国从此一蹶不振，齐王建更是一个平庸之辈。公元前 249 年，后胜担任宰相，秦国用重金贿赂后胜。公元前 221 年，王贲率兵一路打到齐国都城临淄，几乎没有遇到任何抵抗，齐王建和后胜不战而降，齐国灭亡。

至此，秦国完成了统一大业。

三、秦灭六国的原因

（一）商鞅变法巩固国力

商鞅（约公元前 390 年—公元前 338 年），卫国（今河南安阳或濮阳）人，战国时期政治家、思想家，著名法家代表人物。商鞅深受李悝、吴起等法家学派的影响，自幼钻研以法治国之道，投身在魏相公叔座门下。公叔座知道商鞅是个胸怀大志、才华横溢的人，因此公叔座临终之际特将商鞅举荐给魏惠王，希望惠王可以委以重任，并劝告魏惠王倘若不能委以重任，一定不能让商鞅踏出魏国，因为以他的才华一旦为别国效力就会成为魏国极大的威胁。但魏惠王并未理会公叔座的劝告。商鞅深知在魏国无法施展自己的才华。而此时的秦国，经济一直发展得比较缓慢。公元前 361 年，秦孝公即位，决心进行大刀阔斧的改革，因此十分注重对人才的选拔，求贤如渴。商鞅深知自己在魏国无法施展

才华，又听闻秦孝公是一位具有雄才大略的君主，此刻正在广招天下贤士，因此商鞅通过秦孝公的近臣景监三的引荐，成功见到了秦孝公。商鞅的"强国之术"，深得秦孝公的喜爱，秦孝公让商鞅主持变法。从公元前 356 年到公元前 350 年，商鞅在秦国实施了两次大规模的变法，主要有以下内容：

1. 废井田，开阡陌

用法令的形式废除了奴隶制的井田制，把原来的小田界统统破除，变为 240 步一亩，重新设置田界，不准擅自移动。把土地授给农民，允许其买卖。这就从法律上维护了封建土地私有制。

2. 建立军功爵制

规定了军功爵位的获得以在前线杀敌的多少来计算，杀敌越多奖励越厚，建立了一套军功爵制度，按照爵位的高低给予不同的特权。最重要的一点是国君的宗族中没有军功的不能列入公族的属籍，不能享受贵族的特权，这对旧贵

族来说是个沉重的打击，但对新兴的地主阶级还有下层士兵来说都是一个鼓励。

3. 重农抑商

商鞅认为农业是国家的根本，是"本业"，而其他的商业和手工业是辅助农业的副业，称为"末业"。为保证国家的财力，商鞅规定：凡努力耕作多缴纳租税者，可免去其徭役；反之，弃农经商或者因不思耕作而无法缴纳租税者一律没入官府为奴。积极招募无地农民来秦国开荒，加重关税迫使商人弃商务农。为增加劳动力积极鼓励生产，规定凡一户有两个儿子的，到成人年龄必须分家，独立谋生，否则要出双倍赋税。女子到一定年纪必须出嫁。禁止父子兄弟（成年者）同室居住，推行小家庭政策。这些政策有利于增殖人口、征发徭役和征收户口税，发展封建经济。

4. 统一度量衡

颁布了标准的度量衡器，一尺约为今 0.23 米，标准量器一升约为今 0.2 公升。

5. 推行郡县制

秦国将许多乡、邑合并成县，每个县设立令和丞等官职来掌管全县的大小事务，县直属于中央，加强了中央集权。

6. 什伍连坐法

五家为伍，十家为什，有彼此监督互相纠察告发"奸人"的责任。如若发现"奸人"不告发，处以腰斩。如一家藏匿"奸人"，则什、伍连坐受刑。

商鞅变法在秦孝公的支持下取得了重大的成功，这是战国时期最彻底的一次变法，它废除了奴隶制度，巩固和发展了封建制度。在政治上，军功爵制度使得世卿世禄制发生转变，逐渐以军功爵取代，使得统治阶级内部阶级成分发生重大变化，军功地主成了秦国统治阶级的上层，中央集权的政治体系在秦国初步建立。在经济上，用法律的形式确立了土地私有制，允许土地买卖，极大调动了百姓的生产积极性，对社会经济的发展起到促进作用。商鞅变法后，社会上出现了经济繁荣的美好景象，全国百姓以私下斗殴为耻，以为国家立下战功为荣，国家战斗力不断增强。使得秦国由比较落后一跃成为战国时代国富兵强、最有战斗力的国家，为后来统一六国奠定了基础。

（二）秦国地势有利

西周末年，秦襄公因护送周平王东迁有功，受到封赏，正式入主关中平原西部。正当中原地区各国打得不可开交之际，秦国却逐渐独霸西方，把那些其他国家看不上眼的西部土地统统划归自己名下，还南下吞并了四川盆地。到秦王嬴政即位之时，秦国已经是国土面积广大的西方大国了，广大的国土、丰富的物资都成为秦国能够战胜六国完成统一的有利保障。

1. 广大的国土

秦国拥有大片的土地和众多的人口，这都为统一六国奠定了基础。首先我们从地形上来分析一下战国七雄。战国七雄当时的位置是楚在南、赵在北、燕在东北、秦在西、齐在东，韩、魏居中。

秦国是当时华夏各国中较为靠西边的一个边缘国。与中间的韩国、魏国有很大不同。这两个国家夹在中间，其土地面积没有多少增殖的可能，需要不断地对外发动战争才能实现领土的扩大。东方的齐国虽然也是边缘国家，但齐国是一个临海的边缘国家，其土地面积因受到海域的限制也很难实现增殖。赵国北临草原，草原气候恶劣，不利于实行定居的农耕生活，不但不能增殖土地，反而可能会受到游牧民族的骚扰，甚至还不如齐国临海地势有优势。燕国偏居北端，也属于临边。而且燕国北端气候异常寒冷，当时的华夏生产力还没有适应向北发展，农耕的华夏民族在寒冷地带生活与生产是比较困难的，人口与土地也很难实现增殖。处于南端的楚国，面积广大，增殖空间大，但生产力低下使得楚国的发展也受到限制。

秦国从春秋到战国后期，土地面积获得了很大增殖。往东增加了一些，更

主要的是向西与西南。秦国获得了陇西与蜀，这是秦国靠边缘优势轻易获得的土地，这两块土地的获得也是秦国能战败东方六国的基础。在拥有大量土地的基础上，秦国实行了一系列奖励耕种、增殖人口的政策。首先大面积授田给农民，鼓励耕种。其次积极招募其他国家农民来开垦荒地，待遇优厚，来开垦荒地的农民

可以免除兵役、徭役以及十年的田赋，这样一来前往开荒的人络绎不绝，极大弥补了秦国地广人稀的缺点。除此之外，政府还向农民提供粮种，及时通报灾情，让农民做好防范，将损失减少到最低。这些措施有效地保证了秦国经济的发展。

拥有广大的土地使得秦国在兵力发展上获得很大优势，秦国总人口甚至超过东方六国的任意一国。

2. 有利的地形

春秋战国时期各个诸侯国都希望扩张领土争夺霸主地位，但任何一国过于强势就会引起其他国家的联合讨伐。战国七雄中的几个大国都是在这样的形势下失去霸主地位的。而秦国在与齐国、赵国的常年对峙下，不但没有失败反而巩固了霸主地位，最终得以统一六国，这是因为秦国的地理位置非常重要。秦国与其余六国相比，地势较高，平均海拔可达五百米，大有居高临下之势。这种海拔上的优势会转化为行军、物资运送等方面的优势，转化为军事上的主动权。另外不得不提到的就是秦国的函谷关。函谷关是秦国通往东方的主要通道，相反也是各国攻打秦国的必经之地。函谷关是一条幽深狭长的山谷，两旁是险

峻的高山，过了函谷关就是秦国的粮仓之地，因此秦国在函谷关处派重兵把守。由于函谷关的特殊地形，易守难攻，很多前来寻衅的军队常常受到两侧守军的猛烈攻击，最终无功而返。东方各国对秦国的进攻基本上最多只能侵占函谷关外的一些土地，到了函谷关就戛然而止了。史书记载，秦始皇六年，楚、赵、卫等五国军队犯秦，"至函谷，皆败走"，这就说明了函谷关的重要性。函谷关天险成为了东方六国始终无法逾越的一道屏障，也成为了秦国在列国联合进攻下得以保全自身的重要屏障。再加上秦国无论是关中平原还是四川盆地，四周都被山脉阻隔，成为秦国"天然的围墙"，只要守住几个隘口便可高枕无忧。因此，秦国的对外战争很少在本土作战，基本上都在敌国之境拼杀，这也最大限度地降低了战争对秦国经济的破坏。

3. 丰富的资源

在自然资源上，秦国各项资源相比于其他六国都很丰富，这些丰富的资源

保障着战事的顺利进行。也就是说无论秦国的军队有多厉害，没有强大的经济实力作后盾，打赢一两场战争没问题，要进行长期的征战，并最终吞并六国则是不大可能的。秦国拥有的关中平原和成都平原土壤肥沃、沃野千里。"天府"在古代本来指的是关中平原，后来才成为成都平原的代称。在先后修建了都江堰、郑国渠两大水利灌溉工程后，秦国农业更是达到了旱涝保收的程度，有能力供养更大数量的常备军，用于对外战争。另一方面，黄土高原和四川盆地西部的很多地方水草丰美，为畜牧业发展提供了得天独厚的条件。秦国历来重视畜牧业，因此养马成为最为重要的事情，常有人因养马有功受到奖赏，极大激发了秦人的养马热情，因此畜牧业十分发达。发达的畜牧业为秦军源源不断地提供战马，军队的机动性与攻击力大为增强。秦国境内森林密布，物产十分丰富，秦岭、巴山、陇山及四川盆地四周山地都蕴藏丰富的森林资源和动植物资源。秦国境内矿产资源也很丰富，尤其是铁资源，各种丰富的矿藏资源为秦国的富强提供了强有力的保证。

而其余六国与秦国相比就相形见绌。楚国由于当时农业水平有限，无法使得农作物产量获得高产，因此虽然地理位置上也处于边缘但国力不强。而中原各国由于地势低平，兴建灌溉设施的难度也较大，战国时期东方六国的著名水利工程仍然是邗沟、鸿沟这样的运河，因此东方六国的经济对自然条件的依赖很大，一遇到灾害就会直接导致粮食大幅度减产。如史书就记载魏国经常遭受风灾袭击，一次暴风过后往往河堤溃决，民不聊生。论富庶程度，华北平原地区的魏、齐等国并不逊色于秦国，各国的变法一度也都卓有成效。但从军事地理角度看，东方六国都有严重缺陷。

以魏国为例，魏国的国土包括今天陕西、山西、河南、河北的一部分，虽然魏国实力也很强大，但它在战国七雄中位于正中央，四面都是强邻，容易遭到围攻，在地缘上处于极其不利的地位，稍有不慎就会引起围攻之势，所以才有围魏救赵的典故。因此，魏国在经历了公元前 400 年左右的短暂崛起后就逐渐走向衰落。在战国后期，魏国一方面通过战争试图向东扩张，国力严重消耗；另一方面其西部领土却被秦国不断蚕食，直到公元前 225 年被秦国所灭。另一个大国齐国东临大海，盐业与海洋捕捞业十分发达，这两项产业在当时利润极

高。同时，齐国的手工业也很先进，国都
临淄与大城市即墨人口众多，繁荣一时。
在魏国衰落后，齐国成为了与秦国比肩的
东方大国。但由于频繁发动侵略战争扩张
领土，齐国在公元前 284 年遭到以燕国为
首的五国联军围剿。齐国地势平坦，一马平川的大平原上没
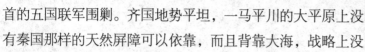
有秦国那样的天然屏障可以依靠，而且背靠大海，战略上没
有回旋余地，遇到大规模外敌入侵就只能倾全国之力进行抵抗，稍有不慎就有
亡国的危险，在军事上非常被动。最终齐国的盛世就这样在联军的联合围剿下
荡然无存了。齐国之后最后一个可以与秦国抗衡的就是赵国了。赵国在地缘上
虽比魏、齐两国稍好，但仍远远不及秦国。赵国北靠内蒙古大草原，长期受到
匈奴的侵扰，需要时时提防北方的近敌，还无法通过向北扩张来增强国力。赵
武灵王时期的"胡服骑射"虽然很有效果，使得赵国战斗力一时间有所增强，
但赵国境内山地较多，气候寒冷，不太适合农业生产，没有农业做保障国力自
然不会很强大，只是仗着民风剽悍，军队战斗力很强才成为秦国统一的最后一
个障碍。在长平之战后，赵国也再无能力抵挡秦国的进攻了。

秦灭六国

广大的领土、国内有利的地形以及丰富的资源都有效地巩固了秦国的霸主
地位，也成为秦国能够统一六国的有效保障。

（三）贤明君主的领导

秦国从建国到一统天下，历经六百多年，一共有三十多位君王。秦国能够
统一天下离不开贤明君主的领导，他们个个都为秦国统一天下完成了自己应该
承担的历史使命。这其中最重要的当属秦穆公、秦孝公以及秦王嬴政。

1. 秦穆公

秦国在崤（今河南渑池西）之战大败后，只能将进攻方向转向西方。此时
的西方居住着许多戎狄部落，秦穆公分析了各个部落，制定了先强后弱逐个征
服的策略。当时在西方戎狄的部落中，势力最强的是绵诸。秦穆公的贤明使绵
诸王深为羡慕，派出使者前来学习。秦穆公趁此略施小计，美酒佳人迷惑绵诸
王，使得绵诸国内一片混乱。公元前 623 年，秦军出征西戎，以迅雷不及掩耳

之势包围了绵诸国，在酒樽之下活捉了绵诸王。秦穆公乘胜前进，二十多个戎狄小国先后归附了秦国。秦国因此独霸西戎。秦国疆域又辟地千里，国界南至秦岭，西达狄道（今甘肃临洮），北至朐衍戎（今宁夏盐池），东到黄河，秦穆公使秦国国力达到顶峰，史称"秦霸西戎"。秦穆公称霸西戎，不仅扩大了秦国的疆域，加速了与戎狄人民的融合，而且使得秦国的综合实力蒸蒸日上，为日后维持和巩固霸主地位奠定了基础。

2. 秦孝公

秦孝公是秦国强大起来的关键人物。公元前361年，秦孝公即位，此时的秦国经济实力不足，因此并不为各国所重视。秦孝公决心对秦国的现状进行大刀阔斧的改革，首先广发"求贤令"。商鞅就是在此时走向秦国的。秦孝公被商鞅的"强国之术"所说服，不顾旧贵族的反对，执意任用商鞅进行变法，商鞅

从公元前356年到公元前350年进行了两次大规模的变法。而商鞅也不负所托，经过商鞅变法后，秦迅速成为政治制度先进、经济发达、军力强盛的强国。秦孝公顺应时代潮流，知人善用，大胆改革，使秦国一跃成为战国七雄之首。商鞅变法后，社会上出现了经济繁荣的美好景象，全国百姓以私下斗殴为耻，以为国家立下战功为荣，国家战斗力不断增强。秦孝公的用人不疑使得秦国由比较落后一跃成为战国时代国富兵强、最有战斗力的国家，为后来统一六国奠定了基础。

3. 秦王嬴政

公元前246年，年仅13岁的嬴政正式即位成为秦国国君，但由于年纪尚小，由吕不韦辅政。公元前238年，秦王亲政。但吕不韦大权在握，嫪毐由于得宠于赵太后也拥有一定权力，秦王嬴政虽然亲政，但并无实权。因此嬴政首先要解决的问题是铲除嫪毐、吕不韦集团，将权力收归麾下。秦王加冕礼后，嫪毐假托秦王玉玺发动政变，直攻蕲年宫叛乱，后战败被俘。吕不韦因嫪毐的关系受到牵连被罢免丞相之位，回到封地洛阳后自杀而死。秦王成功收回大权，开始了对秦国的治理。

亲政的秦王知人善用、明辨是非。李斯就是一个例子。李斯本为楚国人，

后来到秦国，在吕不韦的帮助下被任命为小吏，有机会接近秦王游说其完成统一大业。李斯认为现在的秦国具有统一六国的实力，此时是完成统一的最好时机，不能错过。李斯的见解深得秦王政的心意，被封为客卿。不料，此

时韩国怕秦国吞并自己，先派郑国来秦国鼓动秦国修建水渠以期削弱秦国的实力，保证韩国不被灭国。后郑国来秦的目的暴露，秦国群臣对外来的客卿议论不断，纷纷建议秦王驱逐一切外来客卿。秦王听从了大臣们的建议下了逐客令，李斯自然也在被逐之列。李斯随后上书秦王，劝谏秦王不要逐客，并指出秦穆公、秦孝公、秦惠王任用外来人员并未亡国反倒使得国家更加强大。李斯说到秦穆公从不同国家请来由余、百里奚等人从而称霸西戎；秦孝公不惧言论任用商鞅，使得国富兵强；秦惠王任用张仪拆散各国合纵，成就霸主地位。倘若这些君主也逐客，恐怕没有秦国今天的强大。李斯劝谏秦王说不能因为不是本国的人或物产就全盘否定，不重视有用之人的建议、忽视人才必定会加强对手实力，不利于秦国的统一大业。这就是著名的《谏逐客书》。秦王被李斯情真意切的劝谏打动，果断地采纳了李斯的建议，立即取消了逐客令。最终，秦王在李斯的辅佐下制定了统一全国的策略，秦王的明辨是非、知人善用，使得秦国最终能够完成统一大业，建立了中国历史上第一个封建集权国家。

（四）远交近攻战略的贯彻

秦国的"远交近攻"方略是秦昭襄王至秦王政几代国君所奉行的战略思想，是秦国最终能够取胜统一六国的重要一环，它贯穿于秦灭六国的全过程。秦孝公时期，秦国就确立了争夺霸主、统一六国的宏伟大业，任用商鞅进行全方位的改革并取得显著效果，国富兵强。秦孝公充分利用了关中平原的富足，励精图治，使得秦国的经济迅速发展。秦国的异军突起使得六国大为惶恐不安，因此六国一致决定"合纵"来遏制秦国，使秦国陷入被动的局面。为改变这种局面，秦国广招天下谋士集思广益，"远交近攻"的方略就在这种大背景之下逐步孕育产生出来了。"远交近攻"的思想最初始于秦惠王时期，张仪提出了"连衡"以抵御六国。所谓"连衡"，即最初远交齐、楚以打击韩、魏，离间齐、

秦灭六国

楚，用挑拨离间威胁之手段，拆散六国之合纵，使六国连衡事秦。到秦昭襄王时，魏国人范雎发展了张仪的"远交近攻"思想，明确提出了"远交近攻"方略，作为秦国向外扩张的战略总方针。"远交近攻"方略即是一种以所谓交好的外交手段瓦解六国"合纵"抗秦，以强硬的军事进攻手段不断以武力"蚕食诸侯"的策略。它将军事进攻与外交手段相配合，其实质在于由近及远、各个击破，最终达到兼并六国的目的。

遵照"远交近攻"方略，韩、魏这两个与秦相邻的弱小之国是秦最先攻击的目标。秦在攻韩、魏之前展开了孤立韩、魏的外交，即贿赂齐、楚之相，促成齐、楚与秦交好，随后开始对韩、魏进行多次攻伐和兼并。以武力制服韩、魏后，秦按预定方案将攻击目标转向楚，因恐齐、楚联合，那么秦攻楚则齐一定会救援。故大举进攻前，秦王派张仪前去楚国以六百里土地诱惑楚王与齐绝交，楚王中计。秦国大举攻楚，夺得楚国大片土地，楚国势力削弱。公元前293年，韩、魏联手，同秦国在伊阙（今河南洛阳）一带发起一场大战，随后秦国又利用伊阙之战的机会消灭了韩、魏二十四万大军，使得韩、魏两国从此一蹶不振。秦国利用燕昭王对齐复仇的时机，派兵帮助燕国攻齐，齐国在秦、燕联军的猛攻下溃败，势力大不如前。此后，秦国又对北面的赵国展开长达十年的进攻，双方虽各有胜负，但秦国势力还是得到了一定的巩固。数十年来，在"远交近攻"方略的推行过程中，六国诸侯都遭到了秦国的利用和严重削弱，楚、韩、魏、赵、齐等国的元气大伤，再也无力与秦相抗衡。

从秦昭襄王到秦王政即位，秦国通过实施"远交近攻"策略，使国内政治稳定，经济发展，取得了军事和外交方面的极大成功，基本具备了统一六国的实力。而六国由于受到秦国不断的打击和利用，先后遭到不同程度的削弱。再加上六国之间相互矛盾所引起的战争消耗，各国日渐衰微，已经没有力量与秦国相抗衡，六国之"合纵"也名存实亡。丞相李斯根据对当时形势的分析，认为秦灭六国的时机已经到来。他向秦王政建议在继续推行"远交近攻"方略，灵活运用军事与外交斗争手段的前提下，加紧吞并六国的军事进攻。鉴于当时六国中势力较强的北面是赵，南面是楚，韩、魏与秦相邻，处在秦东进的首冲地位，故他提出了灭亡六国的第一步战略设想是先攻取韩国以威慑其他国家。秦国进攻的矛头要首先指向赵国和韩国，同时稳住楚、魏，拉拢齐、燕，待败赵亡韩之后，再逐个击灭他国。李斯关于灭亡六国的战略设想继承了秦"远交近攻"的传统方略，秦王采纳了他的建议，制定出吞并六国的战略部署：在北翼重点打击赵，乘势灭韩；然后一举灭魏，控制中原；再转锋南下，灭亡楚国，最后消灭燕、齐。公元前221年秦军东进灭齐。至此，秦凭"远交近攻"的策略，以十年时间进行统一战争，结束了长达五百余年的诸侯割据、各国纷争的混乱局面，建立起中国历史上第一个中央集权的封建统一国家。

秦国能够成功灭掉六国，关键是实施了正确的战略思想，"远交近攻"战略的运用为秦国统一六国奠定了基础。

四、秦灭六国的影响

（一）统一国家的建立

秦灭六国之后，建立了统一的多民族国家。面对刚刚建立起来的国家，秦国立即着手进行了一系列的强化中央集权的措施以巩固政权。

1. 政治方面

中国历史朝代更迭

强化中央集权。秦王嬴政统一六国后，认为自己功德无量，德高三皇，功过五帝，认为王的称号已经不能显示出他至高无上的权势和地位，因此提议更改名号。秦王嬴政召集大臣商议，最终将古代传说中神和人最为尊贵的三皇五帝的称号合并，称"皇帝"，至此后，中国最高统治者的称号便定为"皇帝"。皇帝自称为"朕"，"命"称"制"，"令"称"诏"，"印"称为"玺"，废除了"谥法"，规定了皇帝按照世代排列，由始皇依次排列为二世、三世，乃至无穷。在皇帝之下又设置了一整套官僚体系。首先，在中央系统中设立丞相、太尉、御史大夫。丞相为"百官之长"，辅佐皇帝处理日常事务；太尉辅佐皇帝执掌军队；御史大夫主管监察，监察百官，实际上却要牵制丞相以防止丞相分权。在中央三位大臣之下的官职习惯上被称为"九卿"，掌管皇室的诸多事务。所有官吏的任免都由皇帝统一决定，绝不世袭。在地方上废除了古代封国的建藩制度，在全国推行郡县制，将全国分为三十六郡，郡设郡守、郡尉以及监御史。郡守为一郡的最高长官，直接受中央管辖；郡尉辅佐郡守执掌全郡军事；监御史督责监察。郡下设立县，万户以上就设立大县，设县令，不足万户设县长。县以下还设有乡、亭、邮等机构，这些就构成了秦国完整而又严密的地方机构，极大强化了中央集权。

2. 经济方面

（1）统一度量衡

战国时期度量衡制度非常混乱。各国单位不一致，就以齐、秦两国为例，秦国以升、斗、桶为量的单位，且是十进位；齐国则以升、豆、区、釜、钟为量的单位，升、豆、区三量之间是四进位，釜、钟则是十进位。度量衡的混乱严重影响着全国各地的经济交流。秦统一后，将商鞅变法时所制定的度量衡制度推行到全国，作为标准的度量衡标准。统一度量衡后，极大地保证了政府的赋税收入，对促进经济发展和各地间文化交流起到重要作用。

（2）统一货币

战国时期各国可以自铸货币，而且同一诸侯国内的各地区也都有铸币权，其形状、大小、重量也都不尽相同，计算单位也不一样，由于价值不等，换算非常困难。秦灭六国后，为了改变这种状况，必须统一规定币种，因此秦下令货币分为两等，以黄金为上币，以镒为单位；圆形方孔的铜钱为下币，以半两为单位。这就克服了过去货币不统一的混乱状态，便利了各地商品交换和经济交流。

统一货币，把秦国的圆形方孔钱，作为统一的货币，通行全国，这对促进各民族各地区的经济交流，十分有利。

3. 军事方面

（1）强化军队

秦国建国后军事上大力强化军队。秦国统一之后，保留了一支由中央常备军和地方武装联合构成的军队。中央常备军由皇帝直接委派统帅戍守边境并驻守京师。地方军由郡尉掌管。秦国全国军队人数至少百万，仅戍边的军队就超过八十万，庞大的军队有效地保证了国家的安全，为秦国统一后的国家安全提供了保障。

（2）修筑长城

秦灭六国之后，为了在与匈奴奴隶主贵族的战争中取得胜利，秦开始北筑长城。在战国时期，秦、赵、燕三国都曾在北边修筑长城来抵御"胡"。公元前213年，秦将过去秦、赵、燕三国所修筑的长城连接起来，修筑了一条从临洮（今甘肃岷县）一直延伸到辽东郡的万里长城。万里长城对抵御匈奴的侵扰、保

障百姓安居乐业具有不可磨灭的功绩。

修筑长城的工程十分浩大，每年都要征发劳力四十余万，这在当时生产力极度低下、男人辛苦劳作尚不得温饱、女人努力纺布都无法蔽体的情况下，征调如此之多的民力去从事超负荷非生产性劳动，造成不计其数的人们死亡，给百姓带来深重的苦难。但无论如何，长城是世界历史上最伟大的建筑之一，充分体现了我国劳动人民的高度智慧和无限的创造力，成为中华民族悠久文明的象征。

4. 文化方面

（1）《秦律》

秦国为了巩固地主阶级的政权，建立了一套完备的法典—《秦律》。《秦律》的制定是以地主阶级为中心，因此维护封建土地所有制是其最主要的内容。秦律主要内容是保护封建基础，维护统一的专制主义中央集权封建国家的经济制度；维护地主阶级对农民的政治压迫，镇压农民的反抗活动；保护官府和私人占有奴隶；保护官僚地主特权的诉讼制度和监狱管理制度。《秦律》中的刑罚有很多，例如赀刑、迁刑、肉刑、笞刑、宫刑或腐刑等等。赀刑是让罪人向官府交纳财物或提供劳役以达到惩罚的目的；肉刑有斩足、宫、劓、黥等肢体刑；迁刑即将犯人流放边地；笞刑即鞭笞之刑；宫刑或腐刑指的就是男子阉割或者女子幽闭。刑罚名目之多反映出秦国法律的苛刻和严密。

（2）统一文字

在秦国统一全国之前，文字的形体非常混乱，各种字体混用，同一个字所采用的声符、形符都有很大差别，这样的文字混用现象给朝廷政令的推行以及

各地文化交流都带来诸多不便，造成严重障碍。如秦统一全国后，曾传诏至桂林，但当地一般人都不认识诏书上的字，严重影响诏令的传达。于是秦始皇令丞相李斯等人对文字进行整理，除去和秦国文字出入较大的，制定出新字体。李斯本身对书法有所研究，经李斯刻苦钻研，创造出小篆这种字体，相对原有文字，小篆字形比较简化，字态也相对舒展飘逸，成为秦

代官方文字。统一文字后，小篆作为标准字体通令全国使用。

（3）焚书坑儒

文字的统一，促进了文化交流，当时社会百家争鸣出现很多学术著作，人们的思想比较活跃，极大阻碍了秦始皇对所征服的六国民众的思想统一。为了加强对百姓思想的控制，秦始皇听从了李斯的建议，公元前213年秦始皇下令除《秦纪》、医药、卜筮、农书以及国家博士所藏《诗》、《书》、百家语以外，凡私人所藏儒家经典、诸子和其他历史典籍一律交付官府销毁，拒不上交或过期不交者处以黥刑；不准百姓私下谈论《诗》《书》，否则一律处死并以"以古非今"罪灭族；严禁私学，想要学习的人可以拜官吏为师。此为历史上的"焚书"事件。

第二年，即公元前212年，秦始皇寻找长生不老之药，派遣方士侯生等人为其炼制丹药，遍访全国求药。但侯生等不满秦始皇残暴的统治方式私下逃跑了。得知消息的秦始皇勃然大怒，立刻下令追查侯生等人的下落。同时京城中有人私下发表对秦始皇不满的言论，秦始皇大为生气，立刻下令以"妖言以乱黔首"的罪名捕捉了方士、儒生四百六十余人，全部坑杀于咸阳。这就是历史上的"坑儒"事件。

虽然秦始皇为了国内统一采取统一思想的措施是必要的，但"焚书坑儒"手段过于残暴，而且对古代文化典籍的破坏是无法弥补的。

5. 交通方面

（1）驰道

驰道，即古代的"国道"，专供皇帝使用，皇帝下面的大臣、百姓，甚至皇亲国戚都是没有权利走的。公元前220年，　为加强对全国的控制，秦始皇下令修建了以首都咸阳为中心的驰道。当时主要有两条干道：一条通往燕、齐；另外一条直达吴、楚。驰道的宽度为五十步，道路两旁每隔三丈种有一棵树。

（2）统一车轨

秦国统一全国之时，车轨间距大小不一，不利于交通运输和各地往来交流。秦始皇下令统一全国车辆两轨之间的距离，即两轮之间的宽度为六尺，这样既保证了车辆的畅通无阻，也有利于全国交通与经济文化的交流和往来。

通过一系列措施，秦国建立起了统一的中央集权机构，比起封建割据状态这不得不说是一种进步，为日后秦国的进一步发展奠定了基础。

(二) 评价

秦国从公元前230年灭韩开始到公元前221年灭齐为止，前后十年，就完成了统一六国的事业，从此结束了春秋战国以来诸侯国割据混战的局面，建立了第一个统一的、多民族的、中央集权的封建国家。战国时代的诸侯割据，给

社会生产带来了巨大的破坏，这一场诸侯割据的战争所带来的损失即便耕作十年土地也无法弥补，但秦国统一之后，给了百姓一个安居乐业的环境，人民可以在相对安定的环境里从事生产。秦王朝推行了诸多消除封建因素的措施，极大地加强了各地区的政治、经济、文化的联系，为我国长期的统一奠定了基础。

楚汉之争

公元前 206 年，刘邦率领的军队攻入咸阳，推翻了残暴的秦王朝。此时各地豪强都拥兵自重，割据一方，各自称王。于是，在中国大地上很快又燃起了新的战火，其中以西楚霸王项羽为首的楚军和以汉王刘邦为首的汉军，展开了长达四年的争夺天下的战争，就是历史上的"楚汉之争"。最后，刘邦战胜了称雄一时的西楚霸王项羽，天下又归于统一，建立了中国历史上的汉王朝。

一、狂风一起　四海沸腾

（一）秦朝暴政之毒瘤

秦王嬴政从公元前 238 年亲自处理朝政时起到公元前 221 年的短短十七年间，凭借他强大的军事实力和远交近攻的对外战略，先后征服六国，结束了战国割据的局面，统一了全中国。他觉得自己平定六国，使天下得以一统，如果不改掉以前的"王"号，不能算是成功，也不足以流芳后世，于是命众大臣商讨。众大臣提议说："古时候的五帝只统治千里左右的地方，现在陛下已经灭六国，统一天下，五帝是不能与陛下相比的。我们听说古时候有天皇、地皇、泰皇，而数泰皇最为尊贵，所以我们认为陛下称'泰皇'最恰当。"嬴政思考了一会后决定去掉"泰"字，只采"皇"字，再跟五帝的"帝"字合并，称为"皇帝"，有功过三皇、德超五帝的意味。于是他当即下令废除谥法，自称始皇帝，以后称二世、三世，乃至千万世。

秦朝不同于夏商周的最大特点就是建立了封建专制的中央集权政体。廷尉李斯力排众议，主张废除分封诸侯的旧体制，实行郡县制。秦始皇采纳他的建议，宣布说："天下战争不息，就是因为诸侯国各自为政。"于是分天下为三十六郡，郡下设县。后来征服百越，又增设闽中、南海、桂林、象郡，共四十郡。一切国家大事都由皇帝决断，又设立丞相、御史大夫、太尉，称为"三公"，作为皇帝处理政治军事的助手。

秦朝疆域广大，东至东海，南至五岭，后又扩展到百越地区，西北以万里长城为界，长城西起临洮，东至辽东。秦始皇下令平毁战国时代诸侯各国在交界处所修建的长城巨堑、城郭要塞，从而消除了阻碍交通以及造成分裂割据的地理因素。他又以都城咸阳为中心，修建通向全国各地的行车跑马的大路即驰道。驰道宽五十步，用铁椎筑土，非常坚实平坦。驰道中央宽三丈，是皇帝独用的道路，两旁种松树。驰道对发展陆路交通起了巨大作用。秦始皇还下令疏通水路。首先是撤除各国所筑的阻塞水道的堤防，然后疏通加深"鸿沟"，联通黄河、淮河、济水、汝水、泗水等河道，以发展中原地区的水上运输。在吴、蜀、楚等地也大兴水利工程，构成了有助于经济发展的交通网络，收到行船与灌溉双重效益。其中最伟大的工程首推"灵渠"。

公元前214年，秦始皇为了经营岭南地区，任命天才的水利专家史禄负责修建一条连接湘江与桂江的人工运粮渠道。史禄测量地形，精心设计，在湘江上游的江水中修筑一道犁头形的石堤，把湘江分为南渠和北渠。北渠水仍按原河道流向中下游，进入洞庭湖；南渠水则越过高地跟桂江上游相通。为了与桂江上游相通，史禄开凿了六十里长的人工渠道，渠道中修建若干个斗门，通过蓄水或排水控制船只升降，从而使湘江中的船只可直达岭南。这项工程号称"灵渠"。它的修建，在两广开发史与航运史上有着不可磨灭的历史功绩。

万里长城是中国古代最伟大的建筑。它成为中华民族坚强不屈的象征，很多抗敌名将被人们誉为"国家长城"；它有时也象征着保守落后，象征着与外族隔绝。秦筑长城，始于公元前214年。秦始皇派大将蒙恬率领三十万大军北击匈奴，夺取了河套西北部地区，设置四十四个县。接着又调集了大约五十万民工修筑长城。长城西起临洮，东至辽东，将过去燕国、赵国、秦国的旧长城连接起来，扩充延长，随地形起伏，蜿蜒一万多里，世称"万里长城"。蒙恬则率军驻扎在上郡，负责守卫。长城的建成，为中原地区防卫游牧民族的侵扰构筑了一道坚固的屏障，在历史上是具有积极作用的。所以后代各个王朝都对长城进行修复和扩建，明代所修长城至今仍完好地保存着自嘉峪关至山海关一段的大部分城墙。秦修长城曾给劳动人民带来了深重的灾难。凝结着人民血泪的长城歌谣，在汉代还广泛传唱。民众还创作了孟姜女哭倒长城的故事，控诉封建专制的淫威。

秦始皇统一六国后，明令禁止民间收藏武器，并将没收来的武器销毁铸成了十二个人像，表现自己功绩的同时防止人民反叛。为了钳制人民的思想，他接受李斯的建议，下令除了《秦史》和关于农业、卜筮、医药的书籍以外，其他史书一律焚毁，百姓、士人私自收藏的经书和诸子百家的典籍，也全部由官府统一

烧毁，史称"焚书"。为了寻求长生不老之药，他派方士徐福率童男女数千人渡东海求神仙，耗资巨大。后来又因求仙药的侯生、卢生的逃亡，迁怒于儒生、方士四百余人，将他们全部坑杀于咸阳，史称"坑儒"。他为了巩固政权而发动的这一系列"焚书坑儒"运动，成为后世人点评他是非功过的一个重要依据。秦始皇以刑罚天下，推行严刑峻法以镇压人民。他置民怨载道、人心惶惶于不顾，仍然狂征暴敛，修秦始皇陵、建豪华的阿房宫和骊山墓，先后进行五次大规模的巡游，在名山胜水之地刻石记功，炫耀声威。他"苛政猛于虎"的残暴统治，使百姓过着悲惨的生活。在暴吏酷刑的逼迫下走投无路的农民，只有逃亡山林，谋划暴动。也许百姓的诅咒生了效，在公元前 210 年，秦始皇东巡到平原津时染上疾病。秦始皇忌讳讲死，群臣也不敢讨论后事。直到病危，才立遗书赐公子扶苏说：奔丧到咸阳办理葬事。遗书交给中车府令赵高加盖符玺，还未派使者送出，秦始皇便在沙丘宫去世了。丞相李斯担心秦始皇病死在外会发生叛乱，便秘不发丧，只有秦始皇的小儿子胡亥和李斯、赵高以及五六个亲信宦官知道。李斯把秦始皇尸体放在车中，命令百官像生前一样报告事务。天气炎热，尸体发臭，便买了一担腥臭的干鱼装在车中，以掩盖尸体散发的气味。赵高曾教导胡亥办理案件，两人关系密切。赵高曾犯罪，秦始皇叫蒙恬的弟弟蒙毅审判他，蒙毅依法判他死罪，却被秦始皇赦免。因此赵高痛恨蒙家兄弟。于是怂恿胡亥说："扶苏做了皇帝，你连尺寸的土地也没有啊。"又对丞相李斯说："扶苏刚毅勇武，即位必用蒙恬为丞相，朝中再没有你的地位。胡亥仁慈笃厚，可以即位。现在秦始皇的遗书与符玺都在胡亥手里，知情人只有您和我。您听从我的建议，可以封侯，子孙世世长享富贵；若不听从，定祸及子孙。您自己决定吧。"李斯屈从了赵高的谋略。于是假造秦始皇诏书，命令丞相李斯立胡亥为太子，又造诏书给扶苏、蒙恬。责备他们不忠不孝，赐死。扶苏接到诏书便自杀了。蒙恬不肯自杀，被逮捕。胡亥回到咸阳，向天下发丧，即位为二世皇帝。赵高大权在握，杀了蒙毅、蒙恬，牵连被杀的群臣、家属不计其数。胡亥即位后更加重了对农民的剥削、压迫，使农民的困苦达到极点。大规模的农民起义一触即发。

（二）大泽乡风云乍起

秦朝末年，即公元前 209 年，秦朝的残暴统治使得贫苦农民在走投无路之下选择了铤而走险——发动了我国历史上的第一次农民起义，即由陈胜、吴广领导的大泽乡农民起义。陈胜又名陈涉，因家中贫穷，十几岁就给财主家干活，受尽了地主的剥削和欺侮。他虽没读过书，却有非凡的抱负。一次在地头休息时，陈胜对他的伙伴们说："咱们将来谁要是得了富贵，可别忘了今天的穷朋友啊！"大伙儿听了都感到可笑，还有个伙伴笑话他，他叹了口气，说道："唉，躲在屋檐下的燕雀，怎会懂得鸿雁的远大志向呢？"

果然，秦二世元年，陈胜在调往渔阳戍守的九百人之中脱颖而出，与吴广共同被任命为屯长。吴广敢作敢为，乐于助人，武艺超群，与陈胜相识，同命相怜，很快就成了知心朋友。这九百人由两名身佩利剑的军官押送，不分昼夜地赶往渔阳。当时正值北方多雨季节，当他们走到大泽乡的时候，道路被瓢泼大雨淹没，只好停下来，等天晴了再走。陈胜、吴广计算了一下时间，无论怎样卖命地赶路都会误期，而按照当时秦朝的法律，过了期限要全部杀头。于是，两人悄悄地商量对策，吴广认同了陈胜的说法：与其等死，不如起来造反为夺天下而死。同时二人也坚信，九百壮士和他们一样，都是受苦之人，只要登高一呼，必会群起响应。

有一天，吴广故意在两个军官喝醉酒后，跑去激怒军官，要求让大家散伙回去。那军官果然大怒，先打了吴广几鞭子，在拔剑要杀吴广时大伙儿一拥而上，抓住军官，吴广夺下军官手中的剑，反把军官刺死。陈胜也乘机把另一个军官打翻在地，一剑结束了他的性命。之后，陈胜把九百个壮士召集到一起说："诸位遇上大雨，都已误了期限。而按秦朝之法，误了期限是要斩首的，即使不被斩首，当戍卒的人十个就有六七个会死。身为男子汉，不死则已，死就要死得壮烈。王侯将相难道是天生的吗？这天下，咱们穷苦人也可以坐一坐。"九百壮士顿时沸腾起来，心中的怒火也被点燃了，于是戍卒们齐声高呼："我

中国历史朝代更迭

们听您的指挥。"他们便诈称公子扶苏、项燕，以从民望。于是，陈胜和吴广领导大伙上山砍伐树木、竹子做成武器，用泥土垒起义誓师的平台，做一面绣有"楚"字的大旗后，撕袖露臂宣誓。大家公推陈胜为统帅，号称"将军"，吴广为副帅，号称"都尉"。他们很快就攻占了大泽乡。

由于各地老百姓被秦朝的官吏剥削得太苦，听到陈胜、吴广起义反秦后立即拿着锄头、扁担赶来参加起义军。陈胜、吴广带着起义军从大泽乡出发时队伍壮大了好几倍，打到陈县的时候，起义军已经发展成为拥有六七百辆战车、一千多名骑兵、几万名步兵的大部队。

起义军占领陈县几天后，陈胜派人召来了当地的豪杰，和他们共商大事。豪杰们都说："将军您披坚执锐，伐无道，诛暴秦，重新建立楚国的社稷。按您的功劳，应该为王。"陈胜乃立为王，国号为"张楚"。陈胜一当王，遍布全国的反秦力量就受到极大鼓舞。陈胜不失时机，派吴广率领部分军队攻打荥阳，派周文率领另一部分军队去攻打秦朝的京城咸阳，同时还派了另外一些人带兵攻打其他地方。周文见多识广，懂得点军事，作战很勇敢，他的军队一路势如破竹，攻打下了很多地方，并且又收纳了很多人，将部队发展到十余万人，一直攻打到距离咸阳百余里的地方。

秦二世顿时慌了手脚，赶紧派大将章邯把修造骊山陵墓的几十万人武装起来，向起义军反扑。周文的队伍本来就是临时组建，加之内部成员混乱，结果被章邯打败，周文被迫自杀。吴广率领的队伍很快将荥阳团团围住，却很长时间也没攻破，吴广自己也被部下假借陈胜之令杀害。章邯在打败田减后又派兵攻打陈县，而此时陈胜手下已经没有多少兵马了，面对秦军的进攻只好向东南退却，结果却被车夫庄贾暗杀。一位伟大的农民领袖就这样死在了叛徒的手中。陈胜、吴广领导的农民起义也就此失败了，但他们点燃的农民起义的星火已燃遍全国。

二、破釜沉舟

（一）项梁、项羽起兵

威震天下的秦始皇在一次巡游路过吴中时，站在驰道两旁的百姓见到这戒备森严、豪华壮丽的车队，都屏住气息，不敢吭声。偏偏人群中一个身材高大的青年，瞪着一双炯炯有神的大眼睛，目光紧随始皇帝的车驾，脱口说道："哼，我看将来这倒是可以取而代之的！"年轻人话音还未落，嘴就被身旁一个壮年大汉用手紧紧捂住了。大汉轻声喝道："不许胡说，这话被人听去，告到官府里，是要诛九族的！"说着，一把就将这个青年从人群中拉了出去，赶紧溜走了。

这个青年不是别人，正是后来的西楚霸王项羽，训斥他的那个大汉，是他的叔父项梁。项梁才能出众，不仅武艺高强，而且熟知兵法，他怕项羽招来大祸，匆匆把其拉走，心里却暗自高兴，认为侄儿胸怀大志，胆识过人，将来必有一番作为，他希望项羽能和他一样文武双全。项羽身材魁梧，力大惊人，连千斤重的大鼎也能举得起来，可就是不喜欢学习。为把项羽培养成才，项梁花费了大量的时间和精力，但项羽却屡次让他失望。教他练习书法，他不愿意用功；让他学习剑术，他也不肯努力。项梁生气了，斥责他道："像你这样学文不成，学武不就，到底打算干什么？"小项羽倔强地说道："读书写字，能够记记姓名就够了，我又不想给秦朝去当笔吏。至于剑术，不过是和几个人对打，用处也不大。我要学就学那种能够横扫千军万马的大本领。"项梁听后转怒为喜，并向项羽传授用兵布阵的兵法。项羽一开始学得还挺带劲儿，可是略知大意之后，就不肯再深入研究了。

项梁和项羽本是出身豪门，可是秦朝为统一天下，消灭了楚国，使他们国破家亡。有一年，项梁在家乡一怒之下杀了人。为了躲避法律的制裁，叔侄只好逃离故土，避难吴中。吴中的豪门大户对项家非常敬仰，听说项梁到此，纷

楚汉之争

107

纷前来拜访，项梁又喜欢结交豪杰，接济好汉，所以很得本地豪强百姓的拥护。这样一来，项梁很快成了吴中豪杰的领袖，连地方官也敬他几分。项梁是个有心计的人，他怀着国破家亡的仇恨见机行事，有意识地按照兵法调遣、安排手下人办事。一段时间下来，他心中渐渐有了计划，只要时机一成熟，他就会把手下的那些宾客子弟们按军人编制组织起来变成一支精锐的部队。

陈胜、吴广在大泽乡起义的消息不胫而走，很快传遍了全国各地。项梁和项羽听到了消息，万分高兴和激奋，对暗中等待的他们来说，这无疑是天赐良机。于是叔侄加紧了起义的准备工作。他们明白，要想起兵，必须首先把会稽郡守除掉。

有一天，会稽郡守突然派人把项梁请到官府里询问事情，这可真是天赐良机啊！项梁和项羽来到郡守官邸后，还没等到郡守问话，项梁就命项羽用手中的佩剑砍掉了郡守的脑袋。项梁一手提起郡守的头，另一只手摘下郡守的官印，佩在自己身上。郡守的部下卫士见状手持武器蜂拥而至，项羽奋起神威，舞动宝剑，一口气砍倒了几十个人。见项羽简直和下山猛虎一样，剩下的那些卫士吓得丢魂落魄，慌忙扔下武器，跪地求饶。项梁把官府里平日交往密切的官吏召集在一起，宣布了自己起兵反秦的决定。由于大家对项梁一向尊重，再加上旁边还立着个横眉怒目、手持利剑的项羽，那些官吏们一致拥戴项梁为会稽郡守，举兵讨伐暴秦、复兴楚国。项梁又召集当地的官员，表明了自己诛除暴秦的志向，大家听后都表示愿意跟随项梁干番大事业。

项梁拿到会稽郡的兵权后，首先到附近属县选拔八千名精兵，然后安排手下的宾客和吴中的豪杰充任各级官职，并任命项羽做副将，协助自己统率八千子弟兵，征略各县，稳定江东局势。不久之后，项梁、项羽带着这支队伍北渡长江，接着又渡过淮河。在进军途中，许多地方上的英雄率领队伍投到了他的旗下，使力量不断壮大，形成了一支六七万人的队伍。大军到了薛城，起兵后遭到挫折的刘邦，也带领了一百多人的队伍，来投奔项梁。在这个陈王被叛徒庄贾杀死，张楚政权已经四分五裂的紧要关头，项梁俨然成为起义军的领袖，在薛城召开会议，决定把起义军整顿一番。项梁还接受了谋士范增所献的计策，拥立楚怀王的后代(在民间的牧羊娃当中找到的楚怀王的孙子)为楚怀王。消息传开后，果然又有很多人赶来加入项梁的队伍。而此时，原先齐、赵、燕、魏等国的旧贵族，也都在自己的土地上立国恢复名称，从此不再服从秦二世的统治。

（二）巨鹿之战

薛城会议时，项梁被推举为起义军的首领。在打了几次胜仗，进入定陶后，项梁开始骄傲起来，放松了警惕。秦国大将章邯精通兵法，在公元前208年的一个黑夜里，他偷袭了项梁的军队，项梁战败身亡。

项梁的死使起义军遭受了很大损失，原来已经赶到雍丘的项羽、刘邦撤退到了彭城一带。章邯这时认为已把楚军主力打败，于是北上攻打自称赵王的赵歇。赵王败退到巨鹿，被秦军围困之际派人向楚怀王和其他几个称王的六国旧贵族求救。此时章邯命大将王离和涉间率秦军包围巨鹿，而自己则率秦军主力军于巨鹿城之南，在两军之间筑起一条甬道以保证王离军的粮草供应。陈余收恒山之兵得数万人，驻

扎在巨鹿城之北，和城中遥相呼应。因兵力弱小，陈余不敢向秦军进攻，遂一面坚壁固守，一面派人向楚国和齐、燕等国求援。

项梁战死后，楚怀王和项羽、刘邦等人率余部退保彭城，又将项羽和吕臣等人所率之军统归自己直辖。接到赵国告急，便遣全部兵力救赵。因为在定陶之战前，宋义曾准确地预料项梁必败，楚怀王便召见宋义，和他交谈，认为宋义知道兵机，便以宋义为上将军，项羽为次将，范增为末将，率军救赵。诸别将如桓楚、英布、蒲将军等人，皆由宋义统辖，并号宋义为卿子冠军，以示尊宠。一面分遣刘邦向西略地，以袭扰秦军后方。谁知宋义是个胆小之徒，兵马行至安阳后，听说秦军声势浩大，就安营扎寨，不再前进了，屯驻安阳达四十六日之久，迟迟不与秦军决战。项羽耐不住性子，去跟宋义说："秦军包围了巨鹿，形势这样紧急，咱们赶快渡河过去，跟赵军里外夹击，一定能够打败秦

军。"宋义却认为秦军势强，不敢进击，并回答说："若牛虻在牛背之上，自然可以一下把它打死。若牛虻深藏在牛毛之内，就要运用智谋才能达到目的。如今秦军攻赵，若战胜赵国，士卒必然疲惫，我军可乘其弊。如果秦军战败，则我军可鼓行而西，一举攻破秦国。说到披坚执锐，冲锋陷阵，我宋义不如你；说到运用智谋，你不如我。"遂不采纳项羽的建议。接着，宋义还特地下了一道命令说："将士们打起仗来应当像虎狼那样凶猛，可要是不服从命令，一概都得砍头。"这明明就是含沙射影地警告项羽，叫他乖乖地服从命令。项羽受了这番数落后，很是气愤。此时正值十一月，北方天气寒冷，加上军中缺粮，士兵忍饥受冻，都抱怨起宋义。项羽说："现在军营里没有粮食，但上将军却按兵不动，不顾国家，不体谅士兵，哪里像个大将的样子。"

一怒之下，他的火爆性子终于发作了。一天早上，他冲进宋义住的营帐，一剑砍死了宋义，然后向全体将士宣布说："宋义按兵不动，妄图谋反，我奉怀王密令，已经把他杀了。"将士们听说宋义已死，都表示愿意服从项羽的指挥。项羽杀掉卿子冠军宋义之后，威震楚国，名闻诸侯。楚军军心大振，于是，项羽决心渡河攻击秦军，乃派当阳君英布和蒲将军先率楚军二万人渡过黄河，向秦军进击。英布和蒲将军率军渡河后，先破坏了秦军补给线的甬道，使王离军中断粮。先锋部队渡过了漳河并牢固地占领了河的对岸。恰在此时，陈余派来求救的使者又到达军中，项羽便率全军渡河，并在渡过漳河之后，就下令凿沉渡船，打破烧饭用的锅子，烧掉营房，每人只准带三天的干粮，并对将士说："成败在此一举，三天之内必须将秦兵打败。这次咱们打仗，只准进，不准退，我们要和敌人血战到底，不获全胜，誓不收兵。"项羽用这种办法来表示有进无退，誓死夺取胜利的决心，大大地鼓舞了全军的士气。成语"破釜沉舟"，就是指这件事情。

渡过漳河后，项羽大军向北挺进，与秦军相遇，项羽指挥楚军把秦军包围起来，项羽骑马挂帅，上阵猛冲猛打。士兵也个个斗志昂扬，奋勇争先，无不以一当十。沙场之上，烟尘蔽日，杀声震天，直杀得山摇地动，血流成河。就这样，楚军势如破竹，三天里打了九次胜仗，经过多次交锋后，终于以少胜多，大败秦军。彻底断绝秦军甬道，杀死秦将苏角，俘虏了

中国历史朝代更迭

王离。涉间不愿降楚，投火自杀。这就是历史上有名的"巨鹿之战"。当时，诸侯之军救赵者，皆畏秦军之强，不敢向秦军进击。等楚军向秦军进击时，诸侯军将士都站在壁垒上观望，当他们看到楚军勇猛异常，楚军战士无不以一当十，喊杀之声震天动地时，

诸侯军将士人人惶恐，战栗不已，从此楚军勇冠诸侯。击败秦军之后，项羽召见诸侯军将领，他们看到项羽，吓得连身子都站不稳，头也不敢抬起来。大家颂扬项羽说："上将军的神威真了不起，自古至今没有第二个。我们情愿听从您的指挥。"从此，项羽威震天下，俨然成为各路反秦军队的首领。巨鹿之围解除后，赵王出城谢诸侯，犒劳将士。

秦章邯军在巨鹿城南战败后，退至棘原。此时秦军兵力尚有二十多万，但士气低落，不堪再战。项羽和诸侯国之军驻扎在漳水北岸，休整士卒。秦二世以章邯军数次战败，遣人责备章邯，章邯恐惧，派其长交司马欣到咸阳请罪。司马欣到咸阳后，在司马门守候三日，都没见到赵高，又听说赵高有疑心，心下惊慌，便从他道逃回章邯军中。赵高果然派人追但没有追上。司马欣回到军中之后，对章邯说："赵高用事于中，下无可为者。战而能胜，赵高必妒忌我们的功劳；战而不能胜，我等必难逃一死。愿您仔细考虑。"陈余也派人给章邯送信，历举秦将白起、蒙恬之死及投降之利害。章邯此时外受强敌压迫，内受赵高之迫害，狐疑而不能决，便暗中派人去见项羽，想投降，项羽不答应。两军相持六个月后，项羽知章邯内心已经动摇，但秦军尚众，想乘机彻底击败秦军，便遣蒲将军先率军向南日夜急驰，渡过三户津，屯于漳水南岸，以切断秦军南退之路。恰好秦军一部迟至此地，当即被蒲将军击败。章邯见局势不利，便率全军向南撤退，项羽遂引全军渡河，向南追击，又大败秦军。章邯在连败之下，又派人见项羽，重申愿意投降。项羽因为楚军粮食所剩不多，便接受了章邯的投降。章邯投降后，项羽立章邯为雍王，置之楚军之中，然后率全军向西进入关中。

三、赤帝之子

（一）布衣发迹

刘邦是沛县丰邑人，他的父亲人称刘太公，母亲人称刘婆。传说刘婆有一次在一个大水池边休息，不知不觉睡着了，在梦中，她梦见自己和一个神人相遇。当时电闪雷鸣，刘太公担心她出事，四处寻找她，找到她时却见一条蛟龙盘在她的身上。不久，刘婆有了身孕，生下了一子就是日后的刘邦。有一年，刘邦服役来到了咸阳，那里繁华的街道、巍峨的宫殿、高大的城墙让他大大长了见识。后来见过秦始皇巡游天下的威风，他十分羡慕地赞叹说："大丈夫活在世上就应该这样！"秦始皇末年，骊山陵墓的工程越来越浩大，刘邦奉沛县县

令的命令，押送本县一批民夫去骊山做苦工。在去骊山的路上，民夫不断地逃跑，刘邦想管也管不住，很是发愁。他一个人喝闷酒时心想："等走到骊山民夫差不多就跑光了，交不了差，就得死，何不现在就各自逃生呢？"想到这里，他把民夫们都叫醒了，然后解开拴着他们的绳子让他们各自寻找活路。大家见刘邦一片真心，不由得感激涕零。

这时一个人问刘邦："把我们都放了，您自己怎么交差呢？"刘邦听了苦笑一声，说："还交什么差，我也要找个地方躲起来！"说罢，就催促大家，趁着天黑赶快逃，以免被官府抓到。有十几个性情刚直豪放的民夫看到刘邦这样豪爽大度，都不愿意离开他，并愿意追随他。于是，刘邦和这十几个人便趁夜抄小路从丰邑西边的大沼泽地中穿行。走着走着，前面探路的人突然跑了回来，张皇地说："前面有一条大白蛇挡住了去路，没办法，咱们绕道儿过去吧？"刘邦这时借着酒劲说："壮士走路，还怕什么蛇！"他说完拔出宝剑，毫不惧怕地冲到大蛇跟前，一剑把蛇斩成了两截。民夫们看到刘邦如此勇敢，更加佩服他了。当时的人们都很迷信，白色的蛇谁都没见过，所以大家都认为一定是什么天降的妖物。现

中国历史朝代更迭

112

在刘邦根本不信这一套，竟把这妖物除掉了。所以大家都认为刘邦一定不是凡夫俗子。刘邦上山逃亡时，沛县的文书萧何和监狱官曹参知道刘邦是个好汉，很敬重他，就私下和他交往。

陈胜、吴广在大泽乡揭竿起义的消息传开以后，许多郡县的老百姓纷纷杀死县令，响应起义。沛县县令眼看着烽火遍地，唯恐自己也要变成秦朝的牺牲品。就想变守为攻，提出自己带头起义，响应陈王。萧何、曹参平日为县令所器重，又是本地有声望的人，县令便找他们来商量这件事。萧何、曹参听了县令的打算后说道："您是秦朝派来的官，现在虽然声明要背叛秦朝，但要想率领沛县子弟起兵，恐怕乡亲们不会听命的。"于是二人提出了逃亡在外的刘邦是最适当的人选。县令觉得只好这样做，便派樊哙去寻找刘邦。

此时刘邦在山中已经聚集了一百来名好汉。他听到了陈胜起义的消息后，正筹划着攻打沛县县城的事，恰好这时樊哙来找他并把县令的想法告诉了他。刘邦觉得这是老天爷送来的好机会，便马上率领这支小队伍向沛县开来。却不料，沛县县令这时又后悔了。他知道刘邦的名望，担心万一"强龙压不住地头蛇"，大权落到刘邦手里，自己早晚还是要成为砧板上的肉。于是他急忙改变主意，下令把城门紧闭，不放任何人进城，并决定先把萧何、曹参除掉，避免他们和城外的刘邦勾结，里应外合，事情就麻烦了。可是门卫当中不少人都是萧何的私交好友，县令的阴谋还没来得及实行，就传到了萧何、曹参耳朵里，他们两人连夜翻出城墙，投奔了刘邦。

刘邦得到了萧何和曹参，简直像是猛虎添翼。几个人商议了一通，决定一不做，二不休，趁热打铁，立刻杀掉县令。刘邦找了几块白帛，写了几份书信，用箭射进城里。那信上写道："天下百姓被暴虐的秦朝折磨得太苦了，都想推翻昏暴的皇帝。如今诸位乡亲父老要是替县令守城，恐怕诸侯并起，沛县就要落个全城屠灭的下场了，诸位只有协力杀死县令，选择贤能子弟立为一县之长，响应陈王义军，才能保全家园。"沛县父老见到这信，立刻串联起来，组织起一群青年，手执兵刃冲进县衙。县令猝不及防，做了刀下之鬼。百姓们打开城门，迎接刘邦进城，并推举他当沛县县令。大家都尊称他为"沛公"。

之后刘邦下令召集沛县的壮年，攻占了家乡丰邑，把丰邑作为他的根据地，以萧何、曹参、樊哙等做他的得力助手，并派雍齿留守丰邑，自己带兵攻打附近县城。还没等攻下多少地盘，他的部下就先叛变了，独占了丰邑。刘邦闻讯，气得无心再攻取别的县城，立刻回兵收复丰邑，可是由于兵力太少，连攻了几天，丰邑也未被攻克，只好暂时作罢。不久，他到了留城，正好遇到张良也带着一百多人想投奔义军。两人相遇后，谈得非常投机。经过商量后，两人觉得起义队伍中只有项梁声势最大，就决定去投奔项梁。性情豪爽、豁达大度的项梁见刘邦气宇不凡，很是器重，还拨给他人马去收复丰邑等地。此后，刘邦、张良都成了项梁的部下，归属项梁之后才一个多月，便参加了项梁在薛县召集的大会。

（二）约法三章

楚怀王因为对项梁、项羽早有不满，所以想借赵国需要援助之机报复一下项羽。他明知道项羽一心想第一个攻下咸阳，却派宋义带着项羽、英布等北上去救赵，让刘邦去攻打咸阳。随后楚怀王就承诺将来谁能首先打入关中，谁就当关中王。

刘邦一路引兵西下，由于秦军主力被牵制在巨鹿，他采取避实击虚的战略，并没有经过多少激烈的战斗，一路上势如破竹。当军队打到高阳时，北方传来了项羽大破秦兵于巨鹿，章邯已带二十万人投降项羽的消息。这时有个读书人来投奔他，此人就是郦食其。刘邦平日不喜欢读书人，便派人回绝道："现在是战争时期，不见儒生。"郦食其生气了，他对管事的人说："你给我进去报告，老子是高阳酒徒，不是儒生。"管事的人赶快进去报告，刘邦就叫人把郦食其请了进来。当时刘邦正在洗脚，没有站起来迎接。郦食其向刘邦作了一个揖后，劈头就问："你究竟要不要推翻秦朝，夺取天下？你为什么轻视长者？"刘邦听了，赶快穿上鞋，对他很是敬重。郦食其看到刘邦能接受意见，就献了一条计策，建议刘邦去进攻陈留。刘邦采纳了这个意见，带兵攻打下陈留，得到了许多粮食，解决了军粮不足的问题。

接着，刘邦的军队向西南进军，打到了南阳郡，把那里的重要城市宛城包围起来。后来他又采纳别人的意见，引诱南阳郡守投降，并且封他为殷侯。这种手段很有效，此后刘邦的军队所到之处，秦军纷纷投降，于是刘邦很快到达驻离咸阳不远的霸上，下一步就可以攻取咸阳了。

公元前 207 年，秦王子婴带着秦朝的大臣，拿着皇帝的玉玺、兵符和节杖向沛公授降。秦王朝就这样在农民起义的浪潮中灭亡了。刘邦在将士的陪同下，来到了规模宏大、构筑精良的阿房宫内，豪华的摆设和稀奇古怪的珍玩罗列四周，简直目不暇接。还有许多美丽的宫女娇怯地前来迎接。他只在宫里待了一会，便迷恋不已，简直不想离开了。樊哙和张良看到这种情景，竭力劝说刘邦应暂时放弃享受，以打天下为重，贪图享乐只会失去民心，导致失败，而且六国的旧贵族都向咸阳打来，千万不可大意。刘邦听从了他们的劝谏，退出了阿房宫。

为了安定社会秩序，刘邦把咸阳一带有名望的父老请来，对他们说："这些年来，老百姓被秦朝残暴的刑罚害苦了。现在我跟大家约法三章：第一，杀人者必偿命；第二，害人者必治罪；第三，偷盗财物者必治罪。除此三条以外，其余秦朝的严刑峻法一概取消。"之后刘邦要手下人到各地去宣布这三条法令。从此，刘邦深得民心，受到百姓的拥戴，人们争先恐后送牛羊酒食去慰劳他的军队，但都被刘邦谢绝了。刘邦说："粮仓里有粮食，请百姓不必费心了。"这样一来，百姓对他更有好感了。正是从那时候起，刘邦的军队给关中的百姓留下了美好的印象，百姓都希望刘邦能留在关中称王。刘邦与关中百姓的约法三章为他日后打败项羽奠定了坚实的基础。

（三）项庄舞剑，意在沛公

项羽在巨鹿打败了秦军，并接受了秦朝大将章邯的投降后，紧接着就向咸阳进军。途中，得知投降的秦兵心里不服，就起了杀心。一夜之间，竟把除了章邯等几个降将外的二十多万秦兵都活埋了。他的残暴从此出了名。当他听说刘邦已经进入关中时，很是气愤，觉得自己功劳比刘邦大，本领比刘邦强，本应该先进咸阳，当关中王，却被刘邦抢先一步。于是立即引兵赶往关中。当大

楚汉之争

军到了函谷关时，守关的将士不肯放行，说："我们奉沛公的命令，不论哪一路军队，都不准进关。"项羽一气之下，命令将士猛攻函谷关，刘邦兵力少，没多久就被项羽攻破关口。项羽大军在离霸上约四十里的鸿门驻扎下来。

两军驻扎下来后，谋士范增对项羽说："刘邦以前是个既贪财又喜欢美女的人。如今进关以后，财物和美女都不要了，依我看，他的野心不小，恐怕要跟大王争夺天下，您不如趁早下手，除掉他算了。"在项羽还没有做出决定的时候，刘邦手下的左司马曹无伤偷偷派人来给项羽送信说："刘邦想在关中做王，他准备拜秦王子婴做相国，把秦朝宫廷里的一切珍宝都占为己有。"项羽听到这个消息后火冒三丈，决定第二天一早就派兵攻打霸上，消灭刘邦。项羽的决定，惊动了他的叔父项伯。项伯和刘邦手下的张良是好朋友，就连夜赶到刘邦军营里去通知张良，叫张良赶快逃走。张良把项伯的话转告给刘邦。刘邦一听十分惊慌，急忙在张良的帮助下，热情招待项伯，并对项伯说："我自从进关以来，什么东西都不敢动，只是登记了官民的户籍，查封了秦朝的仓库，日日夜夜盼望项王的到来。我派些军队把守关口，也只是为了防止盗贼，绝对没有抵抗项

王的意思。您务必在项王面前替我美言几句，请项王不要听信谣言啊。"为了表示对项伯的友好，刘邦还当场把自己的女儿许配给项伯的儿子，两人结成了亲家。项伯于是答应了刘邦的请托，并嘱咐刘邦第二天清早到项羽大营里去谢罪。刘邦满口答应。当晚，项伯就赶回军营，把刘邦的话都转告给项羽，并且说："如果不是刘邦先打进关来，难道你能如此轻易就进来吗？人家立了大功，你反而要攻打他，这是没有道理的。倒不如趁明天他来谢罪时，好好款待他一番。"项羽同意了。

第二天清早，刘邦带了张良、樊哙等将士到鸿门来见项羽。刘邦装作十分诚恳的样子对项羽说："当初我和将军商定好一起攻打秦军，我自己也没有料想到能够先打进关中，攻破咸阳，今天又在这里和将军见面。听说有些小人在将军面前造谣中伤我，挑拨将军和我的关系，希望将军不要听信这些谣言。"项羽这时天真地相信了刘邦谦卑的道歉，心中怒气烟消云散，还毫不避讳地告诉刘邦："都是你的左司马曹无伤跟我讲的，要不然，我何至于误会到今天。"于是项羽叫人摆上酒席，宴请刘邦，表示和好。宴会上，项羽和项伯坐在主位，范增在旁边作陪，刘邦坐在客位。项羽举杯劝刘邦喝酒，态度越来越和气。亚

父范增这时一再地对项羽使眼色，想让项羽对刘邦下手，而项羽却默不作声。范增急了，找个借口出去，把项羽的堂兄弟项庄叫来并吩咐他说："项王的心不够狠，始终下不了杀刘邦的决心。你进去以敬酒为理由，舞剑助兴，趁机杀掉刘邦。否则，你们这些人将来都会落在刘邦手里。"项庄真地进去给刘邦敬酒，敬完酒以后说："今天项王请沛公喝酒，我给大家舞一会儿剑，热闹热闹吧。"说完就舞起剑来。他那把寒光闪闪的宝剑直指刘邦，越舞越近，吓得刘邦身上直冒冷汗。项伯看到项庄不怀好意，生怕他的亲家刘邦吃亏，便也拔出宝剑说："一个人舞剑没有意思，两个人对舞才热闹。"说完，占了刘邦面前的那块地盘，也舞起剑来。项庄的剑向前对着刘邦的时候，项伯就用自己的身体掩护着刘邦，使项庄无法下手。张良感到形势非常危急，也找个机会溜出去，对樊哙说："现在形势不妙，项庄拔剑起舞，看样子想对沛公下毒手。"樊哙一听，马上提着宝剑，拿着盾牌，赶到宴会上，瞪着眼看项羽。项羽吃了一惊，一手按剑，问道："这是什么人？"张良回答说："沛公的车夫樊哙。"项羽说："真是一个壮士。"就当场赐他酒肉。樊哙谢过后大声地说："如今沛公先攻破咸阳，丝毫不取，还军霸上，等待大王到来。这样劳苦功高，您不但不加奖赏，反而想杀害他，简直是走秦王的老路，我认为大王不能这样做。"项羽一时想不出用什么话回答他，只好说："你先坐下来。"樊哙就坐了下来，项庄、项伯也都收了剑，紧张的气氛顿时缓和下来。

过了一会，刘邦起身要上厕所，招呼张良、樊哙陪同。刘邦决定不辞而别，叫张良留下，代他告辞，并要张良把他带来的一对白璧献给项羽，一对玉杯送给范增。刘邦带着樊哙等几个人抄近路很快就回到霸上，立刻诛杀曹无伤。张良估计刘邦已回到霸上时，进去对项羽说："沛公的酒量小，已经喝醉了，不能亲自来向大王辞行。他临行前交给我白璧一双，吩咐我敬献给大王，玉杯两只，是送给亚父范增的。"项羽说："沛公现在何处？"张良说："沛公已经早走一步，估计现在已经回到霸上军营了。"项羽收下白璧，放在案上。范增气鼓鼓地接过玉杯，扔在地上，用宝剑劈碎，然后长长地叹了一口气说："项王太幼稚了，真不值得替他出主意。将来与项羽争夺天下的，必定是刘邦这家伙。我们都等着做俘虏吧！"

四、楚汉争天下

（一）西楚霸王

鸿门宴后，项羽就率领大军，浩浩荡荡地进入了咸阳。秦王子婴虽然只不过做了几十天秦王，但他终究是秦朝暴君的代表。所以项羽一声令下，就杀了子婴，收集了宫中所有的财宝，抢占了宫中的美女，又火烧包括阿房宫在内的秦朝宫殿，火光三个月不熄。楚军中的很多士兵是江东子弟，如今跟着项羽，南征北战，杀了秦王，认为大功告成了，应该回家过安稳的日子了。项羽见士兵们有思乡之情，又见大火之后，秦宫已成一片废墟，也没有什么可留恋的了，于是决定班师东归。有人劝项羽说："关中道路险阻，土地肥沃，是称霸的好地方，如果大王想夺得天下，不应该回江东。"项羽听后，满不在乎地说："富

贵不归故乡，荣宗耀祖，犹如夜晚穿着锦绣的衣服走路，谁能知道呢？"项羽东归已定，有人就讥讽说："怪不得人们说，楚人是猴子戴王冠，成不了大事，果然如此。"已经被胜利冲昏头脑的项羽听到这种讥讽他的语言，哪能容忍，于是将讥讽他的那个人扔进锅里煮了。

项羽自认为劳苦功高，战功卓著，灭秦以后，他开始想入非非，决定分封王侯，自己则称霸诸侯。不过要这么办，还得请示楚怀王，因为楚怀王当时还是名义上的首领。他为了使自己的称霸名正言顺，就首先把楚怀王改称为义帝。表面看来，帝比王大，有封王的权力，实际上所谓"义帝"，只不过徒有虚名，封王的大权完全操在项羽手里。

项羽以各诸侯军上将军的名义，集会各诸侯军的主将。在会上，项羽宣布："最初举事时，为了号召各地人民响应，必须借助各国诸侯以伐秦。我项家世代楚将，所以立楚后，诛灭暴秦。我叔父拥立怀王，今已定天下，可尊怀王为义帝，名义上统领天下诸侯。然而，今天之所以能推翻暴秦，四海平定，全靠诸位将相与我项羽三年来出生入死，浴血奋战，才最终获胜。灭秦定天下，全靠诸位将相与我项羽之力。义帝没有任何功绩，岂可坐享天下？我等理应分地封

王，不知诸位将相意下如何？"

各诸侯军的首脑尽管联合反秦，但人人存有私心，都想封王封侯。他们听了项羽的话，当然非常拥护。至于那位傀儡义帝，完全是个摆设。于是项羽分割天下，当时封沛公为汉王，得巴蜀汉中地，都南郑。秦降将章邯为雍王，得咸阳以西地，都废邱。司马欣为塞王，得咸阳以东地，

都栎阳。董翳为翟王，得上郡地，都高奴。魏王豹徙封河东，号西魏王，都平阳。赵王歇徙封代地，仍号赵王，都代郡。赵将张耳为常山王，得赵故地，都襄国。司马卬为殷王，得河内地，都朝歌。申阳张耳嬖臣先下河南迎楚，为河南王，得河南地，都洛阳。楚将英布为九江王。楚柱国共敖曾击南郡有功，为临江王，都江陵。燕王韩广徙封辽东，改号辽东王，都无终。燕将臧荼从楚救赵，且随项羽入关，为燕王，得燕故地，都蓟等。共封了十八个王。另外，除了没有封田荣以外，成安君陈余因负气于张耳，隐退民间，没有跟随项羽入关，但他以贤著称，于赵有功，当时他在南皮县居住，项羽便赐封给他环绕南皮的三个县。

为了将来能够控制局面，项羽把一些原来较大的割据势力给划小了，有的则采取迁移的办法，在封王上，他完全按照与他关系的亲疏远近来确定。项羽在分封诸王过程中，觉得别人都好办，唯独刘邦不好安置。若是遵照原约，应该让刘邦做关中王，可是，这里地势险要，土地肥沃，若封他在这里为王，他就如虎添翼，以后就更难对付了；可如果不这么办，项羽又不愿承担毁约的罪名，况且鸿门宴上又表示了和解，这可把他难住了。还是范增给他想出了一个办法，他借汉中也属于关中地区，把刘邦逐出关中，驱逐到偏远的巴蜀和汉中，并且封刘邦为汉王。巴蜀交通闭塞，易进不易出，便于封锁。项羽还不放心，又派秦朝降将章邯等镇守关中，防备刘邦。项羽自立为西楚霸王，凌驾于十八个王之上，有权号令诸王，并把彭城定为都城。

分封天下的前夕，各路诸侯纷纷想方设法打探消息，积极展开各种活动，以竭力使自己的封地更多更好。刘邦也是如此。项伯告知他被遣往偏僻的巴蜀之地，刘邦恼羞成怒："项羽无礼，居然背约？我要与他一决生死。"樊哙、周勃、灌婴等，也都愤愤不平，要去攻打项羽。独萧何进谏道："不可，不可。蜀地虽险，仍是求生之地，不致速死。"沛公道："去攻项羽，难道会速死么？"萧何道："实力悬殊，兵败怎能不死？汤武曾侍从纣，只为忍辱负重等待时机。

今如果能占领蜀地，招贤纳士，休养生息，然后还兵关中，统一天下，也为时不晚。"沛公听了，稍平怒气，又转问张良。张良也赞同萧何的看法，但请沛公重金贿赂项伯，使他向项羽求取汉中地。沛公于是取出财物，派人送给项伯，请求加封汉中地。项伯私下帮助沛公，又可取财物，何乐而不为。便向项羽请求，项羽竟答应了，把汉中地封给沛公，且改封沛公为汉王。路上，刘邦听从张良的建议，公开地烧掉走过的栈道，制造不再回关中的假象，以麻痹项羽，同时又可防止别人攻进来。这样一来，广大起义军用鲜血换来的胜利果实，都被割据势力瓜分了。分封完毕以后，各路诸侯分别带兵回到了自己的封地。项羽自称西楚霸王，打算还都彭城，占据梁楚九郡。一面派兵强迫义帝迁往长沙，定都郴地。郴地靠近南岭，没有彭地富庶。项羽欲自去建都，当然不会让义帝久住，所以逼走他。又派兵三万，借口护送沛公，让他向西入蜀。此外各国君臣，全部还镇。

这是灭秦以后首次大规模的分配权力。这次权力分配以灭秦之战中的功绩大小与同项羽关系的亲疏为原则，突破了原来必须拥立六国之后的规矩，是一次观念上的革新。秦末的农民起义始于陈胜、吴广的揭竿而起，历经无数次的失败，三年的前赴后继，终于埋葬了暴秦。项羽继承陈胜的事业，没有复兴六国，而是根据各人在灭秦战争中功绩的大小，重新分配权力，摆脱了传统观念的束缚，在这一点上，项羽的气魄令人称赞。但是，从另一方面看，秦始皇原来所统一的天下又再次陷于分裂了。战国时代，天下有七国，而如今进一步被分为二十国。除了项羽所封的十八王之外，他自封为西楚霸王，拥有最多的辖地和最强的军事实力。还有个傀儡义帝，被徙置往郴县去当国君。貌似平静的表面下实则波涛暗涌。这种分封方式本身就潜伏着动乱的因素。

（二）明修栈道，暗度陈仓

刘邦被逐出关中，封为汉王，管辖偏远的巴蜀和汉中。

张良和萧何劝慰刘邦要以屈求伸，先把拳头收回来，然后再打出去，这样才更有力量。刘邦只得暂时忍受，拜萧何为丞相，任曹参、樊哙、周勃等人为将军，休养生息，招揽人才，在巴蜀积聚力量，准备和项羽争夺天下。但是，士兵们不愿在这里久住，整天唱着思乡的歌，有士兵脱队逃走，也有将领投靠他主。愁得刘邦吃不好，睡不安。有一天忽然又有人来报告，说萧丞相也逃走了，这可急坏了汉王。他想起萧何一直与他风雨同舟，相处得非常好，而且他知人善任，要是他走了我刘邦可怎么办？不料过了一两天，萧何突然前来拜见刘邦。刘邦见到萧何，喜怒交加，责骂道："别的将士逃亡，情有可原，我对你倍加重用，怎么也要逃走啊？"萧何见刘邦满面怒容，赶忙解释说："臣哪敢逃走啊，我是追赶逃走的人去了，因为时间紧迫，没来得及向汉王报告。""你追赶的是哪个人？"刘邦问道。萧何回答："是韩信。"接着诚恳地对刘邦说："诸将易得，举世无双的韩信却难求啊，大王若只想长久地在这汉中称王，韩信确实没有多大用处，大王如不想在汉中苟且安身，还要争霸天下，那韩信就是必不可缺的人了。这就看大王的志向如何了。"在萧何的举荐下，汉王终于拜韩信为大将，并举行了隆重的拜将仪式。

刘邦请教韩信："将军雄才大略，若我想统一天下，有什么好计策呢？"韩信向汉王详细地分析了当前的形势，认为能够和汉王争夺天下的只有霸王项羽。并建议汉王大胆地任用英勇善战的将士，对有功劳的人厚加封赏，注意笼络民心，取得老百姓的支持。只有这样，才能够打败霸王。汉王越听越高兴，只后悔没有早日重用韩信。

而与此同时，不仅刘邦反对项羽，那些对封地不满或根本没有得到封地的王侯贵族，也纷纷起来争夺地盘。项羽被东方的战乱所牵制，无暇首尾相顾，正好给刘邦的发展造成了一个好时机。刘邦欣然接受了韩信"明修栈道，暗度陈仓"的建议，在陈仓大败章邯的军队。关中的老百姓见汉军又回来了，便夹道欢迎。于是，汉军势如破竹，很顺利地占领了关中大片土地。不久，司马欣、董路也都投降了。不到两个月的功夫，关中地区就全归刘邦所有了。

项羽得知关中陷落，火冒三丈，暴跳如雷。可是，这时的东方正处于硝烟弥漫、一片混战的局面，项羽只能暂时放下刘邦，先去平定东方，结果在荥阳大败田荣。项羽的军队打了胜仗后更加横行无道，在齐国境内焚烧房屋，掳掠妇女，活埋俘虏。齐国人民对这种残暴行为无比愤恨，纷纷组织起来，抵抗楚军，结果使得能征善战的项羽分身乏术。

楚汉之争

与项羽相反，汉王刘邦收复关中后，却注意安抚百姓，恢复生产，还开放从前秦朝的园林，让农民耕种。这些措施很快就使刘邦在关中站稳了脚跟，开始图谋扩大地盘。他趁项羽陷在齐国的机会，一直向东方进军。首先打败了韩国，占领了河南的大片土地，接着渡过黄河，挥师东进，魏王不战而降。孤军作战的殷王更不是汉军的对手，被打得落花流水，也投降了刘邦。西线战事发生的这些急剧变化，搅得在齐国作战的项羽心神不安，于是刘邦决定趁楚军还在东方被困的时机，攻取项羽的都城彭城。

（三）彭城之战

公元前 205 年，汉王刘邦挥师南下，来到洛阳新城时，一个叫董公的老人向汉王建议说："'顺德者昌，逆德者亡，出师无名，事故不成'，只有出师有名，并且发出的是义师，才能取得胜利。我听说项羽不顾道义，杀死了义帝，这是不可宽恕的大罪。大王可借此名义兴师问罪。但单靠汉军，恐怕力量不足，请大王率领三军，身穿素服，并号召各路诸侯起兵为义帝报仇。这样，大王不仅出师有名，而且四海之内都会仰望大王的恩德，前来响应。"

汉王接受了董公的建议，煞有介事地为义帝举行了隆重的发丧仪式。在仪式上，刘邦慷慨陈词，号召列位诸侯伸张正义，讨伐罪人项羽，除暴保国。这么一来，还真有好几个诸侯起兵响应。刘邦组织起讨伐项羽的五十六万大军，浩浩荡荡地向楚国开进，长驱直入，顺利地占领了江淮地区，彭城很快失守。项羽焦急万分，顾不得再与齐国对峙，亲率三万精兵，夺取彭城。由于刘邦麻痹轻敌，彭城又被项羽夺了回来。

刘邦率领几十万大军退到彭城东北的谷水和泗水时，就无路可走了。面对紧追不舍的楚军，汉军只有跳水逃命，因水深流急，人多拥挤，结果大部分都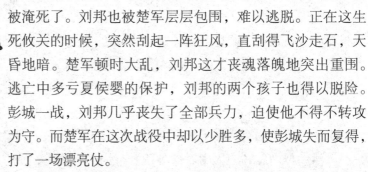被淹死了。刘邦也被楚军层层包围，难以逃脱。正在这生死攸关的时候，突然刮起一阵狂风，直刮得飞沙走石，天昏地暗。楚军顿时大乱，刘邦这才丧魂落魄地突出重围。逃亡中多亏夏侯婴的保护，刘邦的两个孩子也得以脱险。彭城一战，刘邦几乎丧失了全部兵力，迫使他不得不转攻为守。而楚军在这次战役中却以少胜多，使彭城失而复得，打了一场漂亮仗。

刘邦自彭城溃败以后，在荥阳重新集结队伍。萧何从关中征集了兵员和物资到荥阳，经过补充休整，汉军士气又振作起来，于是摆开阵势，防备楚军的进攻。荥阳是关中和关东来往的必经之路，依山傍水，地势险要，进可以攻，退可以守。又有萧何镇守关中，不仅使刘邦无后顾之忧，而且还可以使汉军的兵员和物资源源不断地得到补充。于是，楚汉之间旷日持久的争夺战，便在荥阳一带展开了。

在对峙当中，刘邦在正面坚守荥阳，用少数兵力拖住霸王的大军。他一面派韩信带领兵马向北翼进军，消灭项羽的附庸势力；一面派萧何去南翼争取英布背楚联汉，牵制楚军；并派彭越扰乱楚军后方，使楚军处于四面受敌的境地。这便是刘邦统观全局的战略部署。

项羽得到英布背楚联汉的消息后，便发兵征讨英布，杀得英布军队无处可逃，只得投奔刘邦。这一下，项羽更是怒气难消，定要踏破荥阳以解心头之恨。他依范增之计，截断了汉军粮道，使汉军十分恐慌，只好提出求和。足智多谋的范增看出这是刘邦的缓兵之计，便劝项羽拒绝了和谈，使项羽决定加紧攻城。刘邦见求和不成，便采用了陈平的反间计，离间项羽和范增之间的君臣关系。项羽果然中计，对范增产生了怀疑。范增感到自己对霸王一片忠心，竟也受到怀疑，一气之下，愤然离开，回老家去了。因为他已年迈，又受了这样的委屈，一时抑郁难平结果死在回家途中。

楚汉之争

项羽得知中了汉王的反间计后，一怒之下，向荥阳发起了猛攻。守城的汉军连日抵抗，已是筋疲力尽，再加上粮道被楚军断绝，形势更加紧张。刘邦想突围逃走，可是项羽已把城围得水泄不通。

一天夜晚，荥阳东门突然大开，两千名顶盔披甲的汉军，护卫着一辆黄顶车，从城里出来，高声传唤："城中粮食吃光了，汉王出城来投降。"楚军一听非常高兴，纷纷涌到东门来，却发现面前都是女子。待到黄顶车走近楚营，才发现坐在车上的并不是汉王刘邦，而是他的大将纪信。纪信哈哈大笑说："汉王已从西门走了。"项羽知道受了骗，一怒之下将纪信活活烧死。项羽率兵进城，不料城中的汉军防守得仍很严密，只好转攻刚从荥阳逃到成皋的刘邦。成皋失守，刘邦逃走，荥阳战事更为吃紧。为解荥阳之围，刘邦听取谋士袁生的建议，改从武关一带分散楚军兵力，以减轻荥阳守军的压力。项羽见刘邦领兵南下，以为他要趁机攻打彭城，想到这里，便传令将士立刻起营，追赶刘邦，昼夜不停地赶到汉军驻地附近，拉开阵势就要交锋。汉军则深沟高垒，坚守阵地，任凭楚军怎样叫阵也不出战，使项羽几十万大军无用武之地。正在焦急不安时，又接到报告称彭越的军队正在威胁彭城。项羽无奈，只好回去讨伐彭越，以解彭城之围。而刘邦却抓住项羽攻打彭越的机会，一举收复了成皋。

项羽刚从彭越手中收复一部分失地，听到成皋被汉王夺去的消息，又急忙回过头来攻打汉军，并一举攻破荥阳，占领成皋。可是，这时候项羽又得到情报说，汉王这时已深入到楚军的后方，配合彭越，烧毁了楚军储存的粮食物资，切断了楚军的补给线，很快攻下了项羽所占领的十七座城市。项羽气得咬牙切齿，决心再次东征。于是他把防守成皋的重任交给大司马曹咎，派钟离昧驻防荥阳，他自己则亲率大军，攻打彭越。刘邦却抓住时机，夺取了成皋，使楚军元气大伤。楚强汉弱的形势发生了根本的变化。

驻守荥阳的楚将钟离昧害怕汉军围歼，主动向东撤退，却被乘胜追击的汉军包围。项羽率领着大军赶到时，刘邦并不恋战，退到山中险要的地方去防守，避开楚军的锋芒。项羽想起刘邦的父亲和妻子还在他的军营里关押着，便在两军阵前，让士兵搬出一块杀猪用的大案板，把刘邦的父亲按在上面，威胁刘邦投降。刘邦见此情景大吃一惊，但他思考后却强做镇定地冷笑着说："我和你一块起义灭秦，曾结拜为兄弟，我的老子就是你的老子，如果你一定要把你我的老子做成肉羹，就请你分给我一杯尝尝。"项羽没想到刘邦这样无赖，一气之下就要动手，站在一旁的项伯赶忙劝阻说："楚汉相争，胜负还很难预料，而且打天下的人都是不顾家的。你杀了这个老头子，也无济于事。不如留着他，还可以牵制刘邦。"项羽无可奈何，只好听了项伯的劝告。

（四）鸿沟划界

楚汉两军相持，长久不见胜负，但形势的发展对项羽却越来越不利。特别是粮食就要吃完了，长期的战乱使百姓身上再也没有什么油水可以榨取了。项羽感到形势不妙，他派遣壮士去汉军城前挑战，见汉军按兵不动，便开始破口大骂，越来越不堪入耳，旨在引诱汉军出战，好趁机杀进城内。汉营中有一人，善于骑射。汉王派他隔涧放箭。飕飕几声响，好几个壮士被射倒了。此时，涧东忽然来了一位披坚执锐的大王，他骑在马上，眼似铜铃，须似铁帚，凶神恶煞一般，令人望而生畏，再加上如晴天霹雳般的狂吼，把射箭的人吓得双手颤抖，无力再射，两脚也站不稳，连连倒退，后来干脆掉头就走。见了汉王，仍心神不宁，说话含混不清。汉王派人察看敌踪，原来是项王在涧旁呼唤汉王。

项羽在阵前大显神威，楚、汉两军都印象深刻，认为他是天生的战神，而汉王刘邦却懦弱怕事。这严重影响了刘邦在人们心目中的形象。汉王尽管心慌，但又不能一直示弱，于是率兵出战，隔涧与项王对谈。项王又呵斥道："天下乱哄哄的不得安宁，都是因为我们连年打仗的缘故。我愿跟你单人挑战，比个高低，不要再让老百姓跟着受苦了。"刘邦却笑着说："我宁愿和你斗智，也不和你斗力。"又说："你不必逞能，犯下十条大罪，还敢如此嚣张？你无视义帝旧约，王我于蜀汉，罪一；擅杀卿子冠军，目无君主，罪二；奉命救赵，不闻还报，强迫诸侯入关，罪三；烧秦宫室，破坏始皇坟墓，劫掠一空，罪四；子婴已降，你仍杀死他，罪五；诈坑二十万秦降卒，累尸新安，罪六；分封部下爱将善地，却驱逐各国故主，罪七；流放义帝，自都彭城，又大肆占据韩梁故地，罪八；你曾事义帝主，居然派人假扮强盗，江南行弑，罪九；为政不平，背信弃义，天怒人怨，罪十。我仗义出兵，联合诸侯，诛灭残贼，应当派罪犯攻打你，难道你配与我打仗吗？"项王气得说不出话来，只向后一挥戟，便冲了上来。无数弓箭手一阵乱射，无数箭头飞越断涧，令汉王防不胜防。汉王正想回马，却被一箭射中胸部，疼痛难忍，差点坠落马下。幸好一旁的将士上前扶助，才牵转马，驰入营门。汉王万分疼痛，伏在马上，叫苦不迭。将士们赶紧慰问，汉王假装用手捂住足道："我足趾中了贼箭！"左右忙扶汉王下马，拥至榻前休息。立刻传召医官，把箭头取出，敷了疮药。幸好创痕未深，尚得保住了性命。汉王中箭回营，项王深觉出了一口恶气，只因难越绝涧，进攻不便，无奈收兵回营。项王归营以后，注意打探汉营动静，打算等汉王死了，趁机攻打。汉营的张良对此早有准备，他入内帐探视汉王。汉王箭伤虽没痊愈，仍能勉强支持，于是张良劝汉王立即起床，巡视军中，以稳定人心。刘邦叫苦不迭，张良非但不安慰他，反而严肃地说："大王，快起来！军中士卒都传说你箭伤严重，卧床不起，楚大军就要来犯，人心不稳。这会严重影响我军的士气，这比你的箭伤还要重要！快起来吧，巡行军中，安抚将士。

楚汉之争

不然，军队一垮，悔之晚矣！"

汉王便忍痛起来，裹好胸前的伤口，由左右扶上车，巡视一周。将士等正在疑虑，忽见汉王乘车巡查时面不改色，这才放心镇守。汉王巡行完毕，感到疼痛难忍，命左右不回原帐，直奔成皋养病去了。项王得知汉王未死，仍巡行军中，不由得懊丧不已。自思进退两难，若长驻此地，粮尽兵疲，难以久持，正犹豫不决时，忽然传来消息称大将龙且阵亡。项王大吃一惊："韩信如此厉害吗？他杀我大将龙且，必定乘胜联合刘邦攻我！"于是又派人一探究竟，再作打算。

在此以前，刘邦派往北翼作战的韩信，已于公元前205年攻破了魏国，随后又消灭了赵国、降伏了燕国，到公元前204年夏天，占领了齐地。在南翼，刘邦又争取英布背楚联汉。楚军后方，彭越正进行着游击战争。

汉王连续数月坚守广武，一心盼望韩信到来，韩信却始终不来。于是立英布为淮南王，让他回到九江，拦截楚军。一面修书给彭越，让他截楚军粮道。部署完毕，又担心项王粮尽欲回，利用太公相威胁，或乘怒杀死太公，更觉可危。汉王立刻与张良、陈平商量如何救父。两人异口同声地说："项王乏粮，必定退兵，正好趁机与他讲和，救回太公。"汉王道："项王性情暴躁，容易动怒，必须派一个合适的人前去。"话还没说完，有一人自告奋勇道："臣愿往。"汉王一瞧，乃是洛阳人侯公，多年从军，擅长应对，便欣然应允，嘱咐他谨慎从事。侯公便迅速进见项羽。

项王此时眼见粮绝，心急如焚，忽然听说汉营中派来使者，便仗剑高坐召见，侯公从容不迫地进来，见了项王，仍镇定自若。礼毕，项王对他说："汉王既不出战，又不撤兵，今为何派你来此？"侯公道："大王是想战还是想退。"项王道："我愿一战！"侯公道："战事后果难测，何况长久对峙，早已人困马

乏，臣进见大王是为了罢兵息争。"项王脱口而出："你是要与我讲和么？"侯公道："汉王并不想与大王相抗，如果大王愿意讲和，保国安民，定当遵从。"项王怒气稍退，放下剑，问及议和详情。侯公道："汉王有两项建议，一是楚汉两国，划定疆界，互不侵犯；二请放归汉王父太公，及妻室吕氏，使他们一家团聚，若能如此，自是感激不尽。"项王冷笑一声道："汉王又想使诈？他想一家团圆，所以派你请和。"侯公道："大王知汉王为何东出吗？人人都有父母妻子，汉王遥居蜀

中国历史朝代更迭

汉，自然思亲心切，前次进占彭城，只是为了接回家人，后来听说家人被大王所拘，情急之下才与大王交战。今大王不愿议和也就罢了，如果议和，不如释放这两个人，不但汉王感激，誓不东行，连天下诸侯也会赞颂大王的高风亮节。试想大王不杀人父，不污人妻，将抓到的人放回，则是仁义孝三全，三德俱备，声名远扬，如汉王食言，则大王有理，汉王理屈，古人有言：帅直为壮，曲为老。大王直道可纵横天下，而汉王又何足为惧。"

侯公滔滔不绝，道明和战利害，句句在理。项王认为自己走投无路，汉王既然讲和，想必他暂不会出尔反尔。借此罢兵，也是善策。于是又召入项伯，与侯公确定国界。项伯本来向汉，愿意顺水推舟，以荥阳以东的鸿沟为界中分天下，鸿沟以西归汉，以东归楚。现在象棋盘上刻写的"楚河汉界"正是由此而来。

虽然项羽提出和解，但刘邦还是听取了张良、陈平的劝告，乘胜追击，要消灭楚军。项羽痛恨刘邦负约，立即回兵把汉军打得丢盔卸甲。刘邦仓皇退守，看出只凭他亲自率领的军队恐怕难以取胜。于是命令正在齐国率兵据守的韩信迅速返回，参加会战，同时也借此机会对韩信加以控制。不料刘邦几次派人去催促韩信发兵，韩信却一直按兵不动，只是打发使者来对刘邦说："齐国虽然打下来了，可是这里的人诡诈多变，反复无常，南边与楚国为邻，难免发生叛乱。如果不让我做个假齐王，怕权力过轻，难于镇守。"刘邦初听大怒，但听了张良、陈平的劝告后权衡利弊，恍然大悟，立即让张良送去大印，封韩信为齐王。之后又封彭越为梁王，立英布为淮南王。果然，各路军马都纷纷向刘邦汇集，一起准备攻打项羽的军队。

楚汉战争的最后一场决战就要开始了。

五、胜者为王

(一) 垓下决战

　　汉王刘邦驻扎在垓下北邑的汉军大营，与彭越的大营构成掎角之势。此时的汉王刘邦在中军帐内不断徘徊，不知韩信为何迟迟不来相会。韩信的齐军将负责攻击楚军主力。假如项羽主动撤至江南，楚军在行军途中势必拉长队伍，队形变薄，汉军便可趁机攻打。但是项羽没有退兵，而是在垓下建立防御体系，严阵以待，汉王刘邦反而不知所措了。以汉军现在的实力绝不敢强攻楚军。听说韩信大军已到达，为何现在仍不见人？"齐王驾到！"汉王的沉思被打断了，立刻出帐迎接。齐王韩信见了汉王，立刻跪拜行礼。刘邦连忙扶起韩信，携手进入帐内。

　　"你总算来了。"刘邦长长松了一口气，心情顿时变得很轻松。"臣奉命前来会师，全军约二十万人。"韩信十分谨慎地回答。刘邦心中焦虑，说道："霸王到底是霸王。项羽率军所到之处，犹如迅雷不及掩耳，汉军无人能敌。韩信，你的部下中有人能亲自率军出击吗？"韩信坦然答道："项王锐不可挡，无人能敌。但是，如果巧妙利用阵势，及时调兵遣将，层层设防，那么，即使项羽气势再盛，我军也仍然能够抵挡。""什么样的阵势有如此巨大的威力，连西楚霸

中国历史朝代更迭

王的雷霆一击都能抵挡?"刘邦半信半疑。"五军八阵,十面埋伏",韩信从容答道。刘邦有七年带兵打仗的经验,这些名堂却闻所未闻。他对此话十分好奇,问:"怎么讲?"根据军事指挥的直觉,刘邦知道韩信是指怎样灵活、机动地调兵遣将的问题,凭借阵势及其变化,始终维持以多击少的优势,能够弱化项羽所率之军的攻击,使其不堪一击。刘邦命韩信来指挥这次垓下之战。韩信以齐王身份担任汉军的大将,统一调遣全军。

韩信直接统领了三十万人用于垓下战场,他把汉军部署成五军阵,具体由韩信率前军为先锋,陈贺率左军,孔熙率右军,形成左、右两翼。刘邦居中率中军,由周勃、柴武率领后卫军。五军阵之后,另有骑将灌婴率领二十四队游骑。

韩信未曾与项羽较量过。汉军诸将个个都不敢迎击项羽,但韩信却一心想与项羽交战,将其生擒或斩杀,建功立业。他在自己的军营前布置了三道防线:第一道防线以重甲兵为主,弓弩手为辅,是一个步兵大方阵。由三个骑兵小方阵组成第二道防线,每个小方阵有二十队行动迅速的骑兵。中间的骑兵方阵披重甲,持戟;左右两翼的骑兵方阵披轻甲,持弓弩,腰佩环首刀。车阵是第三道防线,以四十八辆轻战车构成核心,每辆战车都配备重甲兵。而楚军分为三军,将近十万人。项羽率领中军,处于前沿显眼的位置。此番他要亲自充当前锋,冲垮汉军,让韩信尝尝西楚霸王的厉害。项声、项梁分别统领左、右军,每军各近二万人,掩护左、右两翼。整个楚军摆成雁阵,两翼横向展开,排成左、右向后梯次配置的战斗队形。项王仅凭蛮勇,不善谋略,一听说敌兵逼营,立刻一马当先,迎敌汉军。楚兵随着项王全部出动,奋勇向前。两军交接,战斗了好几个回合,项王一挥横戟,部众个个舍生忘死,奋力杀敌。

刘邦获悉情况不妙，派出樊哙率兵支援韩信。樊哙率领的是由重甲兵、车兵、骑兵混合编成的方阵，多达五千人，有很强的战斗力。项羽率军连续发动两次强攻，都没有成功，韩信此时才化险为夷。又有灌婴率二十四队游骑救援。韩信命灌婴率游骑加紧攻击项声、项梁两军。项声、项梁两军无法招架，损失惨重，被迫退回垓下大营。灌婴率领游骑围攻项羽。实际上，韩信的退却虽有项羽勇猛善战的因素在内，但更为主要的是，他要诱引项羽中计，使其陷入自己早已设计好的包围圈中。

项王平日百战不殆，根本瞧不起韩信，即便有人劝他穷寇莫追，他也充耳不闻。大概追了好几里，已进入了汉军埋伏圈，韩信便发放号炮，召唤伏兵先杀出两路，与项王交战一次。项王坚持不退，大战一场，突破汉军，仍去追杀

韩信。但又响起了第二次炮声，又杀出两路伏兵，截住项王，又是一番厮杀，但最终又被冲破。项王勇往直前，随后炮声不断，伏兵如潮水般涌来。战场上的汉军尸横遍野，但汉军依旧源源不绝。项王突破重围，杀到第七八重时，部众伤亡惨重，所剩无几，项王也体力难支，逐步退却。

不料韩信发放了号炮，十面埋伏，全面出击，围攻项王。楚兵纷纷落荒而逃，项王孤军奋战，毕竟寡不敌众。

项羽自清晨卯时出战一直到下午未时，足足拼了四个时辰，浑身上下鲜血淋漓。即便项羽神勇，也感体力不支。五千铁骑仅存不到一千骑，仍在奋战。汉军前赴后继，从未停止攻击。项羽见项声、项梁两军已经撤退，不能再掩护左、右两翼，仅靠自己孤军奋战，必定会吃大亏。韩信深藏人海之中，不见踪影。汉军人多势众，即便再损失一两万人，仍不会消减攻势。项王后悔莫及，只有命钟离昧、季布等断后，自己充当先锋，一声大喝，使汉兵胆战心惊，再挥舞长戟一触即毙。因此汉兵左右避开，项王得以逃生，退回垓下大营。

项羽孤军作战，在垓下被围了十几天后，粮草断绝，又无救兵，陷入一筹莫展的境地。深冬的夜晚，寒风呼啸，吹得将士们透身冰凉。焦灼的项羽在这极端困难的情况下，苦思着对付汉军的办法，可是又无计可施。这时的他感慨万千，想到自己起兵东征西讨，消灭了强大的秦朝，称霸天下，如今这盖世的

英名，赫赫的战功，眼看就要付诸东流了，自己竟也被逼到了这步田地，不由满腔仇恨，万分沮丧。此时，帐外的北风呼啸，忽高忽低，像是哭泣，又像是怒嚎。随着风声，忽听得四面传来一阵阵低沉凄楚的歌声，唱的全是楚国的曲调。项羽不禁大为吃惊，疑惧地说：“莫非汉军占领了全部楚地吗？不然，汉军里为什么这么多楚人呢？”原来这是汉军谋士张良施的一计，他让汉兵唱楚国歌曲，并用箫吹楚歌。夜深人静，阵阵歌声断断续续地传来，楚兵听到楚歌，思念家乡，纷纷开了小差，只剩下千把人。项羽愁眉不展，坐卧不

安。他和大将们商量后决定在天亮以前冲出重围，可是对身边宠爱的虞姬却难以割舍。虞姬为他消愁劝酒，他那驰骋疆场、身经百战的乌骓马在帐外嘶鸣，好像也知道主人的心情。项羽叫人将乌骓马牵来，抚摸着它的鬃毛叹道：“你跟我南征北战，驰骋疆场，今天却随我落到这个地步！”

凄凉的深夜，项羽心乱如麻之际，面对着绝望的前途，听着四面传来的楚歌，不禁英雄气短，慨然泪下。胸中的悲愁再也无法压抑，随口唱起一曲悲壮的《垓下歌》：

　　力拔山兮气盖世，

　　时不利兮骓不逝。

　　骓不逝兮可奈何！

　　虞兮虞兮奈若何？

项羽悲壮地唱着，泪水伴着歌声，使得左右侍从都低声啜泣。虞姬劝慰道：“大王啊，胜败是兵家的常事，你可以突围，回到江东去，日后再跟刘邦比个高低。赶快行动吧，不要再顾虑我们了。”说完，虞姬竟拔出宝剑自杀了。项羽悲痛难忍，泪水直流，吩咐左右把虞姬的尸首埋葬，自己立刻披好铠甲，跳上战马，乘着黑夜向外突围。这时跟随他的只有八百名亲兵了。

（二）乌江自刎

项王见虞姬已亡，自言自语道：“我如果被困在这里，坐以待毙，一世英名岂不丧尽，这也太不值得了。不如趁早突围，若能返回江东，重整旗鼓，报

仇雪恨，才是上策。不然战死沙场，也算死得壮烈！"于是，项王看已安葬完虞姬，强忍泪水，趁天还没亮，率亲兵八百骑，越过楚营，一路南逃。当汉兵得知此情况后，立刻报告韩信，此时天已经亮了。韩信听说项王脱逃，急令将军灌婴率领五千兵马去追击。项王也担心汉兵追来，匆忙赶到淮水边，寻船渡河，因为路上被汉军阻击，项羽的八百名亲兵，到了淮水时只剩下一百多人了。又跑了一程后，来到一个三岔路口，项羽匆忙问一个庄稼人，从哪条道儿走可以到彭城。那庄稼人知道他是霸王，故意骗他说："走左边那条路可以到彭城。"项羽按照那个人所指引的道路，带着骑兵向左边奔跑。他们越跑越觉得不对头，发现前面出现一片沼泽地，再往前走，连马蹄都难拔出来了。项羽知道受了骗，待他按原路返回的时候，汉军已经追赶上来了。他们边战边退，当退守到东城的时候，项羽身后只有二十八名骑兵了，而汉军却人山人海地向他扑来。项羽自知难以逃脱仍临危不惧，带领二十八名骑兵想再最后拼搏一番。他从容地对部下说："自我起兵以来，到现在已经八个年头了，亲身经历过七十多次战斗，从来没有打过败仗，天下无敌，因此做了霸王。今天竟在这里被围困，并不是我打不过他们，是上天要我灭亡啊！"说完准备出击，却被汉军层层包围。项羽又对部下说："我去取那位首将的头颅，你们迅速转移，咱们在东边集合！"说完，他便大喝一声，冲入敌阵，将最前边的一员汉将斩于马下。这时又有一名汉将来战项羽，项羽回过头来，瞪大眼睛，挥剑又将此将劈了。汉将们见此情景，纷纷溃逃。项羽就这样杀出重围与部下又相聚一处，逃到了乌江岸边。这里地处长江北岸（今安徽和县境内），原属于楚国，乌江亭曾设于此，但地方偏僻，人迹罕至，放眼望去，唯见滔滔江水，近岸处枯苇败草，一片凄凉。二十余骑残众跟随项羽来到江畔。水流湍急，惊涛骇浪。面前是茫茫的江水，后面是无数的追兵，汉军眼看就要追上来了，江面却没有一条小船。

正在危难之际，项羽忽然看见一只小船从一边的芦苇丛中出来，撑船的是

乌江亭长，亭长忙请项羽上船，表示愿意引渡项羽。项羽苦笑了一下说："当年我带了八千江东子弟，渡江而来，如今没有一个人回去，即使江东父老同情我，立我为王，我还有什么面目见他们呢？"说完把他的战马送给乌江亭长，带领剩下的楚军拿着短刀，跟追上来的汉兵肉搏起来。他

们杀了几百名汉兵，然而楚兵也一个个倒下了。项羽受了十几处重伤，已经无力再战，但汉兵只是把项羽重重围起来，因为都惧怕他的勇猛，不敢向前一步。忽然发现有数位骑将赶来，项羽认出其中一人是吕马童，凄声对他说："你我不是旧友吗？"吕马童匆匆望了项王一眼，却不敢正视。对旁边的将军王翳道："这位就是项王。"项王又说道："我听说汉王悬赏千金征我首级，并封邑万户，我今日就让你得封赏吧。"说毕，便拔剑自刎了。

霎时，鲜血喷涌，周围的土地都被染红了，但是尸首却岿然不动。天地晦冥，风云变色，江水呜咽，群雁悲鸣，似乎在哀悼英雄的死去。这幕情景极大地震慑了汉军将卒，大家目瞪口呆，无人敢移动一步。过了半晌，汉将才缓过神来，开始争夺项王尸首，甚至自相残杀，好几十人因此毙命，最终王翳夺取了头颅，吕马童与杨喜、吕胜、杨武等四将，分别夺取一部分躯体，奉献给汉王报功。汉王命凑合五体，确实相符，便立刻分封五人。命吕马童为中水侯，王翳为杜衍侯，杨喜为赤泉侯，杨武为吴防侯，吕胜为涅阳侯。

 楚汉之争

后来，刘邦下令就在谷城西角厚葬项王，并亲自发丧。还命文吏写了一篇祭文，声称曾经情同手足，本无仇怨，拘太公、吕后而不杀、不犯，留养两年，盛情尤见，泉下有知等语。临祭读文，汉王也不禁潸然泪下，将士等也都被打动，祭祀完毕便返回。

今河南省河阳县有项羽墓，项羽自刎的地方，便在今日的乌江浦，在安徽省和县东北。霸王别姬，乌江自刎，最为悲壮，其情苍凉，令人悲咽。但是，项羽的残暴也丝毫不逊色于其英雄气概。项羽之坑降卒，杀子婴，弑义帝，种种不仁，其败亡也是自取其祸。项羽之败，其罪非战，亦非天，而在其暴。

（三）胜败的缘由

历时四年的楚汉战争，最终以刘邦的胜利宣告结束。公元前 206 年，刘邦正式即位，为汉高祖，国号为汉。

刘邦作了皇帝以后，有一天在皇宫里大宴群臣。酒喝到一半的时候，汉高祖说："今天是个好日子，不比平常，我们可以随便聊聊，说话不必顾忌。你们说，我为什么能够得到天下，项羽为什么失掉天下了呢?"群臣中王陵站起来答道："表面上看起来，陛下待人怠慢，项羽仁爱部下。可是陛下使人攻城略地，每次胜利后，都对将士记功奖赏，这就是陛下得天下的原因。而项羽嫉贤妒能，加害有功者，怀疑有才能的人，打胜仗不奖功，得了地后也不封赏，所以他失掉了天下。"刘邦听后却说："你们只知其一，不知其二。要知道，战争的成败主要在于用人。若说分析形势，制订作战计划，坐在军帐中也对千里以外的战局了如指掌，我不如张良；镇守后方，安抚百姓，筹备军用粮食，输送兵员，支援前方，我不如萧何；统领百万大军，开战就打胜仗，攻城就能拿下来，我不如韩信。他们三位都是杰出的人才，我能够重用他们，发挥他们的作用，才是我取得天下的主要原因啊。项羽只有一个范增，还不能尽其才，所以才被我打败，这是他失去天下的主要原因。"这次宴会无疑是刘邦经历楚汉之争后对取胜原因所做的最有力的总结。

经历了秦末农民大起义，各方割据势力争霸的战争和刘邦与项羽争夺天下的楚汉之争，汉王朝得以建立。国家重新恢复统一后，给历经连年战争之苦，承受沉重灾难的人民带来了久违的和平与安宁，人们终于过上了渴望已久的太平日子，生活逐渐富足。统治者吸取秦朝灭亡的教训，对百姓推行"休养生息"的政策，使人民恢复生产，安居乐业。经过几十年的发展，汉王朝出现了我国历史上封建时代的第一次盛世，史称"文景之治"。

陈桥兵变

　　在中国历史上，五代十国后期，兵变时有发生，"陈桥兵变"就是其中之一。公元960年，后周大将赵匡胤借口出兵抵抗北汉与辽联合的南侵，率军出大梁至陈桥驿，授意将士给他穿上黄袍、拥立为帝，逼迫后周皇帝让位，建立了宋朝。作为一次和平政变，陈桥兵变创造了"不流血而建立一个大王朝的奇迹"，对北宋王朝政治乃至中国历史发展都有着深远的影响。

一、赵匡胤的登场

(一) 传奇的出生和少年时代

927 年（后唐王朝明宗李嗣源天成二年）3 月 21 日，赵匡胤在洛阳（今河南省洛阳市）夹马营（至今洛阳还有夹马营路）出生。古人总是在追述帝王降生时附上祥瑞之说，对历代开国君主出生的描写，都笼罩以神秘的面纱。对于宋朝的开国皇帝赵匡胤而言，也是如此，他的出生和幼年经历也被附以传奇色彩。据说赵匡胤出生时，红色的光照耀在他出生的房间，奇异的香味过了一个月都没有散去，而他的身体上更是呈现出金色，三天都没有褪去。虽然这个传说未必可信，但他确实拥有一个叫做"香孩儿"的小名。

此时正值中国历史上五代十国的中期，威赫数百年的大唐帝国已经在世界上消失整整二十年了。一个平衡被打破，接踵而来的就是长久不息的动乱。藩镇割据（即军阀割据）的情况十分严重，战乱时有发生，赵匡胤、赵匡义兄弟幼时也曾随母亲杜氏逃避战乱，因年幼，便被杜氏放在箩筐里担着走，被陈抟见到了，不无感叹地说："都说当今没有真龙天子，却将天子挑着走。"事实上，这些当然都是后人的附会之说。

赵匡胤从小就受到良好的军事教育，小小年纪就气度非凡，再加上天资聪

颖，学习骑射都要比同龄人强很多。有一回，少年赵匡胤和同伴们试着驯服烈马，但还没来得及给马上鞍，马就挣脱缰绳跑到了大街上。霎时间道路大乱，人人自危，但在千钧一发的时刻，赵匡胤跃身而上，制服了烈马，一街行人因此幸免于难。

（二）家庭和性格

赵匡胤的祖父赵敬曾经官至涿州（今河北省涿州市）刺史，但是在藩镇割据的情况下，这一官职也并没有给他们家带来超过一般家庭的财富和社会关系，没有能够在祖居之外置下其他的产业，赵敬留给儿子们的只有保塞县丰归乡东安村这一个故居之所。赵匡胤的父亲赵弘殷是军阀割据年代绝大部分军人的一个缩影。赵弘殷曾是后唐、后晋、后汉、后周四代王朝的武将。据史书记载，赵弘殷"少骁勇，善骑射"，在无数次对阵中，官职在缓慢上升，做过检校司徒（一种荣誉官名，没有实权）、天水县男、赠官太尉（和司徒一样，也是一种荣誉官名），并晋身禁军行列。而赵匡胤出生后十几年，朝代两度更迭。其父赵弘殷也在唐庄宗被杀后备受冷落，赵家逐渐衰落。此后，

很长时期内赵家的生活状况也没有根本性的改观。从赵匡胤后来斥责其弟弟赵匡义的记载中可以看到，一直到他离家从军的时候，他们在夹马营老家过的都是"麻屦布裳"的日子。在赵匡胤称帝后还保留了以前所穿的"麻屦布裳"以"赐左右"。即使到了赵匡胤官至禁军领袖后，经济状况也没有得到缓解，以至续弦时还需要他人资助，"太祖将聘孝明皇后也，永德出缗钱金帛数千以助之"。这种情况一直持续到"陈桥兵变"当日。兵变前夕，赵匡胤和家人说及此事，他那个丧夫在家的妹妹还在厨房亲自擀面，没有仆人。

艰苦的生活培养了赵匡胤俭朴的生活习惯，而且保持到去世。一个人在长期艰苦后突然富贵的情况下继续保持俭朴的生活，能做到这点的人非常少，可以看出赵匡胤过人的自制能力。这一点是赵匡胤本人品德中极其优秀的一面，给宋朝的财政政策带来了极其正面、极其重要的影响。可以说，在这方面赵匡胤比汉武帝、唐太宗强很多。赵匡胤不仅自己俭朴，还要求官员也如此。他不

仅以"麻屦布裳"以"赐左右",还对贪官污吏采取了最严厉的行动。终太祖一朝,被"弃市"的贪官污吏远远超过了叛变、违抗军令等必杀无赦的军人。而赵普被罢相也与此有关。

(三)青年时期的闯荡

赵匡胤在年轻时必定有着比绝大多数人更长远的想法,因此从军成为他唯一的选择。"太祖时接五代,百姓困极,豪杰多以从军为利。"21岁时,赵匡胤正值风华正茂之时,便辞别父母和成婚三年的妻子,离家外出闯荡。

赵匡胤在一开始也想在一个熟悉的环境中发展,为此他想到父亲的一些同僚那里谋求机会。可是赵弘殷似乎并不同意赵匡胤的想法,并且采取了相应的行动。所以当赵匡胤到他所知道的父亲的熟人那里寻求机会时都遭到了挫败。

赵匡胤找的其中一个人是随州刺史董宗本。董宗本收留了赵匡胤,也顾全了和赵弘殷的情谊。但他没有安排赵匡胤,只是让赵匡胤和他的儿子董遵诲"常共臂鹰逐兔"。董遵诲和赵匡胤同年,没有读过书,"目不识丁",经常欺负赵匡胤。赵匡胤寄人篱下,只好忍气吞声,后来因受不了而离开。赵匡胤即位后,董遵诲怕得要死,倒是他妻子认为皇帝不会计较这些小事。后来,赵匡胤还帮他找到了失散的母亲,很是纵容他。因为董氏毕竟是父亲的旧友。

赵匡胤还曾投奔父亲昔日的同僚王彦超,希望能谋一官半职。王彦超看到赵匡胤落魄的样子,竟像打发乞丐一样,给了他几贯钱,便把他赶走了。后来赵匡胤即位后,某日说及此事时,王彦超的应对极其巧妙:"蹄涔之水,安可

容神龙?万一留止,又岂有今日之事?"他是怎么也不能说出赵弘殷的"嘱托"的。史载王彦超"温和恭谨,能礼下士",他怎么会拒绝有优秀军人素质的赵匡胤?何况他自己走投无路时还曾经到寺庙躲避呢!赵匡胤可能也知道个中原因,所以他并没有一点责怪王彦超的意思,反而还封赏王的父亲。

赵匡胤离开王彦超处后,无奈中拿着这几贯钱去赌博,哪知手气竟是出奇地好,盘盘皆赢。

当他满心欢喜地要拿钱离开时，那些红了眼的赌徒却欺负赵匡胤是外地人，一拥而上，将他按在地上，一阵拳打脚踢，抢了他的钱财之后扬长而去。

在彷徨无助之际，无聊之下的赵匡胤大白天在寺庙睡觉。院中住持饱经沧桑，阅世知人颇深。他见赵匡胤方面大耳，虽风尘仆仆，却难掩富贵之相，一身不起眼的装束，却透出英伟之气（据史书记载，赵匡胤长大后，容貌雄伟，非常有气度，慧眼识人的人都知道他不是凡人），又见赵匡胤谈吐不凡，胸中自有一番天地，便劝赵匡胤北上。南方地区相对较稳定，而北方却是战乱频繁，乱世出英雄。老僧的启发促使赵匡胤决定不再依靠关系，而是在一个陌生的环境中从零开始，便骑着住持送给他的驴北上。

二、赵匡胤的谋权之路

(一) 初露头角

赵匡胤到了邺都后，恰巧后汉枢密使郭威（天雄军节度使）正在招兵买马，于是投奔到郭威麾下作了一名亲兵。此后，打仗就成了赵匡胤的职业。虽然刚投奔到郭威麾下的赵匡胤还很年轻，而且与父亲共事一主，但他并不依靠父亲的权势作为自己的晋升阶梯，而是勇猛作战，积累下了许多军功。而在军旅生涯中，赵匡胤带兵有方，养成了令行禁止、铁面无私的习惯，即使是对父亲也不例外看待。当他守城时，为了防患于未然，晚间一律紧闭城门，严禁任何人进出，有一回赵弘殷在夜间领兵到了城下，传呼赵匡胤开城门迎接，但赵匡胤却在城楼上对父亲说："父子之间固然是至亲，但城门启闭的命令是军令、王命，断然不可违抗。"就这样，直到第二天早上，他才把父亲迎进城。也正因如此，使赵匡胤在军队中赢得了崇高的威信。

乾祐三年（951年），郭威在部下的拥立下发动兵变夺取后汉政权，建立了后周，是为周太祖。此时，赵匡胤因战功被升为皇宫禁卫军的一个小头目。他跟着郭威耳濡目染，学到了许多政治谋略，就连夺取政权的方法也被他后来借去进行了一次成功的实践。此时的赵匡胤已经初步引起了注意。南唐王朝中书

舍人韩熙载曾奉命出使后周王朝，回来之后，南唐王朝皇帝李璟询问后周王朝的将领如何，韩熙载说："赵匡胤神情不同于其他人，难以预测。"

在赵匡胤担任皇宫禁卫军小头目期间，周太祖的养子、开封府尹柴荣时常出入皇宫，见赵匡胤颇有才能，便将他调到自己帐下，让他做开封府的骑兵指挥官。这样，刚刚25岁的赵匡胤就成为后周的高级军官。而周太祖无子，柴荣是皇位继承人。赵匡胤实际上来到了未来皇帝的门下，他也正是由此逐步走上了通往权力顶峰的道路。

（二） 军事征战中的权力攀升

　　显德元年（954 年），周太祖病死，柴荣即位，是为世宗。周世宗也是一个具有杰出军事才能和政治才能的人，素怀统一天下的大志。他高瞻远瞩，采取了许多利国利民的措施，希望能够富国强兵，统一疆土。而拿下南唐，统一南北，一直是周世宗柴荣的梦想，所以当他在位时，后周与南唐的战事不断。赵匡胤在跟随周世宗攻打南唐的过程中，屡立战功，官位节节上升。

　　其间，北汉刘崇联合辽朝大举进攻后周，世宗调兵遣将，御驾亲征，赵匡胤随同出征。双方在山西高平展开激战。战斗开始不久，后周大将樊爱能、何徽等人临阵怯场，军队自乱阵脚，呈现溃败之势，形势顿时对后周军十分不利。而此时世宗身边只有赵匡胤和另一位将军张永德所率领的亲兵四千人。正在危急关头，赵匡胤镇定自若，建议世宗兵分两路夹击辽军，得到同意。赵匡胤和郭威的女婿张永德领兵直扑敌军，策马直冲北汉军队前锋。赵匡胤高喊为主效忠的口号，士气大振。北汉军队没想到他如此勇猛，顿时大乱。后周的增援部队也及时赶到，投入战

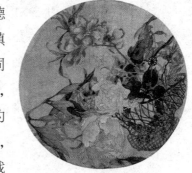

斗，世宗终于打败汉辽联军。柴荣率军乘势收复了河东城。赵匡胤在这一战中身负重伤，虽然左臂中箭仍然英勇作战，直到柴荣看到他的伤势，强令他回营时他才住手。有了这样出色的战绩，待到班师回朝之后，柴荣便委任赵匡胤为殿前都虞侯、严州刺史，统领禁军。

　　显德四年（957 年），周世宗柴荣一次南征未果，之后南唐加强了守备。世宗想方设法要重创南唐驻军却总无机会，正想要与群臣商议战事的时候，赵匡胤却已经领会了世宗的战略意图，带领麾下亲兵出战，没多久就大破南唐驻军，让柴荣喜出望外。此时的南唐也注意到了赵匡胤这员猛将，送去一封招降书和白金三千两想要收买他。没想到赵匡胤却把书信和白金一起上缴，让南唐的计策落空，也让柴荣对他更加信任。于是在第二年，在赵匡胤年仅 31 岁的时候，他被晋封为忠武节度使。

陈桥兵变

（三） 整顿禁军中的势力扩展

在赵匡胤进行的所有征战中，高平之战对赵匡胤一生事业有着极为重要的影响。由于赵匡胤在高平这一次战役中颇卖了一些力气，他的才能为张永德所赏识，在班师回京后，张永德在世宗面前盛赞其智勇，遂被提升为殿前司的散都虞侯，而后又出任殿前都虞侯领严州刺史，负责禁军的整顿和扩充。单从职务上看，此时赵匡胤在后周朝中还没有什么影响力。但高平之战却给赵匡胤带来两项意想不到的收获：一是在高平之战后，赵匡胤与张永德建立了密切的关系；二是赵匡胤受命负责后周禁军的选拔。尤其是后一方面与后来赵匡胤的政治举措是有极大关系的。

后周禁军分侍卫司、殿前司两大系统。侍卫司是老牌禁军，兵冗将众，而殿前司是周太祖郭威于广顺二年创建，共两万人，战斗力较强，但兵力单薄，殿前司系统原由李重进统领。李与张素来不合，也是后来赵匡胤的最大政敌。李重进统领殿前司仅一年即改领侍卫司，张永德出任殿前都指挥使，此时，侍

卫司的势力要超过殿前司，而李重进的地位也高于张永德，但高平之战中，侍卫司的表现不如殿前司，于是周世宗才决定对整个禁军进行整顿。此时禁军的整顿包括两个方面，一是对全体禁军进行一次普遍筛选，原侍卫司的部分精壮兵补充到殿前司；二是对新招募的"天下壮士"加以精选。赵匡胤不仅出色地完成了周世宗交给他的整顿任务，使后周军队的面貌大大改观，增强了士兵的战斗力。而且更为重要的是，赵匡胤在整顿军队的过程中，逐渐在禁军中形成了自己的势力。

一方面，通过选拔禁军均衡了后周殿前司和侍卫司两军的实力。高平之战前侍卫司兵力约有十万，殿前司约两万，侍卫司实力

中国历史朝代更迭

远远高于殿前司。高平之战后，在选拔禁军的过程中，原属侍卫司的精壮被补充到殿前司，新招募的"天下壮士"也被赵匡胤优先选拔到殿前司。殿前司兵员大增，战斗力更有明显提高，所谓"士卒精强，近代无比"。这成为赵匡胤实力发展的一个关键点。因为侍卫司经过淘汰后，兵额大大下降，殿前、侍卫二司的势力已大致均衡。显德三年，即高平之战后的第二年，首设殿前都点检一职，为殿前司的最高统帅，由张永德担任，赵匡胤也升任殿前都指挥使，成为禁军高级将领之一，此时，殿前司无论是势力还是统帅的级别均与侍卫司相当，因为赵匡胤后来主要是依靠殿前司的兵力，并以殿前都点检的身份发动"陈桥兵变"的，所以，对赵匡胤负责扩充殿前司一事的意义，实在不能低估。

另一方面，为赵匡胤建立派系、排除异己提供了一个绝好的机缘。在驸马张永德的庇护下，赵匡胤得以树立派系，扩张自己的势力。此时，张为殿前司的统帅，而赵则奉世宗之命负责殿前司的扩充，在整顿和扩充禁军的过程中，赵匡胤广泛结交禁军其他高级将领。其中，石守信、王审琦、杨光义、李继勋、王政忠、刘庆义、刘守忠、刘廷让、韩重赟与赵匡胤结为"义社十兄弟"。十兄弟中有六人在正史中有传，从《宋史》各传看，此六人大都是后汉时期投军的，高平之战后，他们均在殿前司各军中担任中级将领，如石守信为铁骑控鹤四厢指挥使，王审琦为铁骑都指挥使，韩重赟为铁骑都虞侯，刘廷让为铁骑右厢指挥使等等，这与赵匡胤负责"殿前诸班"的扩充无疑有着直接的关系。此后几年里，赵匡胤又陆续将自己的心腹罗彦环、田重进、潘美、米信、张琼和王彦升等人安排到禁军中担任各级将领，进而从上而下控制了禁军。此外，赵匡胤还网罗人才组成自己的智囊团，他帐下有大批谋士，如赵普、吕余庆、沈义伦、李处耘和楚昭辅等人，后来还有他的弟弟赵匡义。正是这些亲信的存在，为"陈桥兵变"的实施积攒了实力和基础。

此外，由于赵匡胤在殿前司中下级官吏的选拔方面具有决定权，使其能够在借助张的力量的同时，来奠定自己在中下级官兵中的基础，而这与赵匡胤后来得国有着极大的关系。由于赵匡胤负责的是殿前诸班的选拔，以他当时的身份、职务，对中级以上的军官只可能有推荐权，而对士兵和小校之类的基层军官，则有相当的决定权，这就使得他在殿前司系统中打下了深厚的"群众基础"。所以在殿前司系统中，张永德虽是最高统帅，长期位居赵匡胤之上，但他却并无赵匡胤这样广泛而坚实的"群众基础"。《续资治通鉴长编》卷一称："太祖掌军政六年,士卒服其恩威……人望固已归之。"这虽然有粉饰的成分，但也并非没有根据。因为这"六年"，正是从赵氏负责简选殿前诸班开始的。

可以说，在高平之战后，赵匡胤的权力与势力急剧攀升，加之在他统率军队南争北伐、积极消灭地方割据势力过程中所形成的勃勃野心，促使赵匡胤这个曾经的流浪汉，也开始梦想着成为九五之尊，登上帝王的宝座。

（四）铲除通往权力顶峰途中的障碍

在赵匡胤做皇帝的梦想与现实之间，还有两个大障碍，那就是周太祖的女婿张永德和外甥李重进。张永德和李重进都握有兵权，但李重进的地位比张永德高，张永德心中很不服气，两人之间的矛盾很大。周世宗为此设立了殿前司都点检一职，让张永德担任，这样，张、李二人便平起平坐。张永德与赵匡胤交情深厚，赵匡胤的第一位夫人贺氏去世后，续娶将军王饶的女儿，张永德赠给赵匡胤大量钱财，让他办了个风光的婚礼。但张永德毕竟是赵匡胤当皇帝的阻碍，因而赵不得不除掉他。

显德六年（959年），周世宗北征，沿途敌军已经望风而逃，许多契丹控制下的城池已经被收复，但柴荣却在此时病倒。据说病中的柴荣在翻看文件时，曾经莫名其妙地得到一个锦囊，里面装着一块木牌，上面写着"点检为天子"五个字，这显然是有人事先安排好要陷害张永德，但柴荣还是顿时警惕起来，对时任殿前都点检的张永德产生了怀疑。柴荣回到京师后，随着病情加重，他又想到了那块神秘的木牌，心想张永德手握重兵，又与李重进争权夺利，格外担心张永德发动兵变，而他的儿子此时仍年幼，他担心在自己死后会有事变发生。为防患于未然，柴荣在临死之前，对身后的政局预先作过一番布置安排。一方面，加枢密使魏仁浦中书侍郎同平章事，与范质、王溥等权臣一道辅助幼子柴宗训，使柴氏子孙长久享有统治权。另一方面，解除张永德都点检之职，他让跟着自己出生入死、深受自己信任的赵匡胤取代了张永德的位置，封为检校太傅、殿前都点检。这样，赵匡胤一箭双雕，既除去了一只拦路虎，还成为禁军的最高统帅。

除去张永德后，便轮到李重进。李重进缺乏政治家的远见，他虽手握兵权，却没有形成自己牢固的政治势力，因此周世宗死后，幼主即位的情况下，赵匡胤利用手中的权力轻易就将其除去。

后周显德六年（959 年），周世宗柴荣年仅 39 岁就告别人世。柴荣是五代十国时期最英明的皇帝，不仅对国内开始了统一，使后周国力空前强大，对外境的契丹也成功进行了反攻，且取得了成效——出兵四十天，兵不血刃，收复三关，共得燕云十六州中的三州十七县，户口 18360 户。雄才伟略的柴荣曾经感叹说："假如我能再有三十年生命，一定要用十年统一天下，十年休养生息，十年致太平。"只可惜他壮志未酬身先死。虽然柴荣在位只有五年半，但他的文治武功已经为结束割据局面的事业奠定了基础，确为五代时最杰出的统治者。

陈桥兵变

此时，柴荣的儿子只有 7 岁（一说 5 岁），就继承了皇位。尽管柴荣曾有事先的安排，但后周大臣根本不服宰相魏仁浦、范质、王溥等人的命令和管理。他们以魏仁浦出身小吏，未经科举而不服从他的统治。他们又以范质、王溥等"忠厚长者"、循规蹈矩、清廉自持而都不服帖。他们对出身行伍、性情刚直、有勇无谋的侍卫亲军副指挥韩通更不买账。此时，赵匡胤成为归德军节度、检校太尉。他对其部下"恩威并济"，驾驭将士方法得当，使他们"心悦诚服"。再加上赵匡胤老于兵事、深谋远虑、战功赫赫，在后周统治集团里，声誉地位日隆。在这种情况下，赵匡胤便设计轻而易举地将李重进明升实贬到扬州做节度使，进而控制了整个京城的局势。

当时，后周朝廷之内，由于"主少国疑""政出多门"，宗训年幼，不能负担起任何实际的责任，国家大事，重大政治、军事、经济举措，只好交给大臣们裁决。而文武大臣中，不是有勇无谋者，就是性情率直的"忠厚长者"，他们均不是乱世中力挽狂澜的柱石。而当时的一些握有兵权、拥有实力的宿将武夫，大多与赵匡胤来往密切，因此，朝廷内外，人心浮动。在这种背景下，加上两大障碍的铲除，足以增长赵匡胤的野心。

此时，赵匡胤及其心腹也在加紧活动。一个很明显的事实是，在周世宗去世后的半年里，禁军高级将领的安排，发生了对赵匡胤绝对有利的变动。先看殿前司系统，原来一直空缺的殿前副都点检一职，由慕容延钊出任，慕容延钊是赵匡胤的少年好友，关系非同一般；原来空缺的殿前都虞侯一职，则由王审琦担任，此人也是赵匡胤的"布衣故交"，与当时已经担任殿前都指挥使的石守信一样，都是赵匡胤势力圈子中的最核心人物。这样，整个殿前司系统的所有高级将领的职务，均由赵匡胤的人担任了。再看侍卫司系统。在这一系统的高级将领中，原来赵匡胤只与韩令坤有"兄弟"之谊，当时他正领兵驻守在淮南扬州，京城中实际上只剩下副都指挥使韩通，他虽然不是赵匡胤的人，但势孤力单，无法同赵匡胤抗衡。

最终，一个由殿前都点检、归德军节度使赵匡胤与禁军高级将领石守信、王审琦等人策划的军事政变计划开始酝酿，并且迅速上演了。

三、又见兵变——陈桥驿

(一) 谣言下的出兵

后周显德七年（960 年）正月初一，农历的新年使得后周宫廷中处处张灯结彩，一片喜气洋洋，小皇帝和大臣们准备迎接这一个传统佳节的到来。然而，正当人们沉浸在欢庆祥和的佳节气氛中时，镇（今河北正定）、定（今河北定县）两州的边关来报，上写："辽师南下，与北汉合兵，进攻周境，形势十分紧急，若不马上增兵，辽兵必将长驱直下，后果不堪设想。"

其实这只是赵匡胤制造出来的假消息，他率军出发的目标不在北方而在皇城。天下没有不透风的墙，赵匡胤的计划悄悄泄露了出去，京城里人心惶惶，许多人已经在收拾东西，打算逃离即将到来的政权交替。但后周皇室还被蒙在鼓里，也有一些大臣对赵匡胤产生了怀疑，甚至有人打算在临行前把他除掉，但终因当权者们的麻痹大意而未能施行。当时主政的符太后毫无主见，听说此事，茫然不知所措，最后向宰相范质求救。而后周的两位宰相范质和王溥闻听后慌了

手脚，两人并未核查消息是否属实，便急令当时的殿前都点检赵匡胤率领大军北上御敌。但是，赵匡胤此时却推脱兵少将寡，不能出战。无奈范质只得委赵匡胤最高军权，可以调动全国兵马。

在获得可以调动全国兵马的大权之后，显德七年正月初三日，赵匡胤统率大军从京城开封出发，带着军队过了黄河。这时的北周君臣才算是吃了一颗定心丸，慢慢地恢复了先前的平静。然而，他们并不知道，一个比契丹和北汉联合入侵更加可怕的阴谋这时正在步步得以实现。

当时，大军刚离开不久，东京城内就起了一阵谣言，说赵匡胤将做天子。

因为人们都依然记得，十年前河北边境入报，契丹犯边，当时身为后汉枢密使的郭威奉命率大军北征。当军队抵达澶州（河南濮阳）时，郭威忽然发动兵变，自立为帝，建立了后周政权。再加上此前早就流传"点检做天子"之说，人们只觉得眼前之事宛如当年的翻版。因此，当位高权重的赵匡胤奉命北上时，京城中流言四起，到处都流传着"出军之日，当立点检为天子"。谣言传遍汴京城的大街小巷，一时满城风雨，民众乱作一团，民心浮动惊恐。短短几十年间，皇帝们走马灯似地你方唱罢我登场，老百姓们早看腻了。他们关心的，只是自己那点残破不堪的可怜家当和手中屈指可数的几枚铜钱的去向。"自唐末五代，每至传禅，部下分扰剽劫，莫能禁止，谓之靖市，虽王公不免剧劫。"每一次兵变成功后都将京城翻转过来彻底洗劫一遍，被洗劫得多了，老百姓们也就自然而然生出条件反射，变成了惊弓之鸟，没有心思再去详察流言的真假，一有风吹草动卷起包袱撒腿就跑。

这个谣言不知是何人所传，多数人不信，朝中文武百官也略知一二，负责京师防务的殿前都指挥使石守信并未将这一异常情况向后周的中央核心领导层报告，所以"惟内庭晏然不知"。以致到最后，蒙在鼓里的只有当时后周的上层统治者。

赵匡胤此时虽不在朝中，但东京城内发生的一切他都了如指掌，而且这也是他的杰作。周世宗在位时，他正是用此计使驸马张永德被免去了殿前都点检的职务而由他接任。赵匡胤知道皇帝的心理，就怕自己的江山被人夺走，所以他们的疑心很重。这次故技重施，是为了造成朝廷的慌乱，并使他的军队除了绝对听命于他外别无他路。而当大军刚出城门时，有个号称通晓天文的军校苗训指着天上说，他看到了两个太阳在相互搏斗，并对赵匡胤的亲信楚昭辅说这是天命所归。这类说法无非是改朝换代之际惯用的伎俩而已。

事实上，赵匡胤当晚抵达距都城汴京只有四十里的陈桥驿（今河南封丘东南陈桥镇）就驻军不前，兵变计划就在此开始

付诸实践了。

　　尽管是谣言，但在京城中流传的传言却迅速在军中传开，军中将士议论纷纷："现在的皇帝年龄太小，不懂朝政，我们即使舍生忘死地杀敌，也没人知道我们的功劳！倒不如先立赵点检为天子，然后再到北方抵御敌人。"军营管理官都押衙李处耘，把这件事情告诉赵匡胤的弟弟皇宫内殿侍从总管（内殿祗候供奉官都知）赵匡义及归德军区（河南省商丘县）节度掌书记赵普（被后世称赞为"半部论语治天下"），话还没有说完，将领们就带着兵器吼叫说："军队已经决定，准备推举太尉（指赵匡胤，但是他此时还只是摄理太尉，这里应该是略称）做皇帝！"赵普的回答是："太尉是非常忠于国家的，他绝对不会原谅你们的言行。"赵普的这个回答很难说是规劝还是撺掇，但不管意图如何，将领们听了之后心里都很纳闷，有些人就慢慢散去了。没过多久，众将领又回来了，而且手里还拿着刀剑，冲着赵普大声嚷嚷："按军规，在军队中聚谋的要被灭族。现在我们已经商量好了，如果太尉不同意，难道我们就甘心被灭族吗？"面对这一提议，赵普对着激动的将领们大声呵斥："册立天子是件大事，咱们应该认认真真地做个计划，你们怎么能这么放肆呢？"众将领听到这句话之后，就安静了下来。赵普又说："现在敌兵压境，你们谁有对付的办法？不如咱们先把敌人打跑了，回来之后再商量这件事。"众将领听了赵普的建议，当时就一口拒绝了："现在政出多门，等打退了敌人回来的时候，谁知道事情会变成什么样呢？现在咱们必须马上回京城，拥立太尉当皇上，然后再出兵北征，击退进犯的敌人一点也不难。"众将领还表示："如果太尉不同意的话，那我们也不走了。"这时赵普转变了口气，对众将领说："覆灭一个王朝，新生一个王朝，虽然说是上天的意思，但是实际上还是取决于人心向背。前军昨日已经渡过黄河（赵匡胤率军出征时慕容延钊一支），各节度使驻兵四方，如果京城发生了动乱，那么外寇（指契丹军队）势必趁火打劫，坐镇四方的节度们也一定不会闲着。全国必会发生变乱。如果你们能够严格约束自己的部下，不让他们烧杀掳掠，首都汴京（河南省开封市）的市民自然人心安定，京城的人心不乱的话，那么，全国其他地方的人心自然也会安定，不会发生变乱。这样，你们各位日后的荣华富贵自然就不用忧虑了。"赵普所谓使诸将"长保富贵"的政策，自然取得了将领们的支持，于是大家立刻遵守诺言，分别部署军队。

赵匡胤早已知道军中将士们议论之事，他暗中部署，派亲信郭廷斌秘密返回京城，与心腹将领殿前都指挥使石守信和殿前都虞候王审琦约为内应，一旦大军返京，便由他们打开城门。同时，在大军到达陈桥驿这个地方的当晚，赵匡胤以酒肉犒劳军将，自己佯装酒醉早早睡下，他的弟弟赵匡义（即后来的宋太宗）和归德军掌书记赵普以及几个心腹则按照预先的部署，进行着紧张的兵变准备。到了清晨时分，一夜未眠的将士们握刀持剑，早已环立帐前，呼声四起。有些将士全副披挂，准备径直入帐。守在帐外的赵匡义和赵普见状，连忙进帐唤醒赵匡胤，拥他出帐。帐外将士一见赵匡胤出来，便齐声高喊道："我们现在没有了可以效忠的主人，愿意推戴太尉您作为我们的天子。"

赵匡胤还没有来得及说话，旁边的人马上将一件只有皇帝才能穿的黄袍披在了他的身上，然后下面的人纷纷拜倒，山呼万岁，扶他上马往南方走。赵匡胤拉住马头作出吃惊又迫于无奈的样子说："你们贪图富贵，强立我为天子，我心存感谢，但是无规矩不成方圆，你们如果能服从我的命令，我就当这个天子，否则就请诸位另请高明。"将领们马上下马齐声高呼："我们定服从命令。"赵匡胤见目的已达到就不再客气，当即约法三章："少帝及太后，我曾北面称臣，文武百官都同我并肩共事，对他们，你们不能随意侵犯凌辱，近代帝王起兵初入京师时都纵兵大肆抢掠，今天你们不得再这样劫掠都城民众，掠夺府库财物，服从命令的将得到重赏，不服从命令的将杀无赦。"大家异口同声地响应："不敢违命。"于是赵匡胤立即整饬军队，率兵变的队伍回师首都汴京，果真秋毫不犯。

（三）新王朝的建立

在正月初四这一天，赵匡胤率军到达开封，早已等候的石守信和王审琦打开城门迎接。正在早朝的后周大臣们得知兵变消息，个个大惊

失色，手足无措。宰相范质等人这时才知道不辨军情真假就仓促遣将是上了大当，后悔不该仓促出兵。范质握着王溥的双手说："没有加以考虑，匆忙之间派遣赵匡胤出征，导致赵匡胤造反，这都是我们的失误！"直握得王溥双手几乎出血。

王溥因为事发突然，一句话也说不出来。只有侍卫亲军马步军副都指挥使韩通，在仓促间想率兵抵抗，惊惶地从皇宫飞骑奔出，打算集结部队，但还没有召集到军队，在回家的路上被赵匡胤的部将散员都指挥使王彦升见到，王驱马追赶到韩通家中，杀死韩通和他的妻子儿女。韩通和赵匡胤一起管理皇家禁卫军，而遇到事情多半由韩通做主。韩通性格刚强，却没有心机，所以很多时候说话都会得罪人。人们给他起了个绰号"韩瞪眼"。　韩通儿子韩微对赵匡胤的阴谋有所察觉，曾经向其父献计，要趁其入府辞行的机会，乘机将他杀掉，以免后患无穷。但韩通没有听从，最终使自己身死人手。

赵匡胤在将领们的簇拥之下登上明德门，他命令将士回到军营，然后他回到自己的办公地点，脱下黄袍。没过多久，将领们挟持范质等到达，赵匡胤痛哭流涕地说："我得到世宗皇帝（后周世宗柴荣）的厚恩，可是今天将士们强迫我做皇帝，到了现在，我感到愧对天地，我该怎么办呢？"范质等还没有来得及说话，有指挥官衔却没有实职（散指挥都虞候）的太原（山西省太原市）人罗彦瑰按住宝剑，声色俱厉地说："我们现在没有君主，今天，必须推举出一个君主来！"范质等人听到这句话，你看看我，我看看你，不知道该怎么办才好。这时候，王溥"降阶先拜"，向赵匡胤叩拜表示臣服，范质看到这样的情况，深知已无回天之力，也随之叩拜赵匡胤，一齐跪拜在地，口呼"万岁"。临终顾命大臣就这样对向篡权者屈服了。陈桥兵变的将士兵不血刃就控制了后周的都城开封。

赵匡胤见众官已被收服，立即赶往皇宫，迫周恭帝逊位。文武百官就列后，发现尚未制定禅位诏书。哪知，翰林学士陶毂却拿出早已准备好的禅位诏书念给百官听，宣布周恭帝退位。皇宫事务总监（宣徽使）昝居润，引导赵匡胤到御前台阶的北面接受诏书，然后宰相扶着赵匡胤上崇元殿，戴上皇冠，穿上龙袍，正式宣布当上皇帝，官员们纷纷祝贺。由于其所领归德军在宋州（河南商丘），于是定国号为"宋"，改元建隆，定都汴京（河南开封），赵匡胤便是宋太祖。

太祖即位后，改封周恭帝柴宗训为郑王，母符太后为周太后，迁居西京，终生奉养，其后代也受到宋朝历代皇帝的照顾，据说这是赵匡胤亲自立下的规矩。赵匡胤对于王彦升没有经过命令而杀死韩通非常生气，但是鉴于王朝刚刚建立，为了安抚人心，因此没有发作。正月八日，追赠被杀死的后周王朝的韩通为中央政府最高行政长官，以隆重的葬礼安葬。同时，赦免天下有罪的人。对所有的军人，都根据级别进行赏赐，同时命令相关官员分别禀告天地、社稷。派遣太监乘坐政府专用马车把改朝换代的事情昭告天下。但是，对于那些还在割据的节度使，颁布的又是另外一道诏书。华山隐士陈抟骑驴出游，得知赵点检做了天子，高兴得从驴上摔了下来，拍掌欢笑说："天下从此可以太平了！"

赵匡胤轻而易举地夺取了后周政权，建立了宋王朝，成了北宋的开国皇帝宋太祖，这就是历史上著名的"陈桥兵变"。通过陈桥兵变，赵匡胤最终实现了从流浪汉到皇帝的梦想。

（四）兵变成功的背后

在中国历史上，陈桥兵变是最为成功的政变，没有遇到多大的抵抗，没有发生残杀，没有发生流血事件，没有发生掠夺，没有惊扰京城的百姓，没有对前朝的小皇帝进行杀害，甚至于对后周皇室又加以特别的保护。可以说，赵匡胤几乎没有付出什么代价，就以一介武夫身份登上了皇帝宝座，最终位登九五跃居帝王之尊，建立赵宋王朝。在赵匡胤做了皇帝以后，很多关于他是"真命天子"的说法便流传开来，似乎是在证明他能够登上皇位是上天的安排。

事实上，任何历史事件的发生都有其特定的社会历史背景，赵匡胤之所以能够成功发动陈桥兵变，代周建宋，一方面是与其才能及政治谋略分不开的，但同时也与唐末五代时期的混乱政局以及当时社会的一些变化紧密相连，正是这种社会环境，为此次政变的发生提供

了适宜的环境。

唐末五代时期，汉魏以来影响中国百年之久的门阀政治彻底终结。正所谓"五代以还，不崇门阀"，"五季以来，取士不问门第，婚姻不问阀阅"，随之带来的是门阀政治的终结，世家大族世代垄断政权的局面完全改观，封建政权的开放程度大大提高。以往那种"上品无寒门，下品无世族"、"士庶天隔"的局面被打破了，

一般的庶族阶层，甚至更为贫寒的社会底层成员开始有更多的机会向上层社会流动。因此，唐宋之际出现的"乱世英雄"，再也不像汉魏之际和隋唐之际那样多为名门豪强，而是几乎全为贫寒、低微的社会底层成员。如五代名君后梁太祖朱温、后唐庄宗李存勖、明宗李嗣源、后晋高祖石敬瑭、后汉高祖刘知远、后周太祖郭威等，这一批新时代的帝王将相在其发迹之前，没有什么家世背景，甚或是出身于养猪的家庭或从小就是战争中的流浪儿，有的甚至连自己的姓氏都不知道。他们所拥有的只是白手起家的坎坷经历，却创造出大大小小的奇迹。如后周郭威出身贫寒，他从普通士兵做起，十余年后竟成为后周的开国皇帝，与后来赵匡胤的"黄袍加身"相映照。"十国"的皇帝国主也大致是如此。至于将相大臣也几乎清一色地来自寒门贫贱之家。

随着社会底层成员在政治上的广泛崛起，促使五代时期的社会心理和价值观念发生了一些新的变化：较为推崇白手起家，自我奋斗，较为看中个人的才干、功绩，而门第、血缘、家世观念则大为淡泊。五代十国时期的各国各朝的最高统治者在考虑皇位继承时，更多地着眼于接班人的功业、才干、经验和阅历，通常能在一定程度上突破家族、身世乃至血缘的局限。一般来说，皇帝的同辈兄弟在功业、才干、经验和阅历等综合指标方面要优于低一辈的皇子，同样，年长的皇庶子，尽管在血缘上不如年幼的皇嫡子正统，但在功业才干、经验、阅历上一般来说都会较胜一筹。如朱温有六位亲子在世，且大都成年，但他却始终坚持传位于最年长而有才干的养子朱有文。传位观念的上述种种变化，虽然不能对封建家天下构成绝对性的否定，但对五代十国时期的高层政治必然发生影响。也正是因为这种观念上的变化，在周世宗去世后，其年幼的儿子柴宗训即位时，因为功业和威望都不具备，当时的人们才会纷纷说"天下无主"。这也充分反映出当时一种不重血缘身世，而重功业才干的判断标准，同时反映

陈桥兵变

出了某种社会心态，而这对陈桥兵变的发生无疑会有较大的帮助。

同时，随着五代十国时期门第、血缘观念的淡泊，也相应地冲淡了"龙生龙，凤生凤"、"真命天子"、"君权神授"之类的观念。秦朝末年陈胜、吴广起义时曾经喊出"王侯将相宁有种乎"，而五代军阀安重荣曾经有一句更为豪横跋扈的名言："天子，兵强马壮者为之，宁有种乎！"这其实是从另一种角度表达了一个更为激进的观念。在南汉皇帝刘岩看来，本无"真命天子"，皇帝纷纷然人人可做，他曾说："中原纷纷，孰为天子。"既然如此，自己又有什么不可以做皇帝的呢？到了后晋、后汉之际，甚至是"不无人思为天子也"。同为乱世的汉魏之际，飞扬跋扈、兵众将广者也很多，但敢于贸然称帝者却为数不多，即使是像曹操这样的人，也把称帝看做是畏途。而在唐末五代时期则已不然，在"不无人思为天子也"的心态驱使下，兵变成为极为平常的事情。假如一个人掌握了一定的权力，拥有了一定的财富，控制了一些兵马，实力有所扩张和发展，就可以崛起，并面南称帝。因此，在五代十国时期，称王称帝者如雨后春笋一样，没有选择地随地而生。于是，在那兵变如麻的时代，"主少国疑"，兵变可能性很大。赵匡胤正是在这样的一个大背景下使五代十国历史上的又一次兵变取得了成功。

一般以为，这不过是兵权与实力威慑的结果，事实上，兵权、实力等等这些绝对的优势，只能保证兵变的最终成功，至于以什么方式成功，则很大程度上有赖于决策者的政治见识，能够将大事化于无形，翻手为云、覆手为雨。从这一意义上看，除了上述大背景外，赵匡胤的一些具体做法也有助其兵变不经历大规模杀戮即可成功。

从"黄袍加身"后赵匡胤所讲的话中，我们可以看到，首先，他严令军士，不要偷盗抢劫，这样做的结果，既严肃了军纪，又利于赵匡胤的统治地位，同时也制止了暴掠群众财物的恶习，照顾到了百姓的利益，从而取得了百姓的好感。据记载，在赵匡胤领兵进入开封后，"都城人心不摇，四方自然宁谧"。这与五代某些"纵兵大掠"的兵变相比，赵匡胤的"严敕军士"无疑表现出一种政治见识。事实上，严肃军纪，争取民心，这是一般的政治常识，五代时的其他兵变

中国历史朝代更迭

者不可能不知道这一点。

其次，在禁止偷盗抢劫的同时，停止了残暴的大屠杀，要求对后周的太后及少帝，所有的文武官员，基本采取了保护的政策，即所谓"毋得辄加凌暴"。而五代的"兴王易姓"，改朝换代，都是伴随着一场大屠杀，除掉异已，把敌手的财产掠到自己手中。赵匡胤的这一政策改变，减少了北宋建立过程中的阻力，取得了社会上层集团的有力支持。

最后，赵匡胤是亲自参加过拥立郭威兵变的人，深知拥立他的那些将兵是"自贪富贵"的。那么如何满足他们呢？他提出的办法是"厚赏"，即把国家府库中的财物分赐给这批拥立他的将兵。这样做基本上可以满足将兵们的要求，又可去掉他们中间不必要的摩擦与火拼，从而取得了拥立者们的许诺，使军队进城时"秋毫无犯"，只有韩通一家因反抗被杀，算是一个例外。此外，对于民间乘机抢劫者，进行坚决镇压，"间巷奸民往往乘便攘夺，于是索得数辈斩于市，被掠者官赏其赀"。

四、兵变后的举措与历史影响

虽然陈桥兵变的形式和过程都和以往的无数次兵变一样，即军队指挥官暗示中级将领，中级将领鼓动士兵，士兵再呼吁军队指挥官当皇帝。但唯一不同的是，这次兵变创造了一个统一的却又是温和或者说懦弱的王朝。而这与宋太祖赵匡胤兵变成功后的一系列巩固统治的举措紧密相连。

（一）最初的举措——稳固内部营垒

从客观上来讲，如果抛开"家天下"的眼光来看，除了国号从周变成宋，皇帝从姓柴变成姓赵以外，赵匡胤确实是柴荣未竟理想与事业的最好继承人。他与小小年纪、不谙世事的周恭帝比起来，能力出众又手握军政大权，确实更适合掌管天下、把握政局，也只有他能够尽快结束战乱的局面，使中原重归一统，重现汉唐盛世。而他夺位除了实现自己的野心之外，也确实符合了历史与时局的要求，是"天命所归"的结果。

赵匡胤很珍惜轻松到手的江山，他不打算让"天命所归"的好戏再度上演。如何不使北宋成为继五代之后的第六个短命王朝，如何解决"君枝臣干"，重新加强中央集权，这是摆在赵匡胤面前首先要解决的问题，赵匡胤因"兵变"而登基，因此他十分害怕手下将士发动兵变而使自己丧权。

但是，在兵变后的最初一段时间里，他必须要巩固成果。因此，赵匡胤开始加封有拥戴之功的将领。石守信任归德军节度使、侍卫马步军副都指挥使；高怀德被任命为义成军节度使、殿前副都点检；张令铎任镇安节度使、侍卫亲军马步军都虞候；王审琦为泰宁军节度使、殿前都指挥使；张光翰为江宁军节度使、侍卫亲军马军都指挥使；赵彦徽为武信军节度使、侍卫亲军步军都指挥使。这些人都是未来解职的对象，加封是为稳定军心，并借助他们平定异己势力，这就是兵法所说"将欲取之，必固与之"的策略。

同时，赵匡胤还极力拉拢领兵巡边的高级将领韩令坤、慕容延钊。加封慕容延钊为殿前都点检、韩令坤为侍卫马步军都指挥使，成为二司的最高统帅。这一手相当厉害，两人若接受命令，名誉上高了一些，但二司实权已全被赵匡胤亲信所掌握，若不接受命令，势孤力单，易招杀身之祸。考虑再三，他们终于选择了"听命"的道路。

此时，赵匡胤的加封是有分寸的。一方面，对可能威胁王权的人，即使关系好，也不给实权，最典型的是原殿前都点检张永德，正月的加封没有他的份，直到八月才给他下了一道命令，由忠武节度使改任武胜节度使，把他从离东京很近的许州迁到较为偏远的邓州（今河南邓县)，只是赏给他二十万钱，作为当年张永德送赵匡胤彩礼的回报。按说张永德是提拔、重用赵匡胤的恩人，从道义上说似应重用，但他的影响实在太大了，赵匡胤的将领都是张永德的下属，一旦有所动作，就会危及赵的皇位，出于政治的需要，赵匡胤就毫不犹豫地让他坐冷板凳，直到张永德去世，这种状况没有任何变化。《宋史》卷二五五《张永德传》说"尽太祖朝而恩渥不替"，张永德若是地下有知，恐怕也会苦笑的。另一方面，贬斥侵害文臣的武将。赵匡胤亲信将领王彦升刺杀韩通有功，升为铁骑左厢都指挥使，但一天晚上，他突然闯进宰相王溥家里勒索钱财，王溥告发此事，赵匡胤立即将这位功臣贬为唐州团练使。

（二）异己的铲除与削兵权的谋划

宋太祖赵匡胤虽然较好地控制了政局，但在登基的第一年内还是发生了两次兵变：第一次是四月十四日，在潞州已镇守八年的后周开国功臣李筠起兵，首先反宋，攻占泽州，"居天下之肩脊，当河朔之咽喉"，又与北汉通好。赵匡胤亲征，六月十三日，攻克泽州。李筠投火而死。六月十九日，李筠之子李守节在潞州城向宋太祖投降。前后不过六十多天便把乱事平定。第二次是在九月二十六日，后周太祖郭威的外甥李重进于扬州起兵。这一次其实是被逼反的。赵匡胤与李重进是宿敌，代周后便剥夺了他侍卫亲军司的元帅职位，又不准他入京朝觐，最后下令他移镇，要连根拔起。这一次也是用了六十多天，赵匡胤便亲手平定了乱事，李重进举家自焚，所谓党羽数百人和在解州的弟弟全家都被诛杀。

为了镇压这两次兵变，宋太祖在战争后期都御驾亲临战场，体现了新皇帝对这两次兵变的重视。这两个敌人不算强大，在两个月左右便被平定了。但是，平定李筠、李重进叛乱之后，他并没有安枕而卧，而为解决兵权隐患忧心忡忡，由此也进一步触动了他对削夺武将兵权的思考。

有一次，赵匡胤这样问赵普："自唐朝末年以来数十年，皇帝总共变易了八个姓氏，战争不息，生民涂炭，这是什么原因呢？我想要使天下的争斗停止，为国家作一个长久的打算，这该如何去做呢？"赵普回答说："陛下能说这样的话，是万民的福分啊。这不是什么其他的原因，只是方镇太强大，皇上的实力弱而臣子的力量强大罢了。现在想要治理这种情况，只要削夺他们的权力，控制他们的钱粮，收回他们的精兵，那么天下就安定了。"赵普用意显然在于中央应从"权""钱""兵"三个方面入手，把政权、财权、兵权从方镇手中夺回来，换言之，用"夺""制""收"的办法使方镇与人权、财权、精兵三者分离，核心措施在于剥夺方镇赖以为祸的经济基础，不过当时最重要的也是燃眉之急的是要解决兵权问题。可以看到，君臣之间已经达成了共识，下一步就是实施了。

（三）长治久安目标下的"释兵权"

兵权问题就是针对统帅禁军的将领和地方节度使手中拥有的兵权。

第一，大幅度调整禁军的领导人员。

由于赵匡胤自己就是靠手握禁军大权而终成大事，其重要性已经显而易见。如果能把禁军的统帅权收在自己的手中，将是再保险不过。尤其是曾参与陈桥兵变的石守信、王审琦等已"各典禁卫"成为举足轻重的人物，这不能不使赵匡胤为之担心。为此，宋太祖从自身经验出发，认识到有威望的禁军统帅容易成为政变的领袖，于是开始从整顿禁军统帅问题着手，限制和削夺武将的权力。

禁军的殿前司原来共有四帅，赵匡胤原来的职位由副帅慕容延钊接替，但他一直让这位拜把兄弟领兵在外，后借故自己曾任殿前都点检而罢慕容延钊为山南东道节度使。副帅则由曾为韩通副手的侍卫司大将高怀德升补，实际上是把他调离侍卫司。但赵匡胤还不放心，又把寡妹嫁给他。同时，皇弟赵匡义也挤上了殿前司的第四把交椅。这样，殿前司的最高统帅空缺，副帅是新上任的妹夫，四帅是弟弟，剩下的三帅刚从四帅升上来，自然还没有实力做天子。

陈桥兵变

侍卫马步军司共五帅，最高统帅李重进起兵失败后由韩令坤接替。跟慕容延钊一样，韩令坤一直带兵在外，最后也一起罢免外放。石守信在"陈桥兵变"时留守开封，功劳极大，后来又补上韩令坤的元帅遗缺，大抵最难令赵匡胤安心。但石守信升元帅后，被任命为节度使，其军职虽暂予保留，但事实上并不掌侍卫司的兵权。结果，禁军原来的人事和人脉已被赵匡胤大幅调整。

第二，为彻底消除军人的威胁，实施"杯酒释兵权"。

在兵变后初期，赵匡胤任命亲信石守信、高怀德、王审琦、张令铎等人为节度使，但在同时，免去高、王、张的兼职，石的军职暂予保留，但事实上与当年的李重进一样，不掌侍卫司的兵权，第二年连名义上的军职也免了，发生了历史上著名的"杯酒释兵权"。

石守信等人是已经跟随赵匡胤征战沙场多年的大将，为了彻底消除危险，也为了以后不至看到兔死狗烹、鸟尽弓藏的悲剧发生，赵匡胤在详细思虑以后，决定和大将们摊牌，用和平的方式彻底解决此事。就这样，961 年的一天，宋太祖在宫里举行宴会，请石守信、王审琦等几位老将喝酒。酒过几巡，宋太祖命令在旁侍候的太监退下。他拿起一杯酒，先请大家干了杯，说："我要不是有你们帮助，也不会有现在这个地位。但是你们哪儿知道，做皇帝也有很大难处，还不如做个节度使自在。不瞒各位说，这一年来，我就没有一夜睡过安稳觉。"石守信等人听了十分惊奇，连忙问这是什么缘故。宋太祖说："这还不明白？皇帝这个位子，谁不眼红呀？"石守信等听出话音来了。大家着了慌，跪在地上说："陛下为什么说这样的话？现在天下已经安定了，谁还敢对陛下三心二意？"宋太祖摇摇头说："对你们几位我还信不过？只怕你们的部下将士当

中，有人贪图富贵，把黄袍披在你们身上。你们想不干，能行吗？"一席话，软中带硬，使这些将领知道已经受到猜疑，弄不好还会引来杀身之祸，一时都惊恐万状，说："我们都是粗人，没想到这一点，请陛下指引一条出路。"宋太祖缓缓说道："人生在世，像白驹过隙那样短促，所以要得到富贵的人，不过是想多聚金钱，多多娱乐，使子孙后代免于贫乏而已。你们不

如释去兵权，到地方去，多置良田美宅，为子孙立永远不可动的产业。同时多买些歌儿舞女，日夜饮酒相欢，以终天年，朕同你们再结为婚姻，君臣之间，两无猜疑，上下相安，这样不是很好嘛！"石守信等人见宋太祖已把话讲得很明白，再无回旋余地。

当时宋太祖已牢牢控制住中央禁军，几个将领别无他法，只得俯首听命，表示感谢太祖恩德。这样，在赵匡胤许下良田美宅、歌儿舞女、显赫富贵、子孙安乐、两无猜忌、其乐融融的诺言后，第二天上朝，石守信、王审琦、高怀德等一班大将每人都递上一份奏章，说自己年老多病，请求辞职。宋太祖马上照准，收回他们的兵权，赏给他们一大笔财物，打发他们到地方上去做了有名无实的节度使。

在解除石守信等宿将的兵权后，太祖另选一些资历浅，个人威望不高，容易控制的人担任禁军将领。禁军领兵权析而为三，以名位较低的将领掌握三衙，这就意味着皇权对军队控制力的加强，而后宋太祖还兑现了与禁军高级将领联姻的诺言，把守寡的妹妹嫁给高怀德，后来又把女儿嫁给石守信和王审琦的儿子。张令铎的女儿则嫁给太祖三弟赵光美。

过了一段时期，又有一些节度使到京城来朝见。宋太祖在御花园举行宴会。太祖说："你们都是国家老臣，现在藩镇的事务那么繁忙，还要你们干这种苦差，我真过意不去！"有个乖巧的节度使马上接口说："我本来没什么功劳，留在这个位子上也不合适，希望陛下让我告老回乡。"也有个节度使不知趣，唠唠叨叨地把自己的经历夸说了一番，说自己立过多少多少功劳。宋太祖听了，直皱眉头，说："这都是陈年老账了，尽提它干什么？"第二天，宋太祖把这些节度使的兵权全部解除了，节度使逐渐成为无实权的官位。宋太祖收回地方将领的兵权以后，建立了新的军事制度，从地方军队挑选出精兵，编成禁军，由皇帝直接控制；各地行政长官也由朝廷委派。

第三，对禁军的内部结构及驻防方式进行变更。

赵匡胤把禁军的两司（殿前司和侍卫马步军司）分为三衙（又称三司），即殿前司、侍卫马军司、侍卫步军司，鼎足而立。三衙的将领则用一些资历较浅

陈桥兵变

容易驾驭的人来担任，且时常加以调动。这些将领虽统率军队，而军队的调遣和移防等事情则要听命于枢密院。同时，还实行"更戍法"，禁军的驻屯地点，每隔几年更调一次，而将领却不随之变动，使得"兵无常帅，帅无常师"，防止军队为将领所私有。

综观中国历代帝王驾驭功臣的策略不外乎杀、养、用三种，或兼而有之。无论采取哪种策略，都是出于巩固君主专制统治的需要。但是，对功臣采取杀戮的策略，容易激化君臣矛盾，不利于社会稳定。与汉高祖刘邦和明太祖朱元璋建国之后大肆屠杀功臣不同，赵匡胤采取了对功臣养而不用的策略。对功臣采取养起来的政策比较稳妥，有利于调节君臣关系，赵匡胤用和平的做法，轻而易举地解决了让所有的开国君主都头疼的军权分配问题，避免了以后出现臣下功高镇主、难于驾驭，以及疑忌杀戮、终成大祸、动摇国家根基的可能性。此外，赵匡胤能够采用这种方式来解决问题，不与曾经共患难的功臣们勾心斗角，本身也反映出了他的仁慈和宽厚，最终得到了历史的认可与称赞，被传为千古佳话。

（四）削弱地方权力与文官掌政

为巩固其中央政权的统治，赵匡胤在削弱武将权力同时，还开始削减地方长官的权力，并且重用文臣、重视文人。

首先，对于地方州郡一级长官的权力，宋太祖赵匡胤不许他们兼任一个州郡以上的职务，同时，地方州郡的兵权、财权和司法权也都收归朝廷；规定州郡长官由文臣担任，并且另设"通判"，使其互相牵制；而且，这些官员的任期都很短，一般是三年一换。这样，地方长官的权力分散，任期短暂，武力薄弱，就无法与朝廷对抗了，也就不会使"黄袍加身"的历史重演。

其次，赵匡胤对文官、言官这些手无缚鸡之力的文人采取尊敬的态度，并且下令永远不杀士人、不杀言官。在立国之初，赵匡胤就在太庙庆殿的夹室内立下一块石

碑，上面刻着三条誓约：一、保全柴氏子孙，不得因有罪加刑；二、不得杀士大夫和上书言事之人；三、不加农田之赋。赵匡胤严正警告后世子孙不得背弃上述誓言，否则即为不祥，必将遭受天谴。后来，当宋朝的新天子即位时，朝拜完太庙之后，必须跪着默诵誓词。按照规定，当时只能有一个不识字的内侍跟随着皇帝，其他人只能远远等候。因此，除了宋朝的历任皇帝，再没有人能够知道誓约的内容。1127年靖康之变发生后，金国人为了搜罗战争赔款，将宋朝皇宫的宫门全部打开，人们这才看到了石碑的神秘容颜。据说这块石碑高七八尺，宽四尺多，作为大宋帝国的祖宗家法世世传承。

按照"守内虚外""强干弱枝"的政策进行军事部署，削弱地方驻军规模和驻军素质，抽调精锐部队保卫京师。京师驻军与地方驻军数量相当，使之内外相制约。宋太宗在一次谈话里说："国家若无外扰，必有内患。外扰不过边事，皆可预防；惟奸邪无状，若为内患，深可惧也。帝王用心，常须谨此。"正是基于这样的认识，北宋时期的禁军有一半是驻防在京师及其附近的，其余的分成全国各要冲地区，以镇压起义。边境上只驻屯少量的禁军，对辽、西夏的

贵族势力采取被动的守势。

通过上述一系列措施，确实收到了预期的效果。宋太祖赵匡胤消灭了手下武将在擅言废立、改朝换代方面的潜在力量，彻底清除了其他人黄袍加身的可能性，也从此结束了五代十国以来武人专横跋扈的局面，宋王朝没有变成第六个短命王朝。

但尽管如此，赵匡胤没有预料到这种统治所带来的负面影响。宋朝是历史上外患最严重的王朝，长期与辽、西夏、金，还有后来的蒙古对峙。但宋朝没有北方的草原提供马匹的来源，没有北方地区强壮的士兵来源，更重要的是没有占据汉人王朝一贯赖以生存的边墙——长城。而在这种外患强烈的背景下，削夺大将兵权也削弱了部队的作战能力。皇帝直接掌握兵权，不懂军事的文官控制军队，武将频繁调动，兵不知将，将不知兵，虽然宋军有着先进的火器和出色的基层军官，但文官指挥能力的欠缺使得宋军的战斗力极为低下。同时，为制约地方的权力，增加诸多官吏，结果导致"冗官""冗兵"和"冗费"与日俱增，使宋封建国家陷于积贫积弱的局势中。到现在为止，几乎所有的书在谈到宋代时都冠以"柔弱"这样的字眼。最终，有宋一代，国家两次亡于社会制度落后于自己的游牧民族之手。

辛亥革命

　　1911 年 5 月，清政府将本来交由中国商人承办的铁路修筑权，拱手献给帝国主义，激起中国人民的反抗，四川保路运动成为辛亥革命的导火线。1911 年 10 月 10 日，武汉地区的革命团体文学社和共进会发动武昌起义，接着各省纷纷响应，1911 年为旧历辛亥年，故称"辛亥革命"。辛亥革命推翻了清政府及中国实行两千余年的封建皇权制度，建立了亚洲第一个民主共和国——中华民国。

一、商族的起源

辛亥革命，作为近代中国波及社会范围最广、动摇传统根基最深的社会变革，它既是社会各个领域在较长历史时期内不断渐变的结果，又必然对各社会领域产生较为深远的历史影响，从而在某一历史发展阶段上成为社会各有关领域变化发展的中介点。近代社会观念的现代变迁，就是以辛亥革命为中介点的。它前承晚清社会变革以来社会观念推陈出新的历史成果，后启民国成立以来社会观念步入现代化轨道的历史新程。

（一）列强势力入住与中华民族危机

辛亥革命是近代中国的"人民革命"，开始于19世纪末期，此时正是西方侵略势力大举渗入中国的时候，也是传统中国的制度与秩序被摧残破坏最严重的时期。清政府由盛转衰，列强势力在鸦片战争之后，更加猖狂。

随着《南京条约》《天津条约》《北京条约》《瑷珲条约》《马关条约》等一系列丧权辱国条约的签定，列强对中国的欺凌已不是简单的割地、赔款与通商，而是已进入到共同灭亡中国的阶段。

列强彻底地认识到清朝的愚昧无能、软弱可欺。各国趁火打劫，都把魔掌伸向了中国。一方面将剩余资本大量投资到中国。"拿人家的手短，吃人家的嘴短"，清政府拿了列强的钱当然要为列强办事，因此列强们也就达到了先用金钱控制中国经济，进而控制中国政治的目的。

同时，他们还在中国内地设工厂。西方早就开始了工业化，什么都是大机器生产，可以大规模地生产各种生活、生产用品。产品生产多了自然卖不出去，这就需要开发更多更大的市场，于是他们想到了中国。中国地域辽阔，人口众多，是多么大的一个市场啊！可是，当外国商品刚刚运到中国的时候却没有预期那样销售顺利。

中国那个时候还是自给自足的小农经济，自己种粮种菜自己吃，自己纺布自己穿。有剩余的时候才会拿到市场上去卖，换油盐酱醋之类的生活用品。所以外国商人把商品运到中国市场以后，不但卖得很少，反而买了很多中国特有的瓷器、茶叶回去；不但没有赚到钱，反而花了不少。有国家做后盾的外国商人认为这是中国开放的通商口岸太少了，所以列强才会要求大量开放通商口岸，方便自己国家生产的货物能顺利进入中国市场。

通商口岸的问题解决以后，外国商人们又想到，要是在本国生产货物再运到中国，不仅要花原料费、人工费，还要花大笔的运费，这样成本就会高很多。要是在中国生产的话，只要把机器运过来就行了，而且中国的原料和工资都比本国便宜许多，这样算下来就可以多赚很多钱。最重要的一点是，在中国本土生产出来的产品由于本钱大大降低，价格也会随着降低。拿布来说，中国人自家手工生产的土布，又粗又硬，而且价格也比较贵。用机器生产就不同了，既便宜又美观，还很结实。所以，渐渐地，很多人都买机器生产的产品，使得中国农村的经济完全失掉了抵御能力，外国产品的市场占有率也逐渐扩大，对中国经济的控制也越来越强。

随着列强势力范围的划定，中华民族的灭亡危机，迫在眉睫。

列强势力范围大抵如下:俄国租借旅顺、大连两港，使俄国的军队可以随时运抵，也可以以这两个地方为基地向中国其他地区进行侵略，借此控制中国东北地区。英国强行租借威海卫，要求长江流域各地不得租与他国，并扩及九龙半岛，事实上这些地区已经被英国独占，一占就是一百年。法国租广州湾，占领了中国西南的广大地区。德国势力在山东，并租借广州湾。日本也不甘落后，要求福建及其沿海一带不得租与他国。

当这些国家在划分势力范围的时候，美国正与西班牙争夺古巴和菲律宾，一时无力兼顾中国，美西战争结束后，列强在中国的势力范围已经划分完了。但是，美国又不甘心，非要到中国来插一脚，分一杯羹。于是，美国国务卿海约翰于 1899 年 9 月 6 日提出《中国门户开放宣言》（又称《海约翰政策》），照

辛亥革命

167

会美国驻英、德、俄、法、日、意六国公使，宣示各国在华机会均等，保护中国行政主权完整，打破各国势力范围。基本内容是：各国对别的国家在中国取得的任何势力范围、租借地内的通商口岸、投资事业，或任何既得利益，不得干涉。运至各势力范围口岸的各国货物，均按中国现行关税税率，由中国政府征收。各国对进入自己势力范围内的他国船舶，不得征收高于本国船舶的港口税，他国使用自己所修筑或经营控制的铁路运输货物时，不得征收高于本国商品的运费。其意思就是：大家都到中国来赚钱，谁也别管谁，我可以到你的地盘做生意，你也可以到我的地盘做生意。

由于它的主要精神是利益均沾，机会平等。因而不论是在哪个列强的势力范围内，不论是否在中国内地或沿海地区都实行这个原则。它标志着美国已经形成自己独立的侵华政策，是美国侵华行动的"里程碑"。同时，它也受到列强的普遍欢迎，由此而使得列强在侵占、搜刮中国的问题上取得暂时的一致。因为这个方案的实行无疑扩大了列强可以在中国取得利益的范围，不仅可以在自己的势力范围之内，也可以在别的列强在中国的势力范围之内，这就避免了列强因在华利益的相互抵触使得列强间本已十分尖锐的矛盾进一步激化。也使得列强由争夺在华利益转化为在这个问题上的相互合作。

美国的这一政策，是在承认和维护列强在华租借地和势力范围中的特殊利益和既得权利的前提下，保证各国机会均等，自由贸易，使整个中国市场对美国商品开放。虽然这一政策承认列强在华的既得利益，但各国皆无力独占中国，各国从各自在中国的不同处境出发，给予各不相同的回答。只有当时和美国一样在中国没有租借地和势力范围的意大利完全接受美国照会，多数国家表示有保留地同意。

1894 年中国在中日甲午战争中失败后，西方列强对中国这块肥肉垂涎三尺，19 世纪末，西方列强掀起了瓜分中国的狂潮。随着战争赔款的加深，人民不堪重负，终于发起了义和团运动。义和团，又称义和拳，义和团的参与者被称为"拳民"。是 19 世纪末中国发生的一场以"扶清灭洋"为口号，针对在中国的西方人（包括在华传教士及中国基督徒）所进行大规模群众暴力运动。在义和团运动中，有二百多名外国传教士及众多中国基督徒死亡；也有许多与教会无关的中国人被义和团杀害，数量远超被害教民，北京地区，死于义和团手下的有十几万人；死亡的义和团拳民、义和团支持者以及其他中国人也不计其数。

义和团本来是长期流行在山东、直隶（今河北）一带的民间秘密会社，与白莲教等传统民间秘密团体有关。最初义和团同当时清朝大部分秘密团体一样，反对满族统治，以"反清复明"为口号。随着中国近代史形势的发展，以帝国主义侵略为先导的西方势力的冲突代替华夷之辩、满汉之争成为最主要的历史矛盾。1898 年，义和团首领赵三多首次提出"扶清灭洋"的口号，义和团开始支持清朝抵抗西方，改名为"虎神营"。

1900 年 7 月 3 日，当义和团运动进入高潮，八国联军准备进攻京、津之际，海约翰又向前述六国及荷、葡、奥、西等国提出第二次《门户开放政策》，声称美国政府所做的一切都是为了保持中国的领土与主权的完整，保障全世界与中国进行同等的公平贸易。其实这些都是废话、空话，都是为了侵略中国而找的各种借口。自此中国变成"公共市场"，成为了国际共管的殖民地。

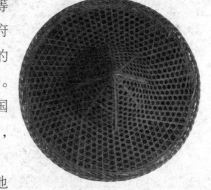

清政府对义和团的态度从镇压变为借助他们抵抗外国列强，结果义和团在京津一带迅速发展，越来越多的清军士兵参加义和团，以端亲王载漪为首的排外势力在清政府内占据上风。各国公使眼看清政府已无法控制形势，便策划直接出兵干涉。5 月 28 日，英、法、德、奥、意、日、俄、美八国在各国驻华公使会议上正式决定联合出兵镇压义和团，以"保护使馆"的名义，调兵进入北京。5 月 30 日至 6 月 2 日，八国的海军陆战队四百多人，陆续由天津乘火车开到北京，进驻各国使馆集聚的东交民巷。随后，各国继续向中国增兵，24 艘军舰集结大沽口外，聚集在天津租界的侵略军达两千余人。6 月 6 日前后，八国联合侵华政策相继得到各自政府的批准，侵略中国的战争爆发。

1900 年 6 月 10 日，外国侵略军两千多人在西摩尔率领下，由天津向北京进发，沿途遭到义和团民众的抵抗。11 日，义和团与侵略军在落垡车站附近展开白刃肉搏战。18 日，义和团将进犯廊坊车站的侵略军包围起来，发动攻击，

辛亥革命

打死打伤侵略军数十人。19 日，西摩尔带领着剩余的兵士逃向天津，走到半路遭到民众堵截，一战不可避免，外国联军又死伤四百多人。22 日，狼狈退到天津西沽。6 月 17 日，另一支侵略军在大沽登陆，进犯天津，由于义和团的发动，百姓们人人皆兵，八国联军一路上处处挨打，虽然不能给他们造成什么实质性的打击，但是也使得他们疲于应付。直到 23 日才占据老龙头车站（现天津车站），并和在西沽的侵略军会合，到达天津租界后，向天津城发动进攻。7 月 6 日起，张德成领导义和团众在紫竹林与侵略军血战三昼夜。但是，由于实力对比太过悬殊，联军兵器先进，而义和团只有大刀长枪，还相信什么团员会刀枪不入，这就注定了这场战争不会胜利，抵抗只是延缓失败的时间而已，14 日，天津被攻陷。

八国联军侵华期间，清政府见八国联军攻势迅猛，因而又动摇了，他们开始怀疑依靠义和团能不能真的打败外国侵略者，但是，中国的统治者都知道"水能载舟，亦能覆舟"的道理，由于他们怕激起民愤，又不敢明目张胆地镇压义和团讨好外国侵略者。于是，他们"明修栈道，暗度陈仓"，清政府在民众的压力下，表面上向列强各国"宣战"，暗地里却破坏义和团运动，向侵略军妥协投降。

1900 年 7 月 14 日天津失陷后，清政府于 8 月 7 日任命李鸿章为全权大臣正式向外国列强乞和。列强本想借武力瓜分中国，将中国完全变成他们的殖民地，但在中国人民的反抗下，没能得逞；同时，各国各有打算，互不相让，勾心斗角，矛盾重重。最后他们达成一致，决定继续利用和维护清政府的统治间接来统治中国。

1900 年 12 月，列强（除了出兵的八国外，又加上比利时、荷兰、西班牙三国）向清政府提出《议和大纲》，又订立详细条款，于 1901 年 9 月 7 日在北京正式签字，因为 1901 年为中国旧历辛丑年，所以这个条约被称为《辛丑条约》。

《辛丑条约》的主要内容是：惩办在八国联军侵华过程中，进行过抵抗、支持过义和团或民众进行抵抗的官员，清政府此后必须明令禁止中国人建立和参加抵抗侵略军的各种组织。这一条的潜台词就是，中国不允许有反对外国

侵略的声音存在，外国列强想怎么欺负中国人就怎么欺负，想怎么样就怎么样，中国人都不许反抗，否则，作为外国列强侵略中国代理人的清政府就要对反抗者进行镇压，列强们消灭反对自己的力量都不用自己动手。

派亲王、大臣到德国、日本等国登门赔罪。中国在清朝中期以前都是以天朝大国自居的，中国的经济总量和地域范围在世界上都是数一数二的，是名副其实的大国。康熙、乾隆时期，外国使臣到中国来晋见皇帝都要三跪九叩，即使是在 1840 年鸦片战争之后，中国虽然被打败了，但是，也没有因为失败而放下自己"天朝大国"的身段，仍然把外国侵略者看做是"夷狄"。不管是清朝统治者还是民众，对待外国人在骨子里仍是蔑视的，这也就是为什么外国人在战胜以后，非要在中国设立使馆的原因。因为互设使馆，互派使臣是两国之间地位平等的表现。这次中国派皇亲国戚和大臣到国外去给人家赔礼道歉，使中国的国际地位一落千丈。不再是高高在上，而是在列强的淫威之下苟延残喘。

赔款 4.5 亿两白银，分 39 年付清，本息 9.8 亿两白银。4.5 亿两白银，不是 4.5 亿元，这是多么巨大的一笔钱，是清政府几年财政收入的总和。而且还不是一次交清，而是分 39 年，这不是怕中国一时之间拿不出这么多钱，为中国争取更多的时间，而是列强们在为自己争取时间。还是那句话"拿人家的手短"，欠别人的钱，自然要听别人的话，除了赔款，列强还可以借此来控制中国的政治与经济的各个方面，为自己掠夺中国的各种资源争取更多的时间。中国还钱的时间越长，被列强支配的时间就越长，他们获得的利益也就越多。而且，经过 39 年，本息结合，早就不是 4.5 亿两，而是变成了 9.8 亿两，中国又得再多付出一倍的代价。

在北京东交民巷一带设使馆区，各国可在使馆区驻兵，中国人不准在区内居住。就像是别人住在你家里还要随意支配你家的东西，然后把你赶出去。这是在中国建国中之国，这一条的提出，预示着中国主权的丧失，中国的事不再是中国人自己说了算了。

毁掉大沽炮台以及北京至天津海口的炮台，各国可以在北京至山海关铁路

辛亥革命

171

沿线驻兵。炮台被毁掉了，也就是把中国人抵抗外国侵略的武器毁掉了。列强把自己的火炮架上去，就可以监视中国人民的动静，一有反抗的举动，他们就可以随时镇压，更重要的是，他们想再发动侵略战争也会更加容易。想什么时候打就什么时候打。中国，随时都处在别人的屠刀之下。《辛丑条约》签订后，中国完全沦为半殖民地半封建社会，中国的民族危机更甚于前。

清王朝对外软弱无能，为了保住风雨飘摇的王朝政权，防止汉人再次掌握政权，不惜出卖国家利益，对列强一味的割地赔款。虽然清王朝建立的时候是国富民强，可是二百多年的闭关自守之后，统治阶级内部早已腐化不堪。早在嘉庆时期清政府就想对政府内部进行整顿，嘉庆皇帝一上台就查处了大贪官和珅，但是也就仅此而已。和珅之所以会贪污那么多是因为有人给他送，清朝官员的俸禄有限，但也只够温饱，想要大富大贵是不可能的，更不用说给和珅这样的大官送礼了，他们能送出打动上官的礼物肯定也是从别人那里得来的，送礼为了升官，升官为了贪更多的东西。这样，上行下效，恶性循环，"一年清知府，十万雪花银"，贪污已经成了清朝官场的惯例，这样的官员怎么会为百姓做事，又怎么会促进社会的发展。官员贪污腐化，对人民极尽剥削之能事，人民活不下去了自然要起来反抗，一到这个时候清政府就会采取血腥的镇压。不是爆发就是灭亡，在内外双重压迫之下，激起民族革命是必然的结果。

二、辛亥革命的起因

(一) 商品经济的发展

　　中国传统社会几千年来所固有的经济结构——以农业和家庭手工业相结合为基础的自给自足的自然经济，是非常稳定的，稳定到社会各个阶层不需要发展，不需要与世界其他国家联系，不需要与世界其他国家进行经济交流就能维护自身经济的运行。正因为如此，清政府一直实行闭关锁国的政策，一锁就是二百多年，世界各国都进入资本主义时代了，中国还处在封建社会；世界各国的军队都装备了先进的火器，而中国军队用的还是大刀长矛。清朝统治者捂住了自己的眼睛和耳朵，被快速发展的世界各国远远地落在了后面而不自知，还在做着天朝大国的美梦。直到 19 世纪中期以后，鸦片战争爆发，才打破了这个美梦。

　　西方各国强行打开中国大门之后，西方的经济模式也被强行带入中国。尽管中国社会的经济结构仍然是自然经济占主导地位，尤其在农村，但在许多城市，如长江流域的城市，由于通商口岸的开放及内河航运业的发达，近代资本主义商品经济思潮猛烈冲击着传统的重农抑商思想，城市里传统的手工业、商业已经逐渐向近代资本主义工商业转化，社会经济结构发生显著的变动。

　　在资本主义生产方式的猛烈冲击下，中国传统手工业解体，近代工业才得以蓬勃发展。各城市工业近代化的标志不仅是这一时期新创办的民族资本主义工厂，还应包括已有的同类工厂和官办、官督商办工厂以及外资工厂。这四种工业，都与传统手工业不同，是近代机器工业，出现在城市中，改变了城市的工业结构，随着工业的近代化，城市之中的各个阶层也随之发生近代化。同时，工业的近代化直接促进了城市商品经济的蓬勃发展，引起城市经济结构近代化。

　　由于沿海沿江通商口岸的开辟，以及内河航运业的发达，使得长江流域出

辛亥革命

现了一些重要的工商业中心城市，如下游的上海、中游的武汉和上游的重庆，以这些城市为中心点，在长江流域各大城市间形成一个较大的区域性商业贸易网络。

统一市场的形成，大量商业公司、贸易公司的创设，对小商小贩的行商坐贾式传统商业给予猛烈冲击。原来中国传统的市场是每月固定的几天开市，各地的商贩或是农民把自己家的剩余产品拿到市场来卖，大部分都是小规模的，而且形式不固定，也有小商贩挑着担子，担些日用品，走乡串镇地卖些东西。而商业公司、贸易公司的设立就使得商品交易更加规范，规模也比以前大很多，商品不仅价格便宜，而且在质量上也有所保证。于是那种小规模的形式不固定的传统经济模式慢慢被取代。尤其是1903年清朝商部设立后，商会在全国各地大量兴起，传统的商业行帮组织逐渐向近代资本主义的商会转化。这些都标志着商业的近代化。

以上海为例。原来的上海，只是一个以渔业和棉纺织手工业为营的小镇。1842年《南京条约》签订后，由于上海地理位置靠海，是各国货物来华或货物输出的集散地，成为中国对外开放通商口岸之一，并很快因成为东西方贸易交流的中心而迅速发展。上海，在当时就是全国最大的商业中心了。有人认为，上海占了长江口的有利地理位置，独霸着这条大江沿岸各地的商业，所以上海在当时已经握着中国全部商业的一半了，这还只是就国内贸易而言。

上海市内商业更是繁荣，上海开埠后，不论是国内还是国外的商人都云集此地，浦东地区教堂林立，几乎每天都有新的商号开张。1909年已有各种百货公司、商店四百三十多家，1910年增至六百三十六家。号称"十里洋场"的南京路等地已成为重要商业区。

如果说上海商业的发达可以反映沿海地区的城市商业发展的最高水平，那么内地城市商业的发展当首推武汉了。武汉现在是全国七大中心城市之一，长江中下游特大城市。世界第三大河长江及其最长支流汉水横贯市区，将武汉一分为三，形成了武昌、汉口、汉阳三镇隔江鼎立的格局。武汉有一个著名的景观—黄鹤楼。黄鹤楼位于武昌蛇山，始建于三国时期吴黄武二年（223年），传说是为了军事目的而建，孙权为实现"以武治国而昌"（"武昌"的名称来源于此），建造了武昌城，并建楼以作瞭望之用，享有"天下绝景"之称，与湖南岳阳楼、江西滕王阁并称为江南三大名楼。唐朝诗人李白曾写下"黄鹤楼中吹玉笛，江城五月落梅花"的诗句，因此武汉自古又称"江城"。在清代末期武汉经济繁荣，一度是中国内陆最大的城市，位居亚洲前列。

武汉三镇占据长江沿岸枢纽，是长江沿岸最繁荣的城市。汉口更是商业贸易中心，1858 年清朝与列强签订的不平等条约《天津条约》中增开的通商口岸，就包括汉口。1861 年 3 月汉口正式开埠。英、俄、法、日等五国先后在老汉口镇的下游沿长江开辟了租界。以英国为首的各国商人在这里经营长江航运和茶叶等农产品出口业务。汉口的对外贸易很快远远超过广州，几乎可以与上海并驾齐驱。一时间，汉口经济高度繁荣，日本驻汉领事水野幸吉在《汉口》一书中称之为"东方芝加哥"，可见其商业贸易之发达。

除了上海和武汉外，其他各大城市都有类似变动，也许在程度上不同，但这种商业近代化的趋势则是一致的。

这足以说明，20 世纪初长江流域近代商品经济的勃兴，这也标志着一种近代化的趋势。在整个社会系统内，经济结构的变动是社会变动的基础，也就是说，一系列其他社会因素将随着经济结构的变动而变动，这样便形成了整个城市的大变动。

（二）新社会群体的兴起

中国古代社会是稳定的，这也是为什么历史上的四大文明古国只剩下中国的原因之一。中国古代自隋唐之后有了科举，社会阶层才在一定程度上有了上下流动，下层民众可以通过自己的努力，经由科举进入仕途，从被统治阶级变成统治阶级。明朝权倾一时的名臣张居正祖上都是农民，他在中举之前也是农民的身份，可是一旦考中，就"朝为田舍郎，暮登天子堂"，一下就平步青云了。但是，能够通过这一途径提高身份的人毕竟是少数。

传统的社会中，只有两个群体—统治者群体与被统治者群体，在传统社会走上近代化的特殊历史过程中，新的社会群体不断分化出来并重新组合。

辛亥革命

学生群体就是新生成的群体之一。学生群体包括国内新式学校学生和国外留学生，出现于1901年以后清政府的"新政"。在全国性的"兴学"热潮中，各省创办了许多新式学堂，各省学生人数急剧增长。这些学生大都聚集在城市中，尤其是省城。

　　当中国的大门被强行打开之后，中国人的眼界也被打开了，很多中国人看到了外国的先进与中国的落后，他们想弄明白为什么差距会如此之大，这么大的差距是如何产生的，又如何才能弥补。在历史上一直向中国学习的日本，为什么面对与中国相同的境遇，而结局却不相同，为什么他们在西方列强的打击下能快速地走出来，而中国却不行。为了弄明白这一点必须要走出去，于是，外出游学的人数也在增加，而且以留学日本为多。

　　湖南、湖北、四川、江苏、浙江几省是中国留学生最多的省份。由于长江流域受到的冲击最为直接，所以这一地区走出去的人也最多，整个长江流域的留学生人数占总人数的三分之二左右。

　　留学生回国后一般都在各大城市活动，与国内学生共同形成新式学生群体，集聚了一大批社会精英分子，成为一股非常活跃的政治力量。在20世纪初的中国，学生群体是革命思想的重要传播者，在辛亥革命中，他们起着先锋和桥梁的作用。

　　新军士兵群体。以新军士兵为主体，另外包括一部分下层军官。到1907年长江流域各省已练成近五万新军，其中绝大部分为士兵，并且一般都驻守在省城。新军之所以称为新军，是因为他们的训练方式是按照西方军队的训练方式，而非中国传统的军队训练方式，在无形中就会接受西方的先进思想，他们学会了思考，而不是一味的听取上级的命令，开始思考什么样的方式才能拯救中国于水深火热之中。这样在各大城市中便形成学生群体以外的又一股非常活跃的政治势力。

　　1905年科举制度被废除，延续一千多年的中国士人"学而优则仕"的向上的社会流动渠道被断绝，不少读书人不得不投笔从戎，加入新军以寻求新的出路，使新军的文化素质大为提高。

　　新军下级军官许多来自武备学堂和日本

中国历史朝代更迭

士官学校，凭他们的文化水平和经历，是很容易接受新知识、新思想的，何况他们本来多以投军寻求升迁之道。因此，新军士兵群体无疑是一支激进的革命力量，武昌起义及其他城市独立，都与新军起义有关。革命刚开始时，各省起义响应者多为新军。

绅商群体，主要有商人、实业家和一些开明士绅，另外还有少数官僚政客。绅商群体的聚合主要在立宪运动之中，由于各种团体和机构的创设，其政治代表就是立宪派（随着"新政"和"预备立宪"而崛起的资产阶级上层及其政治代表所组成的政治派别）。他们主张继续保持以清朝皇帝为代表的大地主、大买办阶级的统治，而只把它的政权组织形式改变。召开议会，建立责任内阁，以便民族资产阶级参政，为本阶级争取更多的利益。

起初，他们对清政府的立宪新政满怀希望，当 1906 年清政府宣布"预备立宪"时，张謇、汤寿潜就在上海组成预备立宪公会，汤化龙在武汉组建宪政筹备会，谭延闿在长沙成立宪政公会。

辛亥革命

1909 年，各省设立咨议局，后来在国会请愿运动和保路运动（清末四川人民反对清政府出卖铁路主权的爱国运动。1911 年 5 月，清政府将已经由民办的川汉铁路强行收归"国有"，随后又将筑路权出卖给英、法、德、美四国银行团，激起了四川人民的强烈反对。民众奋起反抗，组成保路同志军在各县发动武装起义。9 月 25 日，同盟会员吴玉章、王天杰宣布荣县独立，建立了辛亥革命时期第一个县级革命政权，进而在四川全省发展为反清大起义）中，更是聚集了各大城市的绅商群体。

20 世纪初，绅商群体始终醉心于立宪运动，而从来不曾想过要革命。清政府的立宪失败之时，正是革命形势成熟之日。绅商群体想通过自上而下的改革改变中国现状的希望破灭了，终于被动地转向革命，并掌握了一些省份的革命政权。可以说，绅商群体也就是资产阶级群体是被动的参加和领导革命的。

革命党人群体。20 世纪初，有一批著名的革命团体在长江流域兴起，如长沙的华兴会，武昌的科学补习所和日知会，以及江浙皖革命党人在上海成立的光复会。由于中国同盟会把注意力大多集中在华南的两广的边境地区，在那里多次发起革命运动，可是都以失败告终。1907 年，长江流域各省同盟会员在东京成立共进会，计划发动起义。与此同时，国内革命党人则在本地进行活动。

在武昌，新军士兵中革命组织—群治学社、振武学社和文学社一脉相承，聚集了大批革命党人。1911 年 7 月，宋教仁、谭人凤、陈其美等在上海成立中部同盟会，更致力于在长江流域发动革命。

上述革命党人的一系列革命活动表明，这个群体，尤其是其中把精力全部放在革命上的职业革命家，他们是革命的积极倡导者。

另外，一般市民大众群体，包括工厂工人、中小商人和其他城市居民。在当时的历史背景下，他们的意识还没有上升到主动倡导革命的地步。他们在革命党人和学生们的宣传鼓动之下，耳濡目染，在生存状况受到威胁的情况下，一般能附和革命、支持革命。虽然他们的革命积极性不是很高，但他们的数量却很巨大，充分发动他们，对革命具有重大作用，因此，这个群体是革命的社会群众基础。

在中国古代封建社会，皇帝被称为"天子"，是上天的儿子，是神在人间的代表，更是中国几千年封建统治的象征，但到辛亥革命前夕，皇帝在人们心中的地位已经不再是那么神圣不可侵犯了。大革命家章太炎先生在《驳康有为书》中就直言大骂"载湉小丑"。

无论是支持君主立宪的，还是支持民主共和的，都对封建专制政体深恶痛绝。在传统社会中，平民百姓是没有地位的。"率土之滨，莫非王臣。"凡是生活在土地上的人民都是国王(或皇帝)的臣子，也就是供皇帝驱使的奴仆。到了中国近代，民众开始参与政治，人民逐渐产生国民意识并且日益增强，他们终于认识到："夫国家者，国民之孕育，而政府者，又国家之孕育，故国民者，国家政府之根本。"意思就是：有了国民才有国家，有了国家才会有政府，所以国民是国家和政府的根本。

国民在有了参与政治的意识以后，自然而然就会要求建立自己的政府，自己当家做主，建立共和国。1903年，邹容（1885—1905 年）在他的著作《革命军》中就喊出了"中华共和国万岁"!这代表了当时中国革命先行者的心声。

有人认为，在湖北新军中，中下级官员都具有共和精神。到武昌起义时，已经发展到，全国人民大部分都支持共和的程度。这种意识形态的变动，为辛亥革命提供了思想基础。

满族以少数民族入主中国，在其统治中国的二百多年的时间里对广大汉族和其他少数民族施行民族歧视和民族压迫政策。近代以来，西方列强入侵，清政府一而再再而三地出卖国家利益，丧权辱国。20世纪初，清政府已完全屈服于列强的淫威之下，慈禧还说"量中华之物力，结与国之欢心"，为了讨好列强，把全中国的东西都送出去也在所不惜。这个时候的清政府已经不是中国人的政府，而是变成了"洋人的朝廷"，是列强剥削中国的代表。生活在水深火热之中的中国人意识到，帝国主义国家过于强大，直接对抗是没有胜算的，只得将目光转向了列强在中国的代表—清政府。于是，"反满"的民族主义又再次兴起。

更由于各种具体的原因，使社会各阶层各群体对清政府由失望而走向反动，形成一种反清排满的大众心理。革命党人首先认识到清政府统治的祸害，提出"反满"口号。革命党人的民族主义思想很明显，学生群体的反清排满心理也是显而易见的。1905年科举制度废除后，士子们不能再通过科举而直接步入官场了，新式学校的学生和留学生的出路也是毫无指望。由于对政府的失望和前途的担忧，使本来就很敏感好动的学生们产生了强烈的反动情绪，很快走上了反清排满的革命道路。

新军士兵群体大多由士子投军，本来以为这也是一条出路。但是，当时的新军士兵，几乎没有升迁的希望，不满情绪极为普遍。"驱逐鞑虏，恢复中华"的宗旨已经普遍被新军所接受。在武昌起义后，除北洋军及禁卫军外，新军都已经脱离中央而独立。

绅商群体，本来与清政权相依为命。20世纪初，清政府迫于形势压力宣布"预备立宪"。绅商群体的政治代表立宪派更是为了实现"预备立宪"而积极奔走，大肆宣传。殊不知清政府只是做做样子而已，根本没想过从根本上改变制度，根本没想过要放权。到头来，支持立宪的绅商们只是竹篮打水一场空。

于是，他们绝望了，同时他们也意识到，政府不想改变现状，那只有靠自

辛亥革命

已为自己争取了，改革不行，那就只有革命了。终于，清政府将这个群体逼上了自己的对立面。

由于清政府统治的暴虐，加上革命党人的宣传鼓动，致使广大人民群众也普遍接受了以革命的方式来改变生活状态的思想。1910年春，长沙抢米风潮还只是人民一种本能的对现状不满的反抗运动，此后，革命已经成为一般人民的普通心理。1911年发生在四川的保路运动则是群众主动地进行反政府的革命活动了。所以，武昌起义时，武汉三镇居民，对于革命同志、革命士兵，夹道欢迎。

辛亥革命前，反清排满已成为市民社会的大众心理。所以城市成为主要的革命基地，经过学生和革命党人的倡导，以新军为主力发动革命就成为可能，在革命发生以后，也就必然会得到人民大众的支持。有了这些条件，辛亥革命一这场由革命党人和绅商群众联合领导的城市社会革命，就这样爆发了。

中国历史朝代更迭

三、辛亥革命的经过及结果

（一）兴中会与同盟会的成立

清末由孙中山及其支持者创立了中国最早的资产阶级革命团体—兴中会。

孙中山早年在海外求学，受到西方民主共和思想的影响，萌发将西方国家民主主义引进到中国、迅速建设自己国家的理想。他的兄长孙眉(后改名德彰，字寿屏)是檀香山的华侨。孙中山少年时跟随母亲一起到檀香山投奔他的哥哥，并在那里学习了五年，所以很熟悉那里的情况。

美洲和檀香山的华侨，大都从事洗衣、厨工，或经营杂货店、餐馆、古董店、手工业、卷烟等业，都有一定的积蓄，有资助国民革命的条件。

光绪二十年（1894年）夏，孙中山上书李鸿章要求改革，被拒绝后于同年秋出国，前往他早年曾求学的日本。中国的海陆军在中日甲午等战争中连续惨败，日军已侵入中国东北。报国无门的孙中山在华侨中倡议集结团体，共谋救国大计。

11月24日，孙中山在檀香山本来想借卑涉银行华人经理何宽的寓所，后来因为人数多，容纳不下，改在李昌寓所，召集华侨革命志士开会，二十多位赞同孙中山主张的进步华侨，聚议成立兴中会，通过了孙中山草拟的《兴中会章程》，这标志着兴中会的成立，这是中国资产阶级最早的革命团体。

兴中会的宗旨是"驱除鞑虏，恢复中华，创立合众政府"。以刘祥、何宽为首任正副主席。可惜不久，刘祥便退出兴中会。《章程》斥责清王朝昏庸误国，导致严重的民族危机，强调兴中会以"振兴中华"为宗旨。兴中会已完全不同于反清的旧式会党，而是一个以在中国开展资产阶级民主革命为职志的政治集团。

参加者多为经营商业和农场、牧场的华侨资产阶级，也有医生、教员、通事、记者、行号职员等。兴中会成员最初为二十多人，随后逐步增加。兴中会中，华侨约占总人数的 78%。兴中会这一革命团体，秘密誓词为"驱除鞑虏，恢复中国，创立合众政府。倘有贰心，神明鉴察"。誓词中的民族主义和民主共和的政治要求，显然是以孙中山为首的共和知识分子先进思想的结晶。宣誓时，将左手放在圣经上，举右手向天依次宣誓。之所以这样，是由于成员中有不少教会人士，使兴中会吸取了"洋"教的宗教仪式。

1895 年 1 月，孙中山从檀香山赴香港，准备策动武装起义。2 月，孙中山召集旧友陆皓东、郑士良、陈少白、杨鹤龄、区凤墀等在香港设立兴中会，并计划联合各地同志扩大檀香山兴中会的组织。

2 月下旬，租下中环士丹顿街 13 号为会所，为了不引起警察的注意，以"乾亨行"作暗号，意思是乾元奉行天命，其道乃亨。入会者都要高举右手向天宣誓，与檀香山兴中会入会仪式大致相同。香港兴中会的骨干人物有郑士良、朱贵全、丘四等。此后，兴中会与哥老会、三合会合并，推孙中山为总会长。

1903 年，孙中山由日本再到檀香山，这期间，保皇党人在檀香山等地也大肆活动。保皇党首领人物梁启超积极争取海外华侨加入保皇阵营，檀香山保皇势力盛极一时，孙中山的革命活动受到很大阻力。孙中山在洪门的联兴会馆演讲时，保皇党故意捣乱，企图阻止演讲。

经过孙中山的奋力宣传，人民才慢慢地由支持保皇党改为重新支持兴中会，并在孙领导下组织了"中华革命军"，成为兴中会的外围团体。其入会誓词为："驱除鞑虏，恢复中华，创立民国，平均地权。如有反悔，任众处罚。""平均地权"的口号在这里首次被提出。经数月的艰苦工作，阻力渐渐减少，兴中会也由秘密活动转为公开演说。

发动华侨虽然历尽艰苦，但比起在国内组织和发动群众有不少有利条件。

当时国内民族资产阶级的力量相对于封建势力的残余和西方列强来说还很弱小，不足以领导民族资产阶级民主革命，如果说资产阶级民主革命必须有阶级基础的话，其阶级基础在海外。因为，华侨中的资产阶级成分比例比国内高，华侨在海外居住，耳濡目染

中国历史朝代更迭

民主共和风气，近代化意识高于国内，心态上也比较容易接受民主、共和的政治宣传。海外华侨中，粤籍人士众多，孙中山便于利用粤籍同乡关系开展活动，而且语言相通，也更容易产生亲切感。远离故乡而在异国相逢的同乡关系，成为革命活动初期组成革命团体的有利条件。同时，孙中山本身就是熟悉檀香山华侨情况的华侨子弟，这又是便于他在海外开展革命活动、建立革命团体的有利条件。最重要的是，在海外活动可以避免遭受清政府镇压。

从 1895 年至 1911 年间，兴中会以及后来的同盟会先后发动了十次起义。虽然这十次起义都没有成功而且持续的时间都很短，但影响却涉及到全中国，为以后的辛亥革命展开了前奏。

1905 年 8 月 20 日在日本东京，孙中山等人将华兴会、兴中会、复兴会、科学补习所等多个组织聚集到一起，组成了中国同盟会，简称同盟会，由孙中山提出了"驱除鞑虏，恢复中华，创立民国，平均地权"的十六字纲领。并创立了机关刊物—《民报》。孙中山任总理，黄兴为副总理。秉承三权分立的原则，在总理下设行政、立法和司法三个部。

从 1894 年建立兴中会开始，孙中山就十分重视武装斗争，把武装"倾覆满洲政府，建设民国"视为头等大事。

20 世纪初，清政府为了抵制革命、保住皇权、渡过危机，曾打出"新政"与"预备立宪"的旗号。孙中山于 1903 年 12 月 13 日在檀香山一次讲演中，郑重提出清政府是不可能实现君主立宪的，要想建立民主共和的国家必须要进行革命才行。

孙中山吸取法国大革命、美国独立战争的历史经验，而且直接继承了太平天国农民战争的革命战斗传统。他在 1904 年《〈太平天国战史〉序》中，对太平天国一直坚持武装斗争大加赞扬。1905 年秋，孙中山在进一步阐述兵权、政权及民权的相互关系时指出：要革命必须要有人民的支持，也就是必须获得民权；要想革命必须得有兵权。没有兵权就没有政权，不能掌握政权就不能为人民做主。

1906 年他又明确提出了通过暴力革命建立资产阶级议会制共和国的总方

针。总之，同盟会曾经设想过用自己组建指挥的"国民军"，去推翻清朝封建反动统治，建立资产阶级专政的军政府。

18岁以上，40岁以下的国民，都可以参加国民军。国民军还可将各地起义的"义民"编入军队，也接纳投降的清朝兵勇。凡是参加国民军的人都要宣誓：第一，遵守国民军宗旨，驱除鞑虏、恢复中华、创立民国、平均地权、坚信不移、有始有终。第二，服从国民军军律，如有违犯，甘受罪罚。

同盟会还将招降清朝官兵及地方官吏、瓦解敌人、争取敌军反戈，作为一项重要的政治军事任务。

由此可见，以武装的革命反对武装的反革命，是以孙中山为代表的资产阶级革命派革命活动的特点和优点。他们在武装斗争的实践中，也曾将上述规定和设想在一定程度上付诸实施，从而使辛亥武昌起义胜利后所建立的各省都督(军政)府和中华民国南京临时政府具有鲜明的资产阶级民主革命性质。

但是，资产阶级革命派在实际上却没有在认真动员和依靠群众的基础上真正建立起自己指挥的国民军，而只是在一定范围内利用会党和策动新军起义。而且，资产阶级革命派没有建立可靠的革命根据地。这些都导致武装反清的革命斗争没有深厚的群众基础和真正的革命中坚力量——军队，缺乏坚实的后援，这就为后来封建买办势力窃夺革命果实预伏下危机。

（二）广州起义及其后续

1895年春天，以香港为中心的兴中会策划了第一次广州起义，由陆皓东绘制青天白日旗。10月26日，杨衢云、孙中山率领郑士良、陆皓东到广州，准备一举夺取广州。但是，由于不慎走漏消息，在清政府随后展开的大搜捕中，

陆皓东不幸被捕后身亡。第一次广州起义因此宣告失败。孙中山、杨衢云在事情败露后逃亡，被清廷通缉。香港当局在清政府压力下也下令在五年内禁止二人进入香港。孙中山开始流亡海外，在日本、美国、伦敦等地宣传革命并筹措经费。

1900年，中国发生了义和团运动，形势一片混乱。6月，孙中山与郑士良、陈少白、杨衢云及日本人宫崎滔天、平山周、内田良平等从横滨抵达香港，但是由于孙中山是清政府通缉的对象，英国当局拒绝他们入境。9月25日，孙中山在日本黑龙会的帮助下，经马关抵达台湾。会见日本民政长官之后，得到日本驻台殖民地官员承诺支持在广东起义。

在这一过程中，孙中山得到了日本人和日本政府的帮助，有些日本人是真正想帮助中国的革命党人组成国民政府。但是日本政府的初衷并不是想让中国通过革命强大起来，他们是想扶植还很弱小的革命势力来扰乱中国本就已经混乱不堪的局势，坐山观虎斗，当清政府和革命党人两败俱伤的时候，他们好从中渔利。

孙中山在台北建立起义指挥中心。10月8日，派遣郑士良等人在惠州三洲田（今深圳三洲田）发动起义。因为起义地点是在惠州三洲田，所以也称惠州起义、三洲田首义，又因为1900年为中国旧历庚子年，所以这次起义又称庚子革命或庚子首义。起义军数量发展到2万人。起义在即，但是日本官员却在这个时候改变了态度，不再为起义军提

供军备补给，也不再派军官参与起义，最后，革命军因粮绝弹尽而解散。不久在清政府镇压下宣告失败，史坚如、山田良政等被杀。孙中山被迫从台湾逃亡日本。

1907年5月，革命党及三合会人许雪秋、陈芸生、陈涌波、余纪成等发动黄冈起义，一举占领了黄冈城（今潮州饶平县）。之所以选择这个地方起义，是因为黄冈地处广东东面，隶属饶平县，虽然只是一座小镇，但经济非常繁荣，是福建和广东往来的交通要道，具有重要的战略地位。

在长期的反清斗争之中，会党虽然较为分散但却势力强大。加上黄冈地区会党与海外联系密切，常来往于海外，活跃于港澳地区，在一定程度上受到西方资产阶级文明的影响，因此具有一定的民主自觉性。从兴中会时开始，广东地区会党就一直与孙中山为首的资产阶级革命派联系密切，也就是说孙中山在这里起义一定会得到当地会党的支持。

起义前夕，潮州地区反清活动持续不断。如1905年黄冈反洋教斗争，嘉应

辛亥革命

的武装起义等等。这些斗争虽然没有对清王朝和外国侵略者造成太大的冲击，但是却有效地动摇了清王朝在这些地区的统治基础，打击了地方反动统治势力，为资产阶级革命派的活动提供了有利的条件。同时黄冈临近南海，海陆交通便利，便于获得国外的接济，也便于革命者出入活动。加上潮州地处莲花山区、崇山峻岭，一旦革命者占据有利地形，是抵抗清政府围剿的天然屏障。

起义后，清潮州总兵黄金福立即带兵前往镇压。可惜，革命者的力量太过弱小，也没有得到正确的指挥，经过六天的斗争，革命党人被杀害二百余人，起义失败了。

同年，孙中山派人到广东惠州发动起义，以响应黄冈起义。6月2日，邓子瑜和陈纯等集合少数三合会党在距惠州附近的七女湖截获清军枪械，击毙巡勇及水师军兵多人。手中有了武器以后，他们于6月5日，进攻泰尾，将清军守兵打散，相继占领杨村、三达、柏塘等地。面对一片大好的革命形式，归善、博罗、龙门各地会党纷起响应，革命队伍一度增加到二百多人。后来，清水师

提督李准调兵镇压，黄冈起义又失败了，得不到声援，孤掌难鸣，于是起义军只好在梁化墟解散。部分起义军流亡香港，大部分退入罗浮山区以待时机。

1907年7月6日，光复会的徐锡麟在安徽安庆起义。徐锡麟以安庆巡警处会办兼巡警学堂监督的身份，暗中联络会党，约定在7月8日乘巡警学堂举行毕业典礼时进行突然袭击，杀掉清朝官员，占领安庆，然后与秋瑾的浙东起义军共同攻打南京。

但是，因内部叛徒的出卖，安徽巡抚恩铭已经提前掌握了起义者名单，毕业典礼突然提前两天举行。在7月6日的毕业典礼上，徐锡麟用短枪击毙安徽巡抚恩铭，与马宗汉、陈伯平及追随革命的巡警学生一百多人很快占领了军械所，后被前来镇压的清军包围，激战四小时后因寡不敌众而失败。陈伯平战死，徐锡麟、马宗汉被捕。

当晚，徐锡麟被杀，终年34岁。 原计划响应起义的秋瑾也被捕杀害，安庆起义失败。

中国历史朝代更迭

1907 年 12 月 2 日，同盟会会员黄明堂、关仁甫率乡勇 80 人，携带快枪 42 杆，攻打广西镇南关。黄明堂与镇守炮台的清军取得联系，约定里应外合夺取第三炮台。当起义军发起攻击时，负责守卫的清军士兵一百多人，略作抵抗就集体投降，起义军又相继占领了第二炮台、第一炮台。第二天，孙中山亲率黄兴、胡汉民、日本人池亨吉、法国退役炮兵上尉狄氏等抵达镇南关，革命士气大受鼓舞。

次日，镇压的清军到达并发起攻击。当日下午，清军将领陆荣廷派人面见孙中山，表示愿率六百余人投靠革命军，同时说，不久还会有大批的清军前来镇压，要革命队伍早做准备。为了防止清军的猛攻，孙中山决定回到越南河内筹款筹枪，命黄明堂在此坚守。当晚，孙中山、黄兴等下山回越南。7 日，军机处命失去镇南关的张鸣岐戴罪立功，于是他重新率领 4000 人的兵力围攻镇南关。当夜，在张鸣岐和陆荣廷的夹击下，黄明堂由于枪弹打光，孙中山从越南运送的枪弹在文登就被法方扣留，弹尽粮绝的情况下，为了保存力量，于 8 日晚上退至越南燕子山。镇南关起义遂告失败。因为这一年为中国农历丁未年，所以这次起义又叫"丁未镇南关之役"。

1908 年 2 月，黄兴以越南为基地，以二百多人从法属越南进攻广东钦州、廉州，作战十四天，是为钦州、廉州起义。

1908 年 4 月 30 日，黄明堂从越南率二百余人进攻云南河口，得到清守军的响应，黄兴也加入指挥。5 月 26 日清军攻陷河口，部分革命军又重新退回越南。

1910 年 2 月 12 日，黄兴、胡汉民及新军内的倪映典，乘广州警察与新军发生冲突，率广州新军起义，阵亡百余人，被捕百余人，另有百余人撤至香港，起义失败。史称"庚戌新军起义"。

从第一次广州起义开始，革命者们发动了一次次的起义，有不少人也为革命事业流血牺牲，但是都没有取得成功，以至于有人开始怀疑革命的可行性，革命陷入低潮。为了挽回形势，坚定国人革命反抗清政府的信心，1910 年 11 月 13 日，孙中山在马来半岛的槟榔屿，召集赵声、黄

辛亥革命

兴、胡汉民、邓泽如等同盟会重要骨干，决定再次在广州起义，和清政府决一死战。

他们计划以广州新军为主，因为新军受过专业的军事训练，精于打仗，但是由于怕力量不足，另选革命党人 500 人组成"选锋"（敢死队），以辅助新军。打算先占领广州，然后由黄兴率军进入湖南，赵声率领军进入江西，谭人凤、焦达峰在长江流域举兵响应，然后在南京会师，举行北伐，继而进攻北京。

总结以前起义失败的教训，在起义发动前进行了认真的准备，不论是在物资准备上还是在组织联络上都有专人负责。为了更好地领导起义，1911 年 1 月，同盟会在香港成立统筹部，以黄兴、赵声为正副部长，下设调度处、储备课、交通课、秘书课、编辑课、出纳课、总务课、调查课，具体领导这次起义，并陆续在广州设立秘密据点，作为办事和储藏军械的地点。革命党决心把这次起义组织好。

4 月 8 日，一切准备就绪，统筹部决定在 4 月 13 日发起总攻，分十路进攻，以赵声为总司令，黄兴为副司令。但是，就在统筹部开会这一天，同盟会员温生才擅自行动用手枪击毙了广州将军孚琦，为此，广州戒严。同时，在美洲筹措的军饷和在日本购买的武器没能及时到达，因此，起义日期被迫推迟。

4 月 27 日，将原定十路进军计划改为四路：在黄兴率领下向广州发起进攻。当日下午 5 时 30 分，黄兴带领"选锋"一百二十多人，臂缠白巾，手执枪械炸弹，吹响海螺，直扑总督衙门。击毙卫队管带，冲了进去。两广总督张鸣岐逃往水师提督衙门。黄兴等找不到张鸣岐，便放火焚烧督署衙门。随后，黄兴分兵三路：川、闽及南洋党人攻打督练公所；徐维扬率花县党人攻小北门；黄兴带领方声洞、朱执信等出南大门，接应防营。

攻督练公所的一路中途遇到防勇，不敌，只能绕路攻打龙王庙。打到半夜，终因众寡不敌，退到高阳里盟源米店，以米袋作掩护，向清军射击。后来清军用火攻，起义军被迫突围，喻培伦被俘遇害。

往小北门的一路也很快遭遇清军。经过一夜作战，打死打伤敌人多名。最后，张鸣岐放火烧街，徐维扬带人突围时，被敌人逮捕。

黄兴所率一部与温带雄所率计划进攻水师衙门的一路起义军相遇。这一路为了入城方便，没有缠带白巾，方声洞见无记号，以为是清军，便开枪射击，对方立即发枪还击，方声洞、温带雄牺牲。战至最后，只剩黄兴一人，才避入一家小店改装出城，4月30日回到香港。

　　起义前夕，曾通知惠州等地会党于4月28日起义响应。届时，顺德会党数百人起义，但因其余各路均未行动，势单力薄，缺乏作战能力，4月30日，在清军进攻下，会党解散。

　　起义失败后，广州革命志士潘达微收殓牺牲的革命党人遗骸72具，合葬于广州郊外的红花岗，为他们树碑立墓，并将红花岗改为黄花岗，史称"黄花岗七十二烈士"。这次起义因而也称为黄花岗起义。黄花岗起义纪念日也被民国政府定为青年节。

　　虽然起义又一次失败了，但是，资产阶级革命党人用生命和鲜血献身革命的伟大精神，动摇了清朝的统治基础，促进了全国革命高潮的更快到来。

（三）　革命失败

　　1911年5月，清政府为了讨好帝国主义，将本来交由中国商人承办的修筑权，又无耻地收回，拱手献给帝国主义，帝国主义的铁路修到哪里，他们的势力就可以伸到哪里，就可以把兵派到哪里去镇压反抗斗争。此举引起湖北、湖南、广东、四川等省人民的强烈反对，激起了轰轰烈烈的保路运动。四川保路运动的规模最大。四川总督赵尔丰对举行示威游行请愿的人民群众实行了残酷的镇压，枪杀请愿群众数十名，造成流血惨案。这更加激起了人民的反抗情绪，致使四川保路运动成为辛亥革命的导火线。

　　在清政府全力应付四川保路运动的时候，湖北新军中文学社、共进会等革命团体乘机发动武昌起义，揭开了辛亥革命的序幕。

　　9月下旬，革命党人感到形势紧迫，决定于10月6日发动起义，后来推迟到10月9日。天有不测风云，在预定起义的那一天，共进会负责人孙武在汉口装配炸弹时不慎引起爆炸，湖广总督下令闭城搜查，汉口和武昌的起义指挥机关遭到破坏，一些起义领导人被捕、被杀或避匿。在失去领导的情况下，新军中革命士兵开始主动行动。

10 日晚 7 点，武昌城外塘角的辎重营和城内工程第八营几乎同时发动，各标营相继响应。 11 日，革命军占领总督署，并占领了武昌，起义取得了初步成功。革命军又先后占领了汉阳、汉口。

11 日，起义士兵聚集到湖北咨议局，在咨议局议长汤化龙的参与下，宣布成立中华民国湖北军政府。革命党的领袖们没有亲身参加起义，缺乏政治经验和足够的声望，怕自己掌握政权不会让人信服，于是他们将眼光投向了清朝官员—湖北新军协统黎元洪，黎元洪本不想加入革命队伍，因为他不知道革命队伍能走多远，害怕自己加入后会受到牵连，而且在起义当天，他亲手射杀过起义士兵。但是，在革命士兵枪口的逼迫下，他不得不出任湖北军政府都督。

之后，军政府发布文电，号召各省为推翻清朝建立民国而奋斗。11 月，湖北军政府公布全国第一个按照资产阶级民主原则拟定的地方宪法——《中华民国鄂州约法》，武昌起义胜利。

武昌起义的胜利，各地革命党人纷纷行动起来响应。11 月底，全国有十四个省宣告独立、脱离清政府。北方没有独立的各省，有的是因为清王朝在当地的统治较强，如直隶、山东、河南；有的远在边陲，革命党势力没有触及，如新疆、奉天（现在的辽宁省）。

武昌起义之后，立宪派纷纷表示赞成革命，清政府更加孤立，加速了灭亡。

面对一片大好的革命形势，清政府感到了畏惧，为了控制局面，保住风雨飘摇的江山，一改排斥汉族官员的惯例，10 月 27 日，起用袁世凯为钦差大臣，授予指挥湖北军事的大权，这也为袁世凯日后取代清王朝自立打下了基础。

11 月 1 日，清军攻陷汉口。这个时候，慈禧早已去世，溥仪即位，因为他当时还是个小孩子，他的父亲载沣任摄政王，继任者就像明末的崇祯皇帝一样，不论他怎么想，也早已无力回天。

袁世凯掌权后，威逼摄政王载沣解散皇族内阁，交出全部军政大权，并任命他为内阁总理大臣。至此，袁世凯已成为了清王朝实际的掌权人，不论是小皇帝还是摄政王都成了摆设。

黎元洪和黄兴、宋教仁等企图利用袁世凯和清朝贵族之间的矛盾，以大总统的位置动员他倒戈，把最终推翻清朝的希望寄托于袁世凯。11 月 27 日，汉阳被清军攻陷。这时候，革命军已没有能力再取得更大的胜利，而袁世凯也不想在镇压革命党人的过程中消耗自己的实力，于是，双方决定和谈。

12 月 1 日，双方停战。停战是辛亥革命从武装斗争走向政治妥协的一个重要转折。

12 月 18 日，袁世凯的代表唐绍仪和革命军政府的代表伍廷芳在上海开始和谈。和议的结果是：各省代表承认武昌为中华民国中央军政府。接着十四省代表会议在汉口英租界召开，筹备成立中央临时政府事宜。1912 年元旦，孙中山在南京就职，发布《临时大总统宣言书》《告全国同胞书》等文件，正式宣告中华民国诞生。1 月 2 日，又通电全国改用公元国际纪年。3 日，选举黎元洪为副总统，确定临时政府组成人员，中华民国临时政府成立。28 日，又成立南京临时参议院。

战争结束以后，革命阵营内部的矛盾也开始显现。革命刚刚开始的时候，参加者都是真心革命，想要以革命的方式改变中国现状的爱国者。可是后来，随着革命形式的好转，很多原来持观望态度的力量也开始参加革命，他们并不是真心革命，而是想从中获得好处，其中就有各地的军阀和买办阶级。革命胜利了，他们就开始都出来争权夺利了，南京临时政府成立以后，虽是以孙中山为首，但是其中除了革命派之外还有立宪派和旧官僚。

在临时政府，革命者由于力量过小，根本没有实权，即使任职也只是虚衔而已，独立各省的军政府多数被立宪派和旧官僚所操纵，他们打着革命的旗号，根本就不听命于南京临时政府和临时大总统。由于没有实权，孙中山的许多正确革命主张都不能实施。

南京临时政府成立，势头正旺，而清政府已经衰败，没有太大的利用价值了，于是，袁世凯想方设法地要控制南京临时政府。在和谈期间，他撤销和议代表，造成谈判破裂的假象，迫使革命势力妥协。现在他已经代替清政府成为帝国主义列强统治中国的代表，他又鼓动西方列强拒不承认南京临时政府，给南京临时政府造成外交上的压力。

在内外交困的情况下，孙中山被迫退让。1912年1月22日，孙中山声明只要袁世凯迫使清帝退位并宣布赞成共和，就向临时参议院推荐袁世凯为临时大总统。2月12日，袁世凯在许诺了一大堆好处之后，清朝最后一位皇帝正式退位，统治中国二百六十多年的清朝垮台了，延续两千多年的君主专制政体也随之结束。

2月13日，袁世凯正式声明赞成共和，孙中山向临时参议院辞职。

15日，临时参议院选举袁世凯为临时大总统。临时政府曾经要求袁世凯到南京就职，因为临时政府的实力在南京，袁世凯到南京来能更容易控制。但是，袁世凯的实力却在北方，为了稳住革命者才答应南下就职，一旦担任临时大总统之后就拒绝南下就职，唆使手下在北京、天津、保定等地闹事，帝国主义也乘机调兵入京，制造紧张空气。袁世凯以此为借口，说恐怕南下以后，没人坐镇北方，局势会变得一发不可收拾，南京临时政府只好再次退让。

3月10日，袁世凯在北京宣誓就任临时大总统。第二天，孙中山公布《中华民国临时约法》。这个约法具有资产阶级共和国宪法的性质，是中国历史上的创举。25日，唐绍仪到南京接收临时政府，组织新内阁。该内阁中内政、陆军、海军、财政、外交等拥有实权的部门都由袁世凯的亲信或拥护者担任，同盟会只分配到教育、农林、工商等几个有名无实的部门。4月1日，孙中山正式解除临时大总统职务。随后，临时政府迁往北京。至此，辛亥革命的成果被袁世凯所篡夺，辛亥革命失败了。

辛亥革命是近代中国比较完全意义上的资产阶级民主革命。它在政治上、思想上给中国人民带来了不可低估的作用，革命使民主共和的观点深入人心。中国人民长期进行的反帝反封建斗争，以辛亥革命为新的起点，更加深入、更加大规模地开展起来。

袁世凯窃取到政权后，利用同盟会的内部矛

盾，拉拢部分革命党人，迫使不听命于他的唐绍仪辞职。1913年，他又派人暗杀了为了维护革命成果而组织国民党与他对抗的宋教仁，酿成轰动一时的"宋教仁案"。为了镇压革命，实现自己当皇帝的美梦不惜出卖国家利益，向日本贷款。这一切使得革命者希望袁世凯继续革命的最后幻想也破灭了。

面对这样的形势，以孙中山为首的革命者只得再次发动起义，以期保住革命成果。7月，山西都督李烈钧响应号召，支持孙中山反对袁世凯，他在江西湖口宣布独立，组织讨袁军，"二次革命"爆发。江苏、上海、安徽、湖南、广东、福建等地先后独立。由于革命党人仓促应战，缺乏统一领导，"二次革命"被北洋军阀镇压，"二次革命"的失败标志着辛亥革命彻底失败了。

辛亥革命

四、辛亥革命的影响

辛亥革命被中国共产党称为"中国历史上一次伟大的资产阶级民主革命",它推翻了清王朝的统治,结束了中国两千多年的封建君主专制制度,建立了亚洲第一个民主共和国—中华民国。在此之前的中国历次起义都是以一个朝代代替另一个朝代而结束,但辛亥革命却彻底推翻了帝制,并试图建立新的政治体制—共和制。尽管后来民主共和的政体受到北洋军阀多次不同程度的破坏,

甚至一度有短暂帝制的复辟,但他们都不能从根本上颠覆众望所归的共和政体。

当时成功的中国革命党人并没有一个确切的治国方案,于是按照美国宪法、美国政治体制,实行总统共和制。尽管因为现实社会条件的限制和统治者们对约法的蔑视,民国初年民主共和体制并未真正贯彻实施,但这毕竟是中国首次试图实行民主共和政体,它推动了民主共和观念在中国的传播,使民主共和的价值观得到了确立,具有划时代的意义。

从思想史的角度看,辛亥革命也是一场深刻的思想启蒙运动。自汉代董仲舒以来的中国思想中,君臣关系是"三纲五常"中三纲之首,皇帝不仅是政治上的权威,也是文化中诸多价值观念的重要依据与合法性的来源。辛亥革命推翻了帝制,就在打破帝制政治价值观和政治思想的同时,也对中国传统以儒家为主的诸多价值观的权威性产生了冲击,致使在其后的新文化运动中一度出现"全盘西化"等民族虚无主义思想。

此外,从辛亥革命各省独立响应开始,中国进入了长期的分裂混乱之中,除了袁世凯在"二次革命"之后曾短暂大致统一全国之外,其他如中华民国的政权都未能直接统治整个中国(如号称统一的国民政府只能收到五个省的税收),一直到20世纪50年代初,才由中国共产党使中国大陆再度统一。长期的分裂及战乱,对中国经济的发展及现代化建设造成了很大的阻碍。

（一）社会影响

辛亥革命虽然常被称作"中国的资产阶级革命"，但当时中国其实缺乏一个强大的资产阶级，参与革命者也并非以资产阶级为主，而革命的成功也未直接促成资产阶级的进一步发展。而在传统社会的改变上，辛亥革命只打倒了社会顶层的满族权贵，但中国传统地方社会居领导地位的各省士绅及汉人旧官僚，也大多在辛亥革命中投向革命而使自己的地位更加巩固。

辛亥革命并没有像西方资产阶级革命那样，重新建构社会结构。参加辛亥革命的更多的是军人、旧式官僚、各地士绅。这些人在辛亥革命后仍掌握着权力。虽然其主要领袖孙中山出身于平民知识分子，但中国的平民阶层没有参加辛亥革命，因此辛亥革命后，生存条件没有发生根本性的改变。

辛亥革命后的军阀割据，大量战乱及军人政治才使传统拥有知识和功名的士绅官僚力量渐衰，取而代之的是具有军事背景的人物以及地方土匪恶霸。

辛亥革命对 18 世纪后的人口剧增、清末的土地兼并以及西方列强对中国的压迫和经济侵略等问题，没有从根本上改观。

（二）对边疆地区的影响

辛亥革命爆发前的革命组织，多以汉族为本位。他们提出"驱除鞑虏"后所建的民国，往往指仅限于以汉族为主的十八行省（武昌起义时所用的十八星旗即为佐证），东北、内蒙、外蒙、新疆和西藏都被排除在外。辛亥革命爆发后，清朝权威扫地，自顾不暇，列强更趁机支持边疆地区的民族政权进行分裂祖国的运动。

（三）对周边国家的影响

马来西亚和新加坡华人介入中国的革命活动是史无前例的，虽然革命活动主要在于挽救中国，但这一行动已对当地华人

辛亥革命

195

产生了深远影响。

孙中山于 1911 年 12 月 29 日在南京就任临时总统后，许多在马来西亚和新加坡的中立派及保皇派分子转而支持孙中山。武昌起义后，马来西亚和新加坡各地华人剪掉辫子；另一方面，在同盟会和孙中山的号召下，当地华人也积极捐款支持革命运动。

1911 年，辛亥革命成功后，民族主义思潮成为马来西亚和新加坡华人与中国维系关系的主要指导源泉，数以千计的当地华人青年回到中国参加推翻清朝的运动，并在各方面给予孙中山金钱上的援助来支持革命。同时，这种思潮也带着反对外来殖民势力的意念，一直发展下去。

当孙中山在马来西亚和新加坡展开革命之前，当地华人是不团结的，常有不同帮派和不同籍贯的人发生斗争。不团结阻碍了革命思想的传播，帮派斗争影响华人社会的经济成长并阻止了不同地区人的合作。

1906 年，孙中山在吉隆坡主持同盟会支会成立仪式时发出警告说：当地华人的不团结最终将导致整个华人社会的崩溃。因此同盟会展开各种宣传活动，如阅书报社、夜校、戏剧表演，使得不同方言的集团为孙中山的革命而在一起工作，也使得不同籍贯的华人有机会学习和相互了解、相互合作以解决共同的难题。通过不间断的联系，华人的团结精神和国民意识逐渐被加强和发展起来。

另一项最主要的发展便是在马来西亚和新加坡的学校传播标准华语，主要目的在于打破使用以往的方言教学，这使得不同籍贯的华人之间有了共同的媒介语。

孙中山的革命思潮为马来西亚和新加坡带来了新的思想，冲击了华人传统的旧社会。利他主义，舍己为群，平等和自由观念因此不断传开。鼓励设立女子学校，女人被允许加入社会活动和参加革命。

五、辛亥革命中的风云人物

辛亥革命时期的那一代仁人志士是
值得后人永远铭记在心的。他们具有强
烈的时代紧迫感与历史责任感，自觉地
肩负起祖国的安危，以天下为己任。多
少人背井离乡，抛妻别子，牺牲个人家
庭幸福，追求祖国独立富强。即使是远
涉重洋，他们也是日日夜夜关注民族的

命运，时时刻刻倾听祖国的呼唤。他们如饥似渴地学习西方先进文明，却没有
迷恋于资本主义的花花世界，他们的事业与生命都是与祖国的命运融为一体的。

（一）孙中山

辛亥革命是中国历史上一次具有划时代意义的革命运动，这次运动始终与
一个历史人物紧密联系在一起，他就是伟大的革命先行者—孙中山先生。革命
领袖毛泽东曾指出，辛亥革命造就了伟大的孙中山，使他成为"中国革命民主
派的旗帜"。

孙中山（1866—1925年），名文，号逸仙，广东香山（今中山市）人。1883
年改号逸仙，此后在广州、香港读书和游历欧美时常使用此名。1897年在日本
化名中山樵，被人习称为孙中山。

1866年11月12日，孙中山出生在香山县翠亨村一个农民家庭中。他从6
岁开始干农家活，在童年时代就表现出自己独特的性格。10岁入村塾读书。
1878年，年仅12岁的孙中山随其母远航檀香山开始了新的生活。1879年9月，
孙中山到英国基督教监理会办的意奥兰尼学校读书。1883年7月，孙中山回
国，在翠亨村一面干农活，一面自修中西学问。1883年11月，孙中山在香港
入英国基督教圣公会办的拔萃书室读书，随后又到中央书院。1886年夏季，孙
中山在香港中央书院毕业，进入南华医校读书，第二年转入香港西医书院就读，

辛
亥
革
命

直到 1892 年毕业。

1892 年 7 月，26 岁的孙中山以优秀的学习成绩毕业于香港西医书院。1894 年 6 月，孙中山到达天津，上书李鸿章，主张改革，要把中国建设成为近代化强国。上书未果后，他来到檀香山，于 1894 年 11 月 24 日，成立中国近代史上第一个资产阶级革命的小团体——兴中会。

1895 年 1 月，孙中山回国策动武装起义。2 月，在香港成立兴中会总会。1895 年组织广州起义，1900 年组织惠州起义。起义失败后，流亡海外。

1905 年 7 月，孙中山抵达东京。8 月 20 日，在东京成立同盟会。1905 年 11 月，孙中山在同盟会的机关刊物《民报》的发刊词中，将同盟会的十六字宗旨归纳成为"民族""民权""民生"三大主义。同盟会成立后，孙中山把大量的时间和精力投入武装起义的筹备工作中。1907 年 5 月至 1908 年 4 月，他在两广和云南境内组织了一系列的武装起义。

起义失败后，孙中山流亡海外，宣传革命，筹措经费。1910 年 11 月，在槟榔屿召开会议，决定在广州再组织一次起义。孙中山不辞辛苦奔走加拿大，为广州起义筹款。此后，不停地为国内武装起义筹款。

武昌起义后，孙中山于 1911 年 12 月 25 日抵达上海。12 月 29 日，孙中山当选为中华民国临时大总统。1912 年 1 月 1 日，宣誓就职临时大总统。临时政府成立后，孙中山实行民主改革，颁布一系列改革措施。1912 年 3 月 11 日，孙中山以临时大总统的名义颁发了《中华民国临时约法》。4 月 1 日，孙中山正式解除临时大总统的职务。

辞去临时大总统职务后，孙中山进行了"社会革命"的尝试，企图实业救国。1913 年宋教仁遇刺后，孙中山坚持武力讨袁，发动二次革命。二次革命失败后，孙中山在日本成立中华革命党。1917 年孙中山到广州，联合西南军阀势力成立中华民国军政府，发起"护法"战争。

1921 年，孙中山又到广州积极筹备北伐。1922 年，陈炯明叛乱，孙中山脱险后又到上海。1923 年，孙中山第三次回到广州建立革命政权，任海陆军大元帅，再次准备北伐。1924 年 1 月，他在广州召开了中国国民党第一次全国代表大会。在共产党的帮助下，孙中山重新解释了三民主义。

1924 年秋，冯玉祥在北京发动政变，邀请孙中山进京商谈时局问题。于是，孙中山离开广州北上。1925 年 3 月 12 日，孙中山因患肝癌在北京不幸逝世。

孙中山领导人民推翻了清王朝的统治，为中国的独立、自由和富强而奋斗了一生，为中国的民主革命事业作出了巨大贡献，因此，永远受到中国人民的崇敬和怀念。

（二）黄兴

黄兴是辛亥革命时期与孙中山并称的资产阶级民主革命家。他是在严重的民族危机刺激下，毅然走上反清革命道路的，成为资产阶级革命派的主要领导人之一。

黄兴（1874—1916 年），湖南善化县（今长沙市东乡）人，原名轸。1904 年起义失败后，东渡日本改名兴，字克强，取"兴我中华，兴我民族，克服强暴"之意。

1874 年 10 月 25 日，黄兴诞生于一个地主家庭，父亲黄筱村是当地一个颇有名气的秀才。黄兴从小练就一副强健的体魄，喜欢打抱不平。他自幼勤奋读书，19 岁考中秀才。1898 年，黄兴作为长沙湘水校经堂新生，被保送到武昌两湖书院。1902 年春，黄兴被选派到日本留学。6 月，黄兴进入弘文学院速成师范科。留学期间，他与好友杨笃生等创办《游学译编》，介绍西方资产阶级的社会、政治学说和革命历史，宣传民主革命和民族独立。

1903 年夏天，黄兴由军国民教育会派遣，以运动员名义回湖南策划反清革命活动。1904 年 2 月 15 日，黄兴与陈天华等人成立华兴会，进行反清革命，黄兴任会长。华兴会成立后，黄兴策划了长沙起义。1904 年 10 月，起义失败，黄兴逃往上海。

1905 年 7 月下旬，黄兴和孙中山在日本初次见面。8 月 13 日，由黄兴、宋教仁等人发起，在东京富士见楼举行欢迎孙中山的群众集会。同盟会成立后，黄兴担任执行部庶务，相当于协理地位，成为这个革命团体中仅次于孙中山的领袖人物。同盟会成立不久，孙中山从日本去安南筹款，东京本部事务，委托黄兴主持。他把主要精力集中在准备发动武装起义方面。

1908 年 3 月 27 日，黄兴亲自率领华侨中的革命分子二百多人，组成中华国民军南路军，从安南边界进攻钦州。革命军所向无敌，清军闻风丧胆，黄兴威名大震。黄兴从钦州退回安南后，由孙中山电委为云南国民军总司令，亲往河口前线督师。1910 年春，黄兴由东京赶往香港，主持广州新军起义，因广九路火车不开，没有去成。1911 年 4 月 27 日，广州起义爆发。黄兴率领敢死队百余人，从小东营出发进攻总督衙门。广州起义失败后，黄兴逃到越南。

武昌起义后，10 月 24 日黄兴到达上海，然后潜往武昌。起义军推举黄兴为中华民国军政府战时总司令。11 月 28 日，黄兴乘轮船回上海，在上海等待孙中山回国。

1912 年元旦，孙中山在南京就任临时大总统。黄兴担任陆军总长兼任参谋总长、兵站总监，负责全部军事工作。南京临时政府撤销后，设立南京留守，办理政府机关的结束事项和统率驻南京的军队，黄兴被任命为南京留守。

1912 年秋天，孙中山、黄兴应袁世凯的邀请，先后到达北京。1913 年，宋教仁遇刺后，黄兴主张起兵讨袁。他亲自去南京主持讨袁军事，逼迫江苏都督程德全宣布独立。黄兴担任江苏讨袁军总司令。"二次革命"失败后，孙中山、黄兴东渡日本。1914 年 7 月，黄兴抵达美国。1916 年 5 月 9 日，黄兴从美国抵达日本，通电全国各界，呼吁一致讨袁。7 月 8 日，黄兴回到上海，和孙中山一道致力于讨袁善后和党内团结的工作。10 月 31 日，因病在上海去世。1917年 4 月，国葬于湖南长沙岳麓山。

（三）邹容

邹容是 20 世纪初年涌现出来的、影响很大的资产阶级民主革命宣传家之一。

邹容（1885—1905 年），原名绍

陶，字蔚丹，又作威丹，四川巴县人。留学日本时，改名为邹容。出身于一个颇为富裕的大行商家庭。

1891年，刚满6岁的邹容就进私塾读书。12岁时，参加县童子试，因对八股试题不满，当场与主考官顶撞，愤而退出考场。1898年，邹容在重庆跟日本人学习英语和日语，获得机会阅读资产阶级的书报，接触到西方民主学说，吸收新的思想，打开了眼界。1901年夏，邹容冒酷暑步行千里到达成都，考取官费留学日本。由于邹容思想激进，当道者以"不端谨"为理由，取消其官费留学资格。同年9月，他离开重庆到上海，进入"广方言馆"日语班补习日语，准备自费到日本留学。1902年春，邹容东渡日本，进入东京同文书院学习。邹容废寝忘食，精读了不少名著。在1903年的留学生会馆新年团拜会上，他登台演说，大力倡导排满主义，号召反清革命。此后，凡留学生开会，必争先演说，在留日学生中留下了深刻的印象。为了传播革命思想，唤起人们的觉悟，邹容还参照法国资产阶级革命及美国独立的自由平等学说，结合中国情况，开始着手编写鼓动资产阶级革命的通俗读物《革命军》。

辛亥革命

1903年4月，邹容回到上海，住在蔡元培、章太炎等组织的"爱国学社"，和比他大16岁的章太炎建立了深厚的友谊。在章太炎的帮助和影响下，邹容的革命民主思想日渐成熟，积极参加"爱国学社"的各种活动。同月，邹容为了团结全国学生，还发起成立了"中国学生同盟会"，博得海内外爱国学生的广泛支持。

1903年4月，邹容完成富有战斗性的宣传民主革命的著作《革命军》。全书约有两万言，分七章，以火热的激情、犀利的笔调、通俗易懂的文字，从革命的正义性谈起，对革命的必要性、革命的方法和革命的前途，进行了详尽的论述。序末署名"革命军中马前卒邹容记"。章太炎为它作序，称它是震撼社会的"雷霆之声"。这本书由柳亚子等几个革命党人集资，于1903年5月在上海大同书局出版。清朝统治者对《革命军》一书的问世惊恐万分。1903年6月，因《革命军》引起所谓"苏报案"事件。30日，章太炎被捕。翌日，邹容不愿让章一人承担责任，挺身而出，到巡捕房投案。1905年4月3日凌晨，年仅20

岁的邹容在帝国主义的迫害下，病死于狱中。

《革命军》一书风行国内外，各地纷纷翻印，重印达二十余次，印数达百万册以上，在清末革命书刊中占第一位，影响很大。1912年2月，孙中山领导的南京中华民国临时政府追赠邹容为"大将军"，以表彰他的革命功勋。

（四）秋瑾

杭州西湖的西泠桥畔，有一座女英雄的墓，那便是辛亥革命烈士秋瑾的墓。它和民族英雄岳飞的墓遥遥相望。

秋瑾（1875—1907年），字璿卿，别号竞雄，又称鉴湖女侠，原籍浙江绍兴。1875年，出身于厦门一个封建官宦人家。

秋瑾7岁时，开始识字。几年后，秋瑾在家塾中读完了好几部古书，11岁时，她就学会作诗了。后来，秋瑾的父亲到湖南做官，秋瑾跟随父亲到了湖南湘潭。1896年，依照父母的安排嫁给了湘潭富绅的儿子王廷钧，婚后生有一子一女。

1902年，王廷钧进京做官，秋瑾追随丈夫到北京。到达京师，秋瑾的眼界、心境都比以前更加开阔。秋瑾无法安于原来那种深闺雌伏的生活。渴望寻求救国真理，这样的想法促使她东渡日本留学。1904年4月，秋瑾毅然同王廷钧离婚，变卖首饰，前往日本。

在日本期间，秋瑾以革命激情奔放又好帮助别人而受到留学界中进步分子的推崇。1905年，秋瑾从日本回国，经徐锡麟介绍加入光复会。不久，再次东渡日本，进入青山实践女子学校，随后加入同盟会，担任浙江主盟人。

1906年初，为反抗日本政府的《清国留学生取缔规则》，秋瑾愤然回国。1906年冬，秋瑾在上海创办《中国女报》，宣传男女平等。她在文章中，还把夺取反清革命的胜利同男女平等结合起来，号召妇女投身革命斗争。

1907年春，秋瑾到绍兴主持大通学堂，任大通学堂督办。其间，秋瑾训练会党骨干，加强联系会党，将分立的会党纳入光复会组织系统，编组光复军，拟订起义计划。

1907年7月6日，徐锡麟发动安庆起义后，牵连到大通学堂。7月14日，清军包围学堂，学生们开枪抵抗，牺牲数人。清军蜂拥而入，将秋瑾等六人逮捕。次日黎明，秋瑾壮烈牺牲于绍兴轩亭口，时年32岁。

秋瑾被害的消息，使千千万万的革命志士异常震愤，也激励着千千万万革命者的斗志。孙中山曾经题词称秋瑾是"巾帼英雄"。

（五）宋教仁

宋教仁（1882—1913年），字遯初，号渔父，1882年4月5日出生于湖南省桃源县香冲一个地主家庭。

1886年，宋教仁开始入私塾读书，接受传统的儒家思想教育。12岁时，父亲去世。1899年，进入桃源漳江书院。1901年，奉母命参加童生试，中秀才。1902年冬天，他到武昌投考美国圣公会文华书院，录取为第一名。

1903年11月，参加黄兴等组织的革命团体华兴会的秘密会议。1904年2月15日，华兴会正式成立，宋教仁任副会长。根据黄兴的提议，宋教仁回到武昌，参与组织科学补习所，7月科学补习所成立，宋教仁被推为文书。从此，宋教仁便由革命思想的酝酿走上了实地革命的道路。

1904年长沙起义失败后，宋教仁于11月21日到达上海。12月5日，在朋友的帮助下，东渡日本。1905年6月，宋教仁与陈天华等人创办《二十世纪之支那》，自任总庶务，负责组织与联系事项。7月30日，他应孙中山的邀请参加了中国同盟会的筹备会议。紧接着，他与同志们发起召开了留日学生欢迎孙中山大会，他担任大会主席，致欢迎词。8月20日，同盟会成立，宋教仁任司法部检事长，后又被推为同盟会湖南分会副会长。随后，《二十世纪之支那》成为同盟会的机关刊物，后改为《民报》，仍推宋教仁担当庶务。

辛亥革命

1906 年 2 月，宋教仁改名宋炼进入早稻田大学留学生部预科学习。其间，他每天努力学习，课余时间埋头书案，查阅资料，撰写文章或从事英文与日文的翻译。1907 年初，黄兴回国筹备武装起义，宋教仁代理同盟会的庶务，协助孙中山主持同盟会的日常工作。

武昌起义爆发后，10 月 28 日，宋教仁随同黄兴到达武汉，受到黎元洪以及军民的热烈欢迎。南京临时政府成立后，1912 年 2 月 28 日，蔡元培为迎袁专使，宋教仁为欢迎员，前往北京迎接袁世凯南下。3 月 11 日，袁世凯在北京就任临时大总统，唐绍仪组织第一任内阁，宋教仁被任为农林总长。7 月初，宋教仁辞去农林总长一职。

1912 年 8 月，宋教仁将同盟会与统一共和党、国民共进会、共和实进会以及国民公党等几个小党派联合在一起，组成了国民党，当选为理事，并受孙中山的委托，代理理事长职务，积极参加竞选。

1912 年 10 月 18 日，宋教仁拒绝袁世凯的拉拢，沿京汉铁路乘车南下，一方面探望离别八年之久的老母和妻子，一方面在南方各省布置国会的选举事宜。1913 年 1 月下旬，宋教仁离开家乡，从长沙到武汉，经过九江到上海，然后又到杭州与南京，都受到了热烈的欢迎。

宋教仁到上海时，国会选举已经初步揭晓，国民党在各个选区都大获全胜。恰巧这时，袁世凯也来电催促，宋教仁决定于 3 月 20 日同几个国会议员一起北上。

1913 年 3 月 20 日晚，宋教仁取道沪宁、津浦路北上，送行者有黄兴、廖仲恺、于右任等。当进入上海车站时被刺杀，身中数弹，子弹上还涂有剧毒。22 日早晨，因弹毒剧发，不治身亡，年仅 31 岁。

宋教仁案的发生，是整个民族资产阶级放弃武装斗争，向袁世凯妥协的必然结果。宋教仁企图用议会斗争制伏袁世凯，而自己却成为这场斗争的牺牲品。宋教仁参与多次武装起义，筹划过中华民国的成立，是辛亥革命运动的主要领导人之一，他在中国资产阶级民主革命中所立下的功绩是无法磨灭的。

中国历史朝代更迭